Neue

Kleine Bibliothek 337

Felix Wemheuer

China – Land von Widersprüchen und Vielfalt

Kritische Betrachtungen aus 20 Jahren

PapyRossa Verlag

Luxemburger Str. 202, 50937 Köln
Tel.: +49 (0) 221 – 44 85 45
Fax: +49 (0) 221 – 44 43 05
E-Mail: mail@papyrossa.de
Internet: www.papyrossa.de

Umschlag: Verlag, unter Verwendung einer
Abbildung © by bakhtiar_zein | iStock [1182854214]
Druck: CPI – Clausen & Bosse, Leck

Die Deutsche Nationalbibliothek verzeichnet diese Publikation in der Deutschen Nationalbibliografie; detaillierte bibliografische Daten sind im Internet über http://dnb.d-nb.de abrufbar

ISBN 978-3-89438-824-9

Inhalt

Widmung

Dieses Buch widme ich den Chinesen und Chinesinnen, die mich selbstlos bei meiner Forschung unterstützt, Interviews gegeben oder historische Dokumente geteilt haben. Aus Leidenschaft für die Wissenschaft, Freude am Erkenntnisgewinn und aufgrund gemeinsamer Forschungsinteressen gingen sie größere und kleinere Risiken ein. Dafür bringe ich ihnen meinen tiefsten Respekt zum Ausdruck.

Auf meinem »Langen Marsch« von St. Andreasberg im Harz über Harvard an den Lehrstuhl in Köln konnte ich bei jedem Schritt immer auf die vorbehaltlose Unterstützung meiner Mutter, Christina Wemheuer, bauen. Während meiner akademischen Laufbahn steht mir bis heute mit Rat und Bereitschaft zu kontroversen Diskussionen meine Doktormutter und Ex-Chefin Susanne Weigelin-Schwiedrzik (Universität Wien) zur Seite. Auch meinen Freunden und Freundinnen aus den linken Bewegungen möchte ich danken, dass sie mir dabei helfen, den kritischen Blick auf die sozialen Ungleichheiten und meine eigenen »feudalen« Privilegien im Hochschulsystem nicht zu verlieren.

Einleitung

Die Volksrepublik China 2001 versus heute: Ein anderes Land? Ein persönlicher Bericht

Von 2000 bis 2002 studierte ich Chinesisch und »Geschichte der Kommunistischen Partei Chinas«, Studienfach »Revolutionsgeschichte«, an der Volksuniversität in Beijing. Wenn ich mich heute Anfang des Jahres 2024 an diese Zeit erinnere, ist mein erster Gedanke: Das Land ist über 20 Jahre danach kaum wiederzuerkennen. Mit dem vorliegenden Buch möchte ich sowohl den Wandel der Volksrepublik als auch die Entwicklung meiner kritischen Reflexionen in diesem Zeitraum dokumentieren. Es ist eine Sammlung von Artikeln, Buchbesprechungen und Interviews aus dieser Zeit. Ein zentrales Kriterium bei der Auswahl war, dass mir die Texte heute noch lesenswert erscheinen.

In dieser Einleitung beschreibe ich einige zentrale historische Momente sowie Wendepunkte der Entwicklung der Volksrepublik aus persönlicher Sicht. Meine Methode ist dabei der Vergleich von meinen Wahrnehmungen und Erfahrungen von damals und heute, als ich im Herbst 2023 das Land für sechs Wochen besuchte. Dabei geht es auch um Freiräume für die Forschung zur Mao-Ära. Am Ende dieser Einleitung werde ich die Kapitel des Buches kurz vorstellen.

Heute herrscht eine Nostalgie unter chinesischen und westlichen Intellektuellen bezüglich der Situation an den Universitäten vor dem Machtantritt von Xi Jinping 2012. Besonders die frühen 2000er Jahre werden von manchen als »liberal« oder sogar als »goldene Ära« erinnert. Auch wir jungen »weißen« Studierenden erfreuten uns damals der ungeheuren Kaufkraftsteigerung durch den Wechselkurs, genossen das Beijinger Nachtleben und wurden überall hofiert. Als ich am 30. November 2022 die Todesnachricht des ehemaligen Parteivorsitzenden der Kommunistischen Partei Chinas (KPCh) Jiang Zemin hörte, bekam ich schlagartig nostalgische Gefühle für das »gute alte Beijing«, das es heute nicht mehr gibt.[1]

Wir erwarteten 2001 alle, dass es bezogen auf Fortschritt und Freiräume nur besser, aber nicht schlechter werden könne. Viele ausländische Beobachtende gingen damals davon aus, dass durch die globale wirtschaftliche Vernetzung sich China den westlichen Gesellschaften bezogen auf Marktwirtschaft, Rechtsstaat, bürgerliche Freiheiten oder diverse Formen von Sexualität auf kurz oder lang angleichen würde.[2] Es hieß, Ideologie spiele keine wichtige Rolle für die Legitimation der KPCh mehr, dafür Pragmatismus und Performance, sprich wirtschaftlicher Erfolg.[3] Die meisten Kader würden hauptsächlich das Interesse verfolgen, sich und ihre Familien persönlich zu bereichern.

Große Teile der chinesischen Stadtbevölkerung erlebten Anfang der 2000er Jahre eine ungeheure Steigerung ihres materiellen Wohlstandes und von sozialer Mobilität. Sie hatten, oft zum ersten Mal, die Möglichkeit, durch Reisen ihr eigenes Land und die Welt besser kennenzulernen. In Gesprächen über gesellschaftliche Probleme sagten Menschen aus dieser Gruppe zu mir damals oft: »Ja, das stimmt, aber es wird doch immer besser werden.« Es herrschte Aufbruchsstimmung. In allen Teilen der Bevölkerung gab es eine Bereitschaft, für die Entwicklung des Landes und den eigenen sozialen Aufstieg hart zu arbeiten und fleißig zu lernen. »Rückständig« und »arm« wollte man nicht bleiben.

In meinem persönlichen Bericht möchte ich aufzeigen, welche Schattenseiten in heutigen nostalgischen Wahrnehmungen der frühen 2000er Jahre verdrängt werden. Um Beispiele zu nennen: Im Zuge radikaler Privatisierung großer Teile der Staatsindustrie (1998–2002) verbreiteten sich treibhausartig Arbeitslosigkeit, Korruption und Kriminalität. Die Behörden ließen ganze Stadtviertel abreißen und die Bewohnenden vertreiben, um Platz für den Bau lukrativer Immobilien zu schaffen. Durch grobfahrlässige Organisation von Bluthandel infizierten sich ca. 200.000 bis 300.000 arme Bauern und

Bäuerinnen mit HIV (Humanes Immundefizienz-Virus).[4] Die Kader der Geburtenplanung der Ein-Kind-Politik machten im ganzen Land Jagd auf »außerplanmäßig« schwangere Frauen, um sie zu Abtreibungen zu zwingen.

Sich diese Repressionen und kriminelle Energie von Teilen des Staatsapparates wieder ins Gedächtnis zu rufen, ist wichtig, um die spätere autoritäre Entwicklung unter Xi besser zu verstehen. Es gilt auch zu erklären, wie und warum der Staat wieder in Bereiche vordringt, aus denen er sich vorher zurückgezogen hatte. Während der Covid-Pandemie (Frühjahr 2020 bis Anfang 2023) lernten auch die urbanen Mittel- und Oberschichten die repressiven Seiten des Staates neu kennen durch die strengen *Lockdowns*, Ausgangssperren, Quarantänemaßnahmen in Lagern sowie Ein- und Ausreisebeschränkungen. Plötzlich konnten Nachbarschaftskomitees und lokale staatliche Akteure direkt in die Privatsphäre der teuer erstandenen Eigentumswohnungen eingreifen. Nach dem Ende der Pandemie hat die Regierung das engmaschige Überwachungssystem im öffentlichen Raum weiter ausgebaut.

Zunächst beginnen wir den Vergleich mit den frühen 2000er Jahren. Dann folgen meine Eindrücke von 2023. Schließlich werden einige innen- und weltpolitische Gründe für die autoritäre Entwicklung unter Xi umrissen.

2001: Anarchie, Krisen und Aufbruch

Die Chinesische Volksuniversität in Beijing hat eine Geschichte als politische Kaderschmiede der Kommunistischen Partei vorzuweisen und gehört zu den Elitehochschulen des Landes. Hinter dem großen Eingangstor zum Campus ist in großen chinesischen Schriftzeichen in Stein gemeißelt: »Die Wahrheit in den Tatsachen suchen.« Es benutzte zwar schon Mao Zedong diesen Spruch, aber in der Reform-Ära wurde er zum geflügelten Wort der neuen Parteiführung um Deng Xiaoping nach 1979. Damit wollte sie sich vom »Dogmatismus« der Kulturrevolution (1966–1976) abgrenzen und einen pragmatischeren Politikstil rechtfertigen.

Fälschungen und Punk

Auf der Brücke vor dem Tor der Universität stand damals, 2001, zeitweise jeden Morgen, ein Mann, der gebetsmühlenartig seine Ware anpries: »Personalausweise, Heiratsurkunden«. Damit bot er gefälschte Urkunden in aller Öffentlichkeit an. Ein japanischer Kommilitone erstand einen gefälschten chinesischen Personalausweis, in dem als ethnischer Status (*minzu*) die anerkannte Minderheit »Mongole« eingetragen war. Damit sei er in tibetische Gebiete gereist, ohne die lästigen Sonderpermits für ausländische StaatsbürgerInnen beantragen zu müssen.

Die Mischung aus anarchischen Zuständen und selektiver Anwendung von Gesetzen wirkte sich auf alle Bereiche des Lebens aus. Regelmäßig fanden in geschlossenen Werkshallen »Untergrundkonzerte« statt, meistens traten lokale Punk-Bands auf. Auch wenn das Niveau amateurhaft war, so hatten doch alle ihren Spaß. Meine westlichen homo- und bisexuellen Freunde und Freundinnen erlebten in der gerade entstehenden Szene in Beijing eine wilde Zeit und konnten sich an einer großen Steigerung ihrer Attraktivität erfreuen. In den äußeren Stadtvierteln gingen abends die Leuchtreklamen von »Friseur-« und »Massagesalons« an. Dort wurden, nur nachlässig getarnt, offensichtlich auch sexuelle Dienstleistungen angeboten. (Prostitution war und ist in der Volksrepublik offiziell verboten.) Nie werde ich vergessen, wie ich in einem kleinen Blumengeschäft fragte, ob ich mal die Toilette benutzen dürfe. Der Weg dorthin führte durch ein riesiges Hinterzimmer, in dem dutzende Menschen, offensichtlich um Geld, Majiang spielten. (Auch Glücksspiel ist bis heute auf dem Festland nicht erlaubt.)

Es gab viele kleine Läden, die offen Raubkopien von Filmen (damals noch VCD, dann DVD) und Musik-CDs anboten. In Grabbelkisten fanden wir neben Filmen von Ingmar Bergman, Paolo Pasolini, Abbas Kiarostami auch Arnold Schwarzenegger und Leni Riefenstahls »Triumph des Willens«. Ich kaufte dort sogar eine DVD mit dem Werbeaufkleber »Forbidden in the People's Republic of China«. Das war wohl als Werbung gemeint. Die Polizei schien regelmäßig gegen diese Läden Geldstrafen zu verhängen. Sie waren anscheinend nie hoch genug, um diese Art von Geschäften unprofitabel zu machen. Viele junge Menschen in China waren damals hungrig nach jeder Form von westlicher und japanischer Kultur, egal ob Hollywood-Kino oder *Arthouse*-Klassiker. Ich durchlief in dieser Zeit meine Grundausbildung in der Geschichte des Weltkinos.

Zuteilung nach Status, Heizen nach Plan

Heute wird oft in den deutschen Medien beklagt, dass westliche AusländerInnen in China nicht mehr zuvorkommend behandelt werden. Das ist meiner Meinung nach Jammern auf hohem Niveau. Wir erlebten damals als bescheidene deutsche Studierende, wie sich in China unsere Kaufkraft und Attraktivität schlagartig erhöhten, besonders die »weißer« Männer. Statt Selbstversorgung in Bochum konnte ich jeden Tag drei Festessen im Restaurant genießen. Mit zwei, drei Euro pro Person konnten wir den ganzen Tisch mit Köstlichkeiten decken lassen. Manche chinesischen Frauen suchten einen künftigen Ehemann, um das Land zu verlassen. PartnerInnen in anderen binationalen Paaren fühlten sich voneinander nicht zuletzt durch die »Exotik« angezogen.

In den Wohnheimen für »Auslandsstudierende« lebten wir gleichgeschlechtlich zu zweit auf einem Zimmer, während die chinesischen Studierenden in separaten Gebäuden im Bachelor zu acht ein Zimmer teilen mussten, im Master zu viert und im Doktoratsstudium zu zweit. In den Wohnheimen für chinesische Studierende wurden um 22 Uhr die Türen geschlossen. In unserem konnten wir 24 Stunden am Tag ohne Einschränkungen hinein und hinaus. Die Zuteilung bei der Versorgung und von Anrechten nach Status war eine Hinterlassenschaft aus der Zeit der zentralistischen Planwirtschaft.

Auch geheizt wurde auf dem großen Campus noch nach Plan. Die Zentralheizungen sprangen an einem vorher festgelegten Datum an und gingen dann im Frühling wieder aus, unabhängig von den jeweiligen Außentemperaturen. Im Winter saßen wir daher einige Wochen in dicken Mänteln und mit Mützen in den Seminarräumen. Begann der Frühling früher als im Plan vorgesehen, mussten die Fenster weit aufgerissen werden, um die Heizung auszugleichen. Klimaanlagen gab es damals weder im Wohnheim noch in Seminarräumen und Bibliotheken.

Ein Land ohne Kommunisten?

Meine Erfahrungen in den frühen 2000er Jahren reflektierte ich in einem Interview mit der *Deutschen Welle*, welches den Titel trug »Gibt es noch Kommunisten in China?«[5] Damals schien es für die BürgerInnen allgemein auszureichen, keine offene Opposition gegen die Parteifunktionäre zu zeigen. Von ihnen wurde nicht erwartet, wie in den 1950er Jahren »ihr Herz an die Partei zu geben«. Die Nennung meines Studienfaches, »Geschichte der KPCh«, löste bei Gesprächen meistens Verwunderung aus, warum ich mich für so etwas Langweiliges interessiere. In den Kursen saßen nur wenige Studierende, von denen viele nur mäßiges Interesse zeigten. Damals gab es noch keine Smartphones. Einige Studierende lernten, nur schlecht versteckt, ihre Englisch-Vokabeln auswendig, andere schliefen mit dem Kopf auf dem Tisch. Damals hofften viele auf gut bezahlte Stellen in *Joint-Venture*-Unternehmen mit ausländischem Kapital oder selbst, für ein weiteres Studium das Land verlassen zu können. Eine Stelle an einer Parteischule in der Provinz oder als Kader im öffentlichen Dienst galt als unattraktiv. Vor allem die städtischen Männer mussten schon bei der Berufswahl berücksichtigen, ob sie genug verdienen würden, um bei der Suche nach der künftigen Ehefrau Eigentumswohnung und Auto vorweisen zu können. Die Privatisierung der Wohnungen hatte auch den Heiratsmarkt grundlegend verändert.

Ich bin in den zwei Jahren niemandem begegnet, der oder die vom orthodoxen oder unorthodoxen Marxismus aus ganzem Herzen überzeugt zu sein schien. Meiner Meinung nach bot sich die Theorie von Karl Marx zur »sogenannten ursprünglichen Akkumulation« des Kapitalismus geradezu an, um die Enteignungsprozesse und Proletarisierung der Landbevölkerung im China der frühen 2000er Jahre zu analysieren (siehe auch Artikel »Plan: Markt« in diesem Buch).[6] Die meisten chinesischen Kollegen und Kolleginnen waren jedoch neugierig auf Theorien, die sie weniger kannten. Mit Begeisterung holten sie Debatten um Max Weber, Hannah Arendt, Jürgen Habermas oder Friedrich Hayek nach.

Ob an der Universität oder auf der Straße, Referenzen zur offiziellen Parteiideologie oder den neuesten Slogans wurden in der Regel mit ironischem Unterton gemacht. Eine Lehre fürs Leben erhielt ich, als ich 2001 um die Feierlichkeiten zum 80. Jubiläum der Gründung der KPCh im Büro des Instituts versuchte, einen älteren Professor zu provozieren. Ich verwies auf die Überschrift einer Tageszeitung von »80 ruhmreichen Jahren«. Ich fragte ihn, ob damit auch der »Große Sprung nach vorn« und die Kulturrevolution gemeint seien. Er winkte ab und antwortete schroff: »Das ist doch nur die Botschaft für die einfachen Leute.« Damit meinte er wohl auch, »Junge, bist du naiv, dass du nicht zwischen den Erkenntnissen der Avantgarde und der Propagandaarbeit für die Massen unterscheiden kannst.«

Nachdem Xi die Parteiführung 2012 übernahm, wurde auf allen Ebenen von Staat und Gesellschaft die Rolle der Parteikomitees wieder aufgewertet. Die Zeiten sind vorbei, in denen ein reines Lippenbekenntnis zur Parteiideologie ausgereicht hat. Institute, welche offizielle Geschichtsschreibung und Theoriebildung betreiben, sind finanziell und personell enorm aufgewertet worden. Mit der Ausdehnung des Apparats ist die Nachfrage nach ideologisch geschulten Absolventen und Absolventinnen gestiegen. Angesichts der schlechten Arbeitsmarktlage für junge Menschen in der Post-Corona-Ära sind sichere Stellen bei Staat und Partei heute attraktiv. In Shanghai begegnete mir eine sehr junge Parteisekretärin, die aus der Wissenschaft gewechselt war. Nicht ohne Ironie erklärten Andere in ihrer Abwesenheit, diese Berufswahl gelte jetzt als Ausweg aus der Jugendarbeitslosigkeit.

Freiräume: Neue Versionen der Geschichte

Für die wissenschaftliche Forschung zur modernen chinesischen Geschichte und Gesellschaft gab es in den 2000er Jahren beachtliche Freiräume. Nach der Öffnung der sowjetischen Archive in Moskau erschienen auch in China eine ganze Reihe von Büchern und Dokumentensammlungen mit neuen Erkenntnissen. Besonders lokale Archive auf Stadt- und Kreisebene gewährten Forschenden Zugang zu historischen Akten aus der Mao-Ära der 1950er Jahre. Aufbauend auf diesen neuen Quellen konnten alternative Narrative zur offiziellen Parteigeschichte entwickelt werden. Das Masternarrativ der KPCh, definiert in einer Resolution des Zentralkomitees (ZK) von 1981, verlor immer mehr an Überzeugungskraft.[7]

Zum damaligen Zeitpunkt landeten viele alte Bücher, Zeitschriften und auch historische Dokumente wie Archivakten auf Flohmärkten. Sie wurden teilweise sogar zu Preisen von Altpapier gehandelt. Wer zur richtigen Zeit am richtigen Ort war, konnte sich eine große Sammlung »Müllmaterial« *(laji ziliao)* aufbauen, von der viele heute noch zehren können. Ich erwarb damals für umgerechnet 10 D-Mark einen Band *Neibu Cankao* (Interne Verweise) von 1959. Diese parteiinterne Publikation beinhaltete relativ ungeschönte Berichte aus dem ganzen Land für hohe Parteikader. Lange war diese Zeitschrift nur an der Chinesischen Universität Hongkongs öffentlich zugänglich. In jüngster Zeit sind dort sensible Materialien aus den frei zugänglichen Regalen entfernt und ins Lager gebracht worden.

2001 lernte ich in den Kursen zur Geschichte der KPCh den japanischen Studenten Nobu Iwatani kennen. Er besuchte fast jeden Tag die unzähligen Antiquariate und Flohmärkte in der ganzen Stadt. Er forschte zur Geschichte der KPCh und der Nationalen Volkspartei (Guomindang) vor der Gründung der Volksrepublik China 1949. Sein Wohnheimzimmer war von unten bis oben mit alten Büchern und historischen Dokumenten vollgestopft. Er ließ sich vom Besuch der Kurse zur Parteigeschichte nicht abhalten, auch wenn ein älterer Professor im Zusammenhang mit dem Zweiten Weltkrieg immer von »japanischen Teufelgeistern« sprach. Ich sollte Nobu 2023 in Taibei wiedersehen, doch dazu später mehr.

Durch die Kurse von Gao Wangling (1950–2018) entwickelte ich ein großes Interesse für das ländliche China, die Volkskommunen und die Hungersnot. Gao war eigentlich am Institut für Geschichte der Qing-Dynastie angestellt, hielt aber auch Lehrveranstaltungen zur Kollektivierung der Landwirtschaft in der Mao-Ära ab. Während der Kulturrevolution war er als »gebildeter Jugendlicher« von Beijing auf ein Dorf in die Provinz Shanxi verschickt worden. Dort lernte er die alltäglichen Widerstandsformen der Bauern und Bäuerinnen wie Unterschlagung von Getreide kennen. In den 1990er Jahren kehrte er auf das Dorf zurück, um zu solchen »Gegenmaßnahmen«

(*fanxingwei*) zu forschen.[8] Im Unterricht machte er Aussagen wie: »Gab es jemals in der chinesischen Geschichte eine Dynastie, in der die Steuer- und Abgabenlast der Landbevölkerung so hoch war wie heute?« Gao galt als widerspenstiger und schwieriger Zeitgenosse. Die Universitätsleitung ernannte ihn erst ein Jahr vor seiner Pensionierung zum Professor. Damals ist mir nie zu Ohren gekommen, dass Studierende einen Lehrenden beim Parteikomitee wegen kritischer Aussagen denunziert hätten, im Unterschied zu heute.

Animiert von Gao fing ich an, *Oral History*-Interviews zur Hungersnot (1959–1961) durchzuführen. Ich begann mit pensionierten Lehrenden der Volksuniversität. Sie wurden 1958 in die Modellkommune Xushui (Provinz Hebei) entsandt, um den »Großen Sprung nach vorn« in den Kommunismus zu unterstützen. In den Interviews berichteten sie offen, wie die ursprüngliche Aufbruchsstimmung kippte und die Hungersnot begann. Später erfuhr ich, dass sich alle Zeitzeugen und Zeitzeuginnen vor dem Interview beim Büro des Instituts für Geschichte der KPCh rückversichert hatten. Erst als die Büroleitung bestätigte, dass der Ausländer zur Arbeitseinheit gehöre und in Ordnung sei, hatten sie den Interviews zugestimmt. Zu den Erinnerungen von Intellektuellen verfasste ich nach der Rückkehr an die Ruhr-Universität Bochum meine Magisterarbeit.[9] 2004 und 2005 reiste ich für meine Dissertation an der Universität Wien auf Dörfer in die Provinz Henan. Dort interviewte ich Bauern und Bäuerinnen zur großen Hungersnot (1959–1961). Sie hatten das Narrativ der offiziellen Geschichtsschreibung von »linken Fehlern« oder »drei Jahren Naturkatastrophen« nicht verinnerlicht. Im Vordergrund ihrer Erinnerungen standen der Kampf um das nackte Überleben durch Diebstahl und Unterschlagung von Lebensmitteln, Flucht sowie Gewalt durch Kader.[10]

Ein Dorfbewohner hatte Zweifel, ob man über solche schwierigen Themen sprechen dürfe. Da zog ein anderer Mann das Buch »Vergangenes vergeht nicht wie Rauch« von Zhang Yihe aus der Tasche, welches 2004 im Volksverlag für Literatur erschienen war. Er nahm es als Beispiel dafür, dass nun diese Tabus gefallen seien und man frei sprechen könne. In diesen Memoiren beschreibt die Tochter von

Zhang Bojun, einem der prominentesten »Rechtsabweichler« von 1957, welches Leid ihre Familie durch die staatliche Verfolgung in der Mao-Ära erfahren hatte.[11] Solche kritischen Publikationen erreichten damals sogar die Landbevölkerung. Später wurde das Buch zusammen mit einigen anderen Memoiren zur Anti-Rechts-Kampagne allerdings in der Volksrepublik verboten.[12]

Radikale Privatisierung und die Ausbreitung von Korruption

Während Beijing 2001 für ausländische und chinesische Menschen mit großer Kaufkraft als nicht enden wollende Party erschien, sollten wir die Schattenseiten nicht vergessen. Zwischen 1998 und 2002 führte die Regierung unter Parteiführer Jiang Zemin und Premierminister Zhu Rongji eine radikale Privatisierung der Staatsindustrie durch. Zwischen 1995 und 2003 sank nach offiziellen Angaben die Zahl der urbanen Beschäftigten in den Staatsbetrieben von 112 Millionen auf 68 Millionen sowie in Kollektivbetrieben von 31 auf 10 Millionen.[13] Als Folge kursierten hohe Arbeitslosigkeit und Kriminalität.

Die radikalen Wirtschaftsreformen standen auch im Zusammenhang mit Chinas Beitritt zur Welthandelsorganisation (WTO) Ende 2001. Nach jahrelangen Verhandlungen hatte die Regierung erreicht, dass die kapitalistischen Zentren ihre Märkte für chinesische Produkte weitgehend öffneten. Im Gegenzug musste sich China zur schrittweisen Öffnung von einzelnen Branchen für ausländisches Kapital verpflichten sowie staatliche Subventionen abzubauen. Formal erkannte die Volksrepublik die Spielregeln des globalen Kapitalismus an. Der Beitritt zur WTO war damals nicht unumstritten. Einige kritische Stimmen warnten vor einem Ausverkauf des Landes.

Besonders hart von den Umstrukturierungen waren die alten Schwerindustrieregionen wie der Nordosten, die Mandschurei, betroffen. Ich besuchte im bitterkalten Winter 2001 die Industriestadt Shenyang (Provinz Liaoning). Die Hoffnung und Stimmung der Bevölkerung waren auf einem absoluten Tiefpunkt angekommen. Ein chinesischer Reim machte damals die Runde: »Wenn du den Fernseher anschaltest, siehst du auf jedem Kanal Zhu Rongji, das Volk im ganzen Land ist arbeitslos, aber er gibt noch [mit Erfolgen] an.«[14]

Wang Bing hat in seinem über neunstündigen Dokumentarfilm »West of the Tracks« (2002) mehrere Jahre die Abwicklung der Betriebe dokumentiert. Im Industriegebiet Tiexi von Shenyang verloren Menschen zuerst durch die Werksschließungen ihre Arbeit und wurden dann von korrupten Behörden um ihre Renten- und Sozialansprüche betrogen. Schließlich ließ die Regierung die alten ArbeiterInnensiedlungen abreißen, um Platz für lukrative private Eigentumswohnungen zu schaffen.

Die Männer und Frauen, die aus den Staatsbetrieben entlassen wurden, fanden zum Teil im Niedriglohnsektor in anderen Regionen neue Arbeit wie Taxifahren oder Putzen in wohlhabenden Haushalten. Sie waren nun »freie LohnarbeiterInnen« im marxschen Sinne und nicht mehr Teil der alten staatssozialistischen ArbeiterInnenklasse, die durch die »eiserne Reisschüssel« ein Anrecht auf lebenslange Anstellung und Versorgung gehabt hatte. Im Unterschied zu vielen anderen postsozialistischen Ländern behielt China jedoch einen Teil des Staatssektors. Ausgewählte Betriebe von strategischer Bedeutung aus Branchen wie Energie, Rohstoffe, Finanzen, Infrastruktur oder Rüstung ließ die Regierung in Aktiengesellschaften umwandeln und der Staat behielt hohe Anteile, um weiterhin Einfluss ausüben zu können. Im nächsten Schritt wurden diese Konzerne für den Weltmarkt fitgemacht. Diese Firmen und Banken bilden bis heute den Kern des chinesischen Staatskapitalismus.

Viele Kader, ihre Familien und clevere Geschäftsleute konnten in der Ära der »wilden Privatisierung« der 1990er und 2000er Jahre große Privatvermögen anhäufen. Sie eigneten sich zum Beispiel die profitablen Teile des öffentlichen Eigentums weit unter Marktwert an, um sie mit hohem Gewinn weiterzuverkaufen. Andere nutzten die weitgehend rechtsfreie Situation aus. Sie bauten durch Handel mit gefälschten Medikamenten oder andere Formen des Betrugs ein Vermögen auf. Es bildeten sich ganze Branchen heraus, die ihre Gewinne aus Luxuskonsum von Kadern durch die Verschwendung von Staatsgeldern erzielten. Verhaftungen und Bestrafungen gab es meist nur in spektakulären Fällen. 2001 wurden zum Beispiel der Vize-Bürgermeister von Shenyang und der Leiter der Vermögensabteilung wegen

Bestechung und Unterschlagung zum Tode verurteilt und hingerichtet.

Bei der Bevölkerung entstand generell der Eindruck, dass die mittleren und hohen Kader sowie ihre Familien außerhalb des Rechtssystems stünden. Zum Beispiel sorgte der sogenannte Li-Gang-Zwischenfall 2010 für große Empörung im ganzen Land. Li Qiming, der Sohn des Vizepolizeichefs der Stadt Baoding, Li Gang, hatte auf dem Campus der Hebei-Universität mit seinem Auto betrunken zwei Studentinnen überfahren, von denen die eine später im Krankenhaus an den Folgen starb. Er fuhr einfach weiter, um seine Freundin abzusetzen. Als ihn die Sicherheitskräfte verhaften wollten, rief er: »Zeigt mich nur an, wenn ihr euch traut. Mein Vater ist Li Gang.« Der Satz »Mein Vater ist Li Gang« wurde zum Slogan des Volkszorns in den sozialen Medien. Die Behörden versuchten zunächst, die Debatte zu unterdrücken. Sohn und Vater hofften, mit einer öffentlichen Entschuldigung davonzukommen. Schließlich wurde der Täter doch noch zu sechs Jahren Haft verurteilt.[15]

Korruption und Unterschlagung grassierten auf allen Ebenen der Gesellschaft. Fast alles schien käuflich zu sein. Eine Universitätsdozentin berichtete mir ohne jegliches Anzeichen von Scham von der Annahme einer Bestechung. Sie habe von einem Studierenden einen Laptop als Geschenk erhalten, damit sie ihm noch einen Platz in einer wichtigen Prüfung zuwies. Sie kommentierte ihr Verhalten mit den Worten: »Vom Schnaps der Revolution wird man nicht betrunken.«

Chaina: Vertreibungen für Immobilienmarkt und Autoverkehr

Eine der größten Veränderungen Chinas in den letzten 20 Jahren ist das neue Antlitz der Städte. Abgesehen von einigen zentralen Plätzen und für den Tourismus erhaltenen Stadtkernen sind viele Metropolen nicht mehr wiederzuerkennen. Das ist zum Teil Folge der rasanten Urbanisierung. Beijing hatte zum Beispiel 1980 um die fünf Millionen Einwohnende, im Jahr 2000 über 10 Millionen und 2022 über 20 Millionen. Der Anteil der Stadtbevölkerung an Chinas Bevölkerung stieg insgesamt von 36 Prozent (2000) auf fast 65 Prozent (2021).[16] Es wäre unmöglich gewesen, diese große Zahl von Menschen in den kleinen traditionellen Hutong-Gassen in Wohnhöfen mit ein- oder zweistöckigen Häusern unterzubringen. Die Behörden ließen Altstädte und die damit verbundenen historisch gewachsenen sozialen Strukturen in den meisten Fällen einfach beseitigen und durch Hochhäuser ersetzen. Breite mehrspurige Straßen und Stadtautobahnen ließen pulsierendes Leben verschwinden. Mittlerweile sind fast alle chinesischen Innenstädte in den reicheren Regionen von allen Vierteln »gesäubert«, die an die proletarische Vergangenheit erinnern würden. Die Altstadt von Qingdao ist einer der wenigen Orte, die ich kenne, an denen man heute noch einen Eindruck bekommt, wie die »einfachen Leute« (*laobaixing*) vor 20 Jahren lebten. Die Schönheit von Hutongs kann man in Beijing in der Gegend um den Beihai-Park bewundern. Sie sind allerdings heute Kulisse für den Tourismus, oder die traditionellen Häuschen wurden in Luxusapartments umgewandelt.

Seit der Privatisierung des Immobilienmarktes in den späten 1990er Jahren war Spekulation eine wichtige Triebkraft der Stadtentwicklung, obwohl es in der Volksrepublik kein Privateigentum an Grund und Boden gibt. Lokale Regierungen konnten große Einnahmen erzielen, indem sie zunächst der alteingesessenen Bevölkerung das Nutzungsrecht an Boden gegen niedrige Entschädigungen entzogen. Mit großem Gewinn konnten sie dann den Boden an private Immobilienfirmen weiterverpachten. Daran bereicherten sich auch viele Kader und ihre Familien. Vor dem Aufstieg der Tech-Konzerne waren unter den reichsten Menschen des Landes auffallend viele UnternehmerInnen aus der Immobilienbranche vertreten. Zeitweise war der Preisanstieg für Immobilien so hoch, dass es sich lohnte, Häuser wieder abzureißen, die gar nicht so alt waren, da Kaufende Erstbezug gegenüber »*second hand*-Wohnungen« bevorzugten.

2001 ist für die Stadtentwicklung Beijings ein wichtiges Jahr, da am 13. Juli das Internationale Olympische Komitee verkündete, dass die chinesische Hauptstadt den Wettbewerb um die Austragung der Sommerspiele 2008 gewonnen hatte. Nach der Bekanntgabe erlebte ich, wie spontan Hunderte Menschen vor meinem Hochhaus auf die Straßen liefen, um den Sieg zu feiern, und Nationalflaggen schwenkten. Nicht nur die Regierung interpretierte damals die Entscheidung als Zeichen der Anerkennung der Leistungen Chinas seit 1978 durch die Weltgemeinschaft. Die Zentralregierung gab für die Vorbereitung der Spiele große Summen aus und wollte den internationalen Gästen ihre Version einer hochmodernen und weltoffenen Stadt präsentieren.

Wir konnten damals in Beijing praktisch live miterleben, wie die Behörden vorgingen, um Platz für den Immobilienboom, neue Viertel, Straßen oder Sportstätten zu schaffen. Mir passierte es oft, dass ich einen Laden oder Restaurant suchte, bis ich feststellte, dass das Haus oder sogar das ganze Viertel nicht mehr da war. Die Behörden informierten Bewohnende über den festgelegten Räumungstermin innerhalb der nächsten Wochen und ließen ein großes Schriftzeichen für »Abriss« (拆 *chai*) an die Häuserwand malen. Dieses Zeichen war nicht nur überall in der Stadt zu sehen, sondern wurde später aus Protest auch auf T-Shirts gedruckt. Auf ihnen stand »chaina« (拆哪), wörtlich »wo abreißen«. Das Wortspiel ergibt sich durch die englische Aussprache von China.[17] Wenn Bewohnende sich weigerten, auszuziehen, war es keine Seltenheit, dass kriminelle Schlägertrupps geschickt wurden. Besonders für die älteren Menschen war es hart, aus ihren kleinen Häuschen im Zentrum Beijings in anonyme Hochhäuser am Stadtrand umgesiedelt zu werden.

Stadtverwaltungen sahen im Erhalt der bestehenden sozialen Stadt- und Viertelstrukturen keinen Wert. Der Abriss der Altstadt von Datong (Provinz Shanxi) wurde zum Beispiel beeindruckend in dem Dokumentarfilm »The Chinese Mayor« (2015) festgehalten. Der Bürgermeister Geng Yanbo ließ dort über 200.000 Häuser zerstören und eine halbe Millionen Menschen umsiedeln. Seine Idee war es, mit der Wiederherstellung der Stadtmauern aus der Ming-Dynastie Datong zu einem attraktiven Ziel für Tourismus zu machen. Geng war von seinem Projekt derart überzeugt, dass er sich bei der persönlichen Leitung von Abriss und Zwangsumsiedlung von dem Regisseur Zhou Hao filmen ließ. Geng machte sogar noch einen Karrieresprung und übte zwischen 2013 und 2019 das Amt des Bürgermeisters der Provinzhauptstadt Taiyuan aus.

Die brutalen Methoden, um den Abriss von Vierteln durchzusetzen, führten im Laufe der Zeit zu großem gesellschaftlichen Unmut und Protesten. Die Behörden versuchten, mit höheren Entschädigungen die Konflikte zu befrieden und ließen einige »Nagelhaushalte« (*dingzihu*) zeitweise gewähren. Als solche bezeichnete man Menschen, die stur in ihren Häusern blieben, obwohl um sie herum das ganze Viertel schon eingeebnet worden war. Der Hollywood-Animationsfilm »Avatar« (James Cameron, 2009) erfreute sich in China besonders großer Beliebtheit, weil er als Widerstandsgeschichte eines »Nagelhaushalts« gesehen wurde.[18] In dem Fantasiefilm wehren sich blaue Wesen aus dem Urwald gegen ein »Entwicklungsprojekt«, welches die Zerstörung ihrer Umgebung und ihre Vertreibung mit sich bringen würde.

Mein Eindruck war damals, dass die aufsteigende Mittelschicht als neue Immobilienbesitzende den Hutongs nicht nachtrauerte. In den alten Gassen hatten lange Nachbarschaftskomitees das Sagen gehabt und pensionierte Frauen mit roten Armbinden jeden Fremden bei Ankunft gefragt: »Wen suchst du?« Ich erlebte selbst nach dem Umzug vom Wohnheim in das Hochhaus mit mehr als 20 Stockwerken die neue Freiheit der Privatsphäre des anonymen Betonbaus. Wir mieteten von einem entlassenen Staatsarbeiter ein Zwei-Zimmer-Apartment. Mein Vermieter hatte zwar keine Arbeit mehr, konnte jedoch gut von den Einnahmen seiner drei Eigentumswohnungen leben, die er im Rahmen der Privatisierung seiner Arbeitseinheit ergattert hatte. Das ist ein gutes Beispiel für die komplexe Vielschichtigkeit der damaligen Situation. Damals kannten wir viele chinesische und gemischte Paare in Beijing, welche unverheiratet zusammenlebten. Das wäre zehn Jahre zuvor nicht denkbar gewesen. Selbst 2001 konnte es in Beijing noch passieren, dass ein Paar bei Buchung eines Doppelzimmers im Hotel nach der Heiratsurkunde gefragt wurde. Ohne Zweifel war auch die Ausstattung in den neuen Hochhauswohnungen viel komfortabler als in den Hutongs. Es gab Duschen mit warmem Wasser und westliche WCs sowie Heizungen statt kleiner Kohleöfen. Ich habe selbst im Wohnheim noch erlebt, dass es heißes Wasser in den Duschen nur für wenige Stunden am Tag gab.

Viele chinesische Städte und Viertel sind im Zuge der Entwicklung in gesichtslose Betonwüsten verwandelt worden. So bleibt es nicht aus, dass ich manchmal dem »alten Beijing« nachtrauere. China hätte aus heutiger Sicht die Chance gehabt, neue Stadtteile zu errichten, die nicht auf den Individualverkehr mit dem Auto ausgerichtet sind. Sieht man von den gut ausgebauten öffentlichen Verkehrssystemen in Beijing und Shanghai ab, so gibt es immer noch viele Millionenstädte, die entweder gar keine U-Bahn und Straßenbahn haben oder nur wenige Linien. Als ich 1998 zum ersten Mal als Rucksacktourist China bereiste, dominierten noch Fahrräder den Straßenverkehr. Mitglieder der Arbeitseinheiten konnten in der Regel alle Besorgungen oder das Abholen der Kinder aus Kindergärten zu Fuß erledigen. Die Trennung von den Lebensbereichen Arbeit, Konsum, Freizeit und Bildungsstätten der Kinder in der heutigen Städteplanung verursacht täglich Staus zu den Stoßzeiten, selbst wenn dreistöckige Autobahnen mit vier Spuren pro Richtung gebaut worden sind.

Bluthandel und die Marginalisierung der Landbevölkerung

Große Teile der Landbevölkerung gehörten in den frühen 2000er Jahren nicht zu den Gewinnenden der Entwicklung. Die hohe Steuerlast sowie die Kosten für den Schulbesuch der Kinder auf den Dörfern und die Aussicht auf höhere Löhne in den Städten trieben die mobilen Teile der Landbevölkerung in Fabriken, den Servicesektor oder auf den Bau. Andere versuchten, durch regelmäßigen Verkauf ihres Blutes ihre Einkommen aufzubessern. Weltweit sorgte 2003 der große Aids-HIV-Skandal in der Provinz Henan für Schlagzeilen. Die chinesische Regierung hatte 1984 den Import von Blutprodukten aus dem Ausland verboten. Aids galt als Seuche, die aus dem Ausland eingeschleppt wurde, sowie Ausdruck eines angeblich dekadenten westlichen Lebensstils und von unmoralischen sexuellen Praktiken.[19] Durch das Importverbot entstand eine große Nachfrage nach Blutkonserven auf dem heimischen Markt. Eine Allianz aus lokalen Behörden, Pharmafirmen und Geschäftsleuten kaufte im großen Stil Blut, meistens von Bauern und Bäuerinnen aus den ärmeren Gegenden Nordchinas. Durch grobfahrlässige Organisation bei Blutentnahme und Lagerung infizierten sich im Zuge der 1990er Jahre Hunderttausende Dorfbewohnende, vor allem in der Provinz Henan, mit Aids/HIV.[20] Die Provinzregierung bestritt lange die Existenz der Katastrophe. In Beijing hörte ich selbst 2001 von Gerüchten, dass Aidskranke aus Henan in die Hauptstadt kommen würden, um in Diskos Partygästen verseuchtes Blut zu spritzen. So würden sie sich an der Gesellschaft rächen wollen.

Die Gesundheitskrise wurde dadurch verstärkt, dass mit Auflösung der Volkskommunen Mitte der 1980er Jahre die ländliche kollektive Krankenversorgung zusammengebrochen war. Ärzte und Ärztinnen sowie Krankenhäuser behandelten Unversicherte nur noch gegen Barzahlung. Druck durch die Weltgesundheitsorganisation (WHO) und die Sorge der Regierung um Chinas internationales Image trugen schließlich dazu bei, dass die Zentralregierung die Aidskrise im Land öffentlich anerkannte. Als Folge ergriff sie Präventionsmaßnahmen und machte die Behandlung der Krankheit kostenlos. Die SARS-Epidemie 2002/03 verstärkte die Einsicht der neuen Parteiführung unter Hu Jintao, dass die Krise des Gesundheitssystems die Stabilität der Gesellschaft gefährden würde. Die Zentralregierung war schließlich bereit, größere Investitionen in den Aufbau einer ländlichen Krankenversicherung zu tätigen. Die Trennung zwischen einem städtischen und ländlichen Gesundheitssystem zum Nachteil der Dorfbewohnenden ist allerdings bis heute nicht aufgehoben.

Geschlechterspezifische Arbeitsteilung und der Stadt-Land-Gegensatz

Die große soziale Ungleichheit kam auch in der neuen geschlechterspezifischen Arbeitsteilung zum Ausdruck. Anfang der 2000er Jahre konnte sich im Prinzip fast jede Familie aus der städtischen Ober- und Mittelschicht eine 24-Stunden-Betreuung sieben Tage die Woche für Kleinkinder oder pflegebedürftige Alte leisten. Ehefrauen dieser Familien gingen ganztägig einer Lohnarbeit nach. Bei der Kinderbetreuung halfen die Großeltern mit. Dass die jungen Mädchen vom Land oft kein korrektes Hochchinesisch sprachen und wenig formale Bildung hatten, schien wenig zu stören. Arbeitsverträge gab es selten.

Mittlerweile sind Hausangestellte zu einem Luxus geworden, weil die gestiegenen Löhne in Industrie und Dienstleistungssektor 24-Stunden-Jobs in privaten Haushalten unattraktiv gemacht haben. Durch den demografischen und sozialen Wandel gibt es auch nicht mehr die große Masse an junger ländlicher »Überbevölkerung« wie vor 20 Jahren. Zudem sind die Erwartungen an städtische Mütter gestiegen. Sie sollen am besten einen Universitätsabschluss haben und in zehn Chatgruppen sein, um das Kind schon vom Kindergarten an für den Wettkampf um die Plätze an den Eliteuniversitäten vorzubereiten. Die Frage, welche Ernährung gesund und welcher Nachhilfekurs zielfördernd ist, oder Krankheiten der Sprösslinge frühzeitig zu erkennen, soll nicht »ungebildeten« jungen Frauen vom Land oder den altmodischen Großeltern überlassen werden.

Die Frauenerwerbsquote ist in China von 63 Prozent im Jahr 2012 bis 2022 auf 61 Prozent gefallen.[21] Zum Vergleich ist sie in Deutschland von 2013 bis 2022 von 71,5 Prozent auf 76,8 Prozent gestiegen. Allerdings ist in der BRD der Anteil der Frauen in Teilzeitbeschäftigung sehr hoch.[22] Es können sich in China nur Wohlhabende eine permanente Hausfrauenehe leisten (bzw. eine Hausherrin mit Dienstpersonal) und es gibt kein generelles Zurück an den Herd. Dennoch propagieren Regierung und Staatsmedien wieder stärker traditionelle Rollenbilder. Xi persönlich hat mehrfach die besondere Rolle der Frauen und Mütter für die Harmonie der Familie und gute moralische Erziehung der Kinder betont. Die Familie sieht er anknüpfend an die konfuzianische Tradition als Grundlage von Staat und Gesellschaft.[23] Diese konservative Wende hängt auch damit zusammen, dass die Geburtenraten wieder erhöht werden sollen und Mütter als Folge längere Zeiträume für den Arbeitsmarkt nicht verfügbar wären. In China gibt es bisher keine flächendeckende staatliche geförderte Betreuung im Vorschulalter. Überall in den Städten sieht man Kinderkrippen und Kindergärten privater Anbietender. Die oft horrenden Gebühren verstärken den Druck auf die Familien, mehr Geld durch Lohnarbeit zu verdienen.

Verdrängte Staatsgewalt: Die Ein-Kind-Politik

2001 erlebte ich in Beijing noch das Zeitalter der Ein-Kind-Politik mit. Gegen eine Idealisierung der »wilden Freiheit« der frühen 2000er Jahre spricht auch die brutale Umsetzung der Geburtenplanung.[24] Verheiratete Paare hatten das Recht, ein Kind zu gebären, nur dann, wenn es im Rahmen der Planung der Anzahl der Geburten im Dorf oder in der Arbeitseinheit von der zuständigen Behörde vorher genehmigt wurde. Bei außerplanmäßiger Schwangerschaft mussten vor allem in den bevölkerungsreichen Provinzen Frauen damit rechnen, von den Kadern der Geburtenplanung zur Zwangsabtreibung ins Krankenhaus geschickt zu werden. Vor allem die Landbevölkerung versuchte, diesem Schicksal zu entkommen. Frauen versteckten die Schwangerschaft in den ersten Monaten, am besten unter einem dicken Mantel im Winter. Dann gingen sie zu Verwandten in andere Regionen und bestachen dort medizinisches Personal, um die Geburt illegal vornehmen zu können. Nach der Geburt gingen die Mütter in ihre Dörfer zurück und mussten ein saftiges Bußgeld für die außerplanmäßige Geburt bezahlen, in der Regel bis zu einem Jahreseinkommen. Eine Alternative war, dass die Kinder eine Zeit »schwarz« (unangemeldet) blieben. Vor der Einschulung ließen die Eltern das Kind, wiederum mit Hilfe von Bestechung, offiziell im Haushaltsregister eintragen. So bekam der Nachwuchs schließlich einen legalen Status.

Bei Angestellten in Staatsbetrieben konnte die außerplanmäßige Geburt von Kindern zur Entlassung oder zum Verlust der werkseigenen Wohnungen führen bzw. zum Ausschluss aus der Kommunistischen Partei. Zwangssterilisierung, vor allem von Müttern nach der Erstgeburt, war über Jahre eine verbreitete Praxis gewesen.[25] Nur in einigen ländlichen Gegenden praktizierten Behörden Ausnahmeregelungen: Wenn das erste Kind ein Mädchen war, bekam das Ehepaar noch einen zweiten Versuch, um einen Jungen zu gebären. Ein nationales Gesetz zur Geburtenplanung trat erst 2002 in Kraft.[26] Bis dahin konnten die Provinzregierungen ihre eigenen Richtlinien erlassen.

Selbst in meinem Wohnheim an der Universität waren die Maßnahmen zur Geburtenplanung zu spüren. Die Schwester meiner späteren Frau war schon verheiratet und durfte deshalb mir ihrem serbischen Mann im Wohnheim für ausländische Studierende zusammenleben. (Bei chinesischem Damenbesuch ohne Trauschein rief die Rezeption spätestens um 20 Uhr an und forderte zum Verlassen des Gebäudes auf.) Für die Schwester war die Geburtenplanungsbehörde der Provinz Henan zuständig, da ihr Haushaltsregister dort war. Diese Behörde schickte Kader in das über 800 Kilometer entfernte Beijing, um von den Ehefrauen regelmäßig ärztliche Bestätigungen aus dem Krankenhaus einzufordern, dass sie nicht schwanger seien. Eine außerplanmäßige Schwangerschaft hätte dazu geführt, die Frau zu einer Abtreibung zu bewegen. Meine spätere Frau war davon nicht betroffen, weil unverheiratete Paare laut dem nationalen Gesetz zur Geburtenplanung ohnehin keine Kinder bekommen durften.[27] Daher gerieten sie nicht in den Fokus der Behörden. Nachdem wir vor dem strengen Wohnheimregime in unsere Mietwohnung entflohen waren, erlebten wir einmal eine große Polizeirazzia im Wohnblock. Auf Plakaten im Hof wurde sie damit begründet, dass es Verstöße gegen die Politik der Geburtenplanung gebe.

Der Literaturnobelpreisträger Mo Yan hat mit seinem Roman »Frösche« (2009) Opfern sowie Tätern und Täterinnen der Geburtenplanung ein Denkmal gesetzt.[28] Mo beschreibt, wie in den 1980er Jahren Behörden auf den Dörfern Familienangehörige inhaftierten oder mit dem Abriss von Häusern drohten, um geflohene außerplanmäßig Schwangere zur Rückkehr und damit zur Zwangsabtreibung zu zwingen. Er zelebriert den bäuerlichen Widerstandsgeist und ungezügelten Willen, sich fortzupflanzen. Der Roman konnte 2009 wahrscheinlich auch deshalb erscheinen, weil zu diesem Zeitpunkt schon Zweifel an der Sinnhaftigkeit der Ein-Kind-Politik angesichts des demografischen Wandels geäußert werden durften. Schon Anfang der 1980er Jahre hatten einige vor negativen Folgen für die Zukunft gewarnt, wie einer Alterung der Gesellschaft, Mangel an Arbeitskräften, Männerüberschuss sowie der großen Last der Einzelkinder, für die Alten zu sorgen. Das ZK der KPCh hatte 1980 diese Sorgen in einem offenen Brief an alle Mitglieder von Partei und Jugendverband als unberechtigt bezeichnet.[29] Alle vier Punkte sieht die Regierung heute selbst als große gesellschaftliche Probleme an.

Bei aller berechtigten Kritik an der autoritären Entwicklung unter Xi dürfen wir nicht vergessen, dass die Ein-Kind-Politik beendet wurde. Diese hatte wie keine andere auf drakonische Weise direkt in die Körper der Menschen eingegriffen. 2015 führte die Regierung eine Zwei-Kind-Politik ein, 2021 wurde das Limit auf drei festgelegt. Über 30 Jahre lang hatte die KPCh der Bevölkerung eingebläut, dass nur eine staatliche Beschränkung der Kinderzahl China und die Welt retten könne. Nun unternehmen Behörden Versuche, die Zahl der Geburten durch staatliche Anreize wieder zu erhöhen. Das ist bisher nicht gelungen. Feministische Autorinnen sprechen von einer bewussten Weigerung von immer mehr Frauen, zu heiraten und Kinder zu bekommen.[30] Eheschließung ist in China mit familiärem Druck zur Zeugung von Nachkommen verbunden. Es gibt außerdem den Spruch, dass die hohen Kosten für die Bildung der Kinder und die astronomischen Preise für Eigentumswohnungen in den angesagten Metropolen die besten Verhütungsmittel seien. Als Folge wollen viele Paare weiterhin nur ein Kind. Der direkte Eingriff der Regierung in die Reproduktion würde allerdings erst mit der grundsätzlichen Abschaffung der Geburtenplanung enden.

China in der Post-Covid-Ära: Ausbau der digitalen Überwachung und wirtschaftliche Stagnation

Seit 1998 besuchte ich bis zur Pandemie 2020 fast jedes Jahr China. Mit der größten Spannung habe ich 2023 meinen sechswöchigen Forschungsaufenthalt erwartet. Die Corona-Pandemie hatte die globale Mobilität, wie meine Generation sie kannte, unterbrochen und die Welt verändert. Zwischen dem *Lockdown* der Stadt Wuhan Ende Januar 2020 und der Aufhebung aller Einreisebeschränkungen und der Testpflicht Ende August 2023 hatte sich die Volksrepublik zeitweise nach außen abgeriegelt. Wenn Einreise möglich war, musste man nach Ankunft eine zwei- bis vierwöchige Quarantäne in einem Hotelzimmer verbringen, und zwar auf eigene Kosten. Die Behörden ließen keine Ausnahmen zu. Ich kenne mehrere Chinesen und Chinesinnen, die im Ausland leben und wegen dieser Regelung sich weder von todkranken Eltern verabschieden noch an deren Beerdigung teilnehmen konnten. Manche Familien und Paare wurden für lange Zeit getrennt. Erschwerend kam hinzu, dass Flugtickets zeitweise bis zu zehnmal so viel wie vor der Pandemie kosteten. Studierende und andere Menschen mit niedrigen Einkommen saßen über Monate an einem Ort fest.

In diesem Zeitraum war jedenfalls Feldforschung kaum möglich. Westliche Journalisten und Journalistinnen konnten sich im Land nur sehr eingeschränkt bewegen. Nach dem Amtsantritt von US-Präsident Donald Trump 2017 hatten sich die sino-amerikanischen Beziehungen drastisch verschlechtert, besonders durch die Politisierung der Pandemie durch beide Seiten. Die Wahrnehmung der Volksrepublik in den westlichen Medien wurde überwiegend negativ. Narrative der Bedrohung lösten das Paradigma von China als »Markt der Zukunft« ab.[31]

Die veränderte geopolitische Lage bekommen wir auch an den sinologischen Instituten zu spüren. Die Studierendenzahlen sind hier vielerorts massiv zurückgegangen. Angesichts der Unmöglichkeit, die Volksrepublik selbst zu besuchen, und der schrillen Töne in den deutschen Medien ging es mir so wie wahrscheinlich vielen Kollegen und Kolleginnen: Es fiel mir schwer, die Entwicklungen in China überhaupt noch einschätzen zu können. Überglücklich war ich deshalb, als ich eine Einladung der Fudan-Universität erhielt, im September und Oktober 2023 am Geschichtsinstitut als Gastwissenschaftler zu forschen. Ich musste feststellen, dass sich das Land seit meinem letzten Besuch 2018 stark verändert hatte, im Vergleich zu 2001 ist es kaum mehr wiederzuerkennen.

Auswirkungen der Null-Covid-Politik und ihres abrupten Endes

Den folgenden kritischen Ausführungen zur Corona-Politik in China möchte ich vorausschicken, dass es auch für die westlichen Regierungen eine schwierige Herausforderung war, zu versuchen, den Virus einzudämmen, ohne Wirtschaft und Bildungssektor mit den entsprechenden »Kollateralschäden« stillzulegen. Seuchenbekämpfung und

Wahrung von Grundrechten wie Demonstrations- und Gewerbefreiheit sowie Schutz der Privatsphäre und Familienzusammenführung mussten gegeneinander abgewogen werden. Bei der Wahl der Maßnahmen wurde viel mit »Versuch und Irrtum« experimentiert, weil oft nicht klar war, ob durch die jeweiligen Maßnahmen die Verbreitung des Virus verlangsamt werden konnte oder nicht. Im Nachhinein bezeichneten selbst Hardliner unter den deutschen Gesundheitspolitikern zum Beispiel die Schulschließungen als Fehler.[32] Es gibt also auch bei uns noch sehr viel aufzuarbeiten bezüglich der Regierungsmaßnahmen und ihrer langfristigen gesellschaftlichen Folgen.

Wer wie ich die chinesische Entwicklung Ende Januar und im Februar 2020 verfolgte, war geschockt, mit welcher Nachlässigkeit die deutschen Behörden anfangs reagierten. Die Regierungen und große Teile der Bevölkerung machten den Eindruck, als meinten sie, der »asiatische Virus« könne Europa nichts anhaben (siehe auch mein Interview Ende April 2020 »Eurozentrische Arroganz gegenüber China« in diesem Buch). Dazu kam die Verschärfung eines anti-asiatischen Rassismus, welcher asiatisch gelesene Menschen bei uns im öffentlichen Raum als gefährliche VirenüberträgerInnen diskriminierte und angriff.[33] Zunächst äußerten viele westliche Experten und Expertinnen Unverständnis für die Maßnahmen in China. Die Abriegelung einer ganzen Stadt sei »mittelalterlich«, an der effektiven Schutzfunktion des allgemeinen Tragens von Masken wurde noch im Februar 2020 gezweifelt und die Massentestung der Bevölkerung für nicht durchführbar gehalten.[34] Schließlich übernahmen viele europäische Länder und von der Demokratischen Partei regierte US-Bundesstaaten dann doch viele Aspekte der chinesischen Seuchenbekämpfung. In nicht-autoritären Staaten war dies natürlich nur in abgeschwächter Form möglich.

Eine Überraschung war für mich, dass ich während meiner Reise 2023 durch China kaum Anzeichen wahrnehmen konnte, dass es zuvor eine Pandemie gegeben hatte. Ich besuchte immerhin Universitäten in Shanghai, Taiyuan (Provinz Shanxi) und Beijing. Die »goldene Woche« um den Staatsfeiertag am 1. Oktober verbrachte ich in der Provinz Anhui und ich reiste in die ehemalige deutsche Kolonie

Qingdao (Provinz Shandong). Ich fuhr mit den Hochgeschwindigkeitszügen ca. 4.200 Kilometer (mit insgesamt 15 Minuten Verspätung, wie ich als Kunde der Deutschen Bahn ohne weiteren Kommentar anmerken muss). Ein Jahr zuvor hatten die chinesischen Medien die Resultate der strengen Maßnahmen in der Pandemie als Ausdruck der Überlegenheit des »Sozialismus mit chinesischen Besonderheiten« über den westlichen Kapitalismus gefeiert. Noch im Herbst 2022 argumentierte das Parteiorgan, die *Volkszeitung*, dass die sogenannte »dynamische Null«-Covid-Politik wissenschaftsbasiert und effizient sei. Nur mit dieser Strategie könne der Sieg über den Virus errungen werden.[35] Außerdem hatte die Regierung auf herkömmliche Totimpfstoffe aus eigener Produktion gesetzt und ein Importverbot gegen die neuen mRNA-Impfstoffe aus dem Westen verhängt. Bei meinem Besuch wurde mir schnell deutlich, dass die offizielle Seite nicht mehr auf das Thema »Covid« angesprochen werden wollte. In mehreren Buchläden fragte ich vergeblich nach Publikationen zur Seuchenbekämpfung der chinesischen Regierung.

Während meines Aufenthalts sprach ich mit Menschen aus ganz unterschiedlichen sozialen Gruppen über ihre Erfahrungen während der Pandemie. Die Länge der *Lockdowns* und Regelungen der Quarantäne wurden von den lokalen Behörden sehr unterschiedlich gehandhabt. In Teilen von Ürümqi, der Hauptstadt von Xinjiang, und Shanghai verhängten sie 2022 strenge Ausgangssperren für insgesamt mehrere Monate. Ich sprach mit einem Parteifunktionär aus einer anderen Provinz, der an einer Universität als gutes Vorbild auf dem Campus in Quarantäne gehen musste. Insgesamt wurde er fünf Monate in seinem Wohnheimzimmer eingesperrt. Zwischendurch durfte er ein paar Mal seine Familie sehen.

Einige Menschen erzählten mir, dass sie ihren geschlossenen Wohnkomplex (»gated community«) nicht verlassen durften. Andere wurden wiederum über Wochen in ihrem Apartment eingesperrt und durften nur vor die Tür treten, um das gelieferte Essen abzuholen und Vorräte anzulegen. Wer nicht früh genug am Morgen auf die Smartphone-App einer zuliefernden Plattform-Firma wie *Meituan* klickte, um zu bestellen, konnte zeitweise leer ausgehen. Wir wissen nicht, wie ältere Menschen überlebten, die in ihrer Wohnung eingesperrt waren und die digitale Technik nicht bedienen konnten oder andere lebensgefährdende Krankheiten als Covid hatten. Im Frühjahr 2022 sorgte das Video »Die Stimmen des Aprils« für weltweites Aufsehen. Darin wurden Hilferufe von Shanghaier Bürgern und Bürgerinnen im *Lockdown* aus den sozialen Medien gesammelt. Sie hatten Angst, zu verhungern, in Quarantäne zu Hause an Krankheiten zu sterben oder bei einem Brand im abgeriegelten Gebäude zu verbrennen.[36] In Gesprächen berichteten mir einige Menschen aus Shanghai, dass im *Lockdown* etwas entstand, das es vorher in den anonymen Wohnkomplexen nicht gab: selbstorganisierte und solidarische Nachbarschaftshilfe. Mir scheint, dass nach dem Aufschrei im April 2022 es den Shanghaier Behörden wieder gelang, eine ausreichende Versorgung mit Lebensmitteln herzustellen.

Auch im Westen gab es Stimmen, welche die chinesische Null-Covid-Politik als autoritär, aber effizient wahrnahmen. Selbst ich ließ mich Anfang Dezember 2021 in dem Nachwort zur Neuauflage meines Buches »Chinas große Umwälzung« (2022) zu einer solchen Analyse hinreißen.[37] Bis zu diesem Zeitpunkt der Pandemie schien es der Volksrepublik wesentlich besser gelungen zu sein, Big Data, Apps und Massentestung im Kampf gegen den Virus einzusetzen als den westlichen Zentren des Kapitalismus. Am 7. Dezember 2022 vollzog die chinesische Regierung eine abrupte 180-Grad-Wende. Maßnahmen, die fast drei Jahre in Kraft waren, wurden schlagartig aufgehoben: Zwangsquarantäne und Isolation in Lagern, Kontaktverfolgung per Mobilfunkdaten und Gesundheitsapps oder die täglichen Antigen-Massentests für ganze Stadtviertel. Hürden für die Einreise aus dem Ausland fielen schrittweise.

Bisher ist noch unklar, welche Faktoren zu der Entscheidung führten, zentrale Maßnahmen der Null-Covid-Politik aufzuheben. Genannt werden oft als Gründe die gravierenden wirtschaftlichen Folgen der *Lockdowns*, die astronomischen Kosten für die täglichen Massentests, die Proteste in einigen Städten im November 2022 sowie Zweifel an der Sinnhaftigkeit der Strategie in den politischen Eliten. Hinzu kam, dass die drakonischen Maßnahmen aus der Zeit gefallen wirkten, als das chinesische TV-Publikum bei der Fußballweltmeisterschaft Ende November 2022 in Katar sah, dass der Rest der Welt die Pandemie schon für beendet hielt.

China wurde infolge des Politikwechsels von einer Infektionswelle überrollt, ohne ausreichende Vorbereitung. Vielerorts waren fiebersenkende Medikamente ausverkauft und Krankenhäuser nahmen keine neuen Patienten und Patientinnen mehr auf. Wie viele Menschen in dieser Phase an Covid starben, wird wohl ein Staatsgeheimnis bleiben, wenn es überhaupt ernsthafte Bemühungen gab, die Todeszahlen statistisch zu erfassen. Ende Dezember 2022 ließ die Regierung die Definition von Tod durch Covid ändern. Nur noch Todesfälle als Folge von Lungenentzündung und Atemstillstand gehen in die Statistik ein und nicht mehr diejenigen in Kombination mit Vorerkrankungen.[38] Nach offiziellen Angaben starben zwischen Anfang Januar 2020 und Mitte Dezember 2023 nur 121.880 Menschen an Covid.[39]

Legitimationsprobleme als Krisenmanager

Durch die strenge *Lockdown*-Politik erfuhren die urbanen Mittel- und Oberschichten die repressiven Seiten des Staatsapparats in neuer Qualität. Menschen mit ländlicher Haushaltsregistrierung, die in den Städten leben, haben hingegen schon immer einen unsicheren Aufenthaltsstatus. Die Behörden können sie jederzeit auf das Land abschieben, wenn sie zum Beispiel zu Paraden an staatlichen Feiertagen oder als »Bevölkerung am unteren Ende« nicht erwünscht sind.[40] Während der Pandemie mussten Millionen von Beschäftigten in den Plattform-Lieferfirmen arbeiten, um andere zu versorgen. Viele von ihnen haben ein ländliches Haushaltsregister und sind prekär beschäftigt. Wenig Forschung gibt es bisher auch dazu, welche Auswirkungen die Null-Covid-Politik auf die Dörfer und die landwirtschaftliche Produktion hatte. Die marginalisierte Landbevölkerung steht weder in den chinesischen noch den westlichen Medien im Fokus.

Über Wochen oder sogar Monate wurden für die städtische Ober- und Mittelschichten die teuer erstandenen Eigentumswohnungen zu Gefängnissen. Dabei galten diese Immobilien lange als wichtigste Sicherheit im Leben. In extremen Fällen ließen Nachbarschaftskomitees die Türen von außen verriegeln. Männer und Frauen in weißen Schutzanzügen drangen in Wohnungen ein und ruinierten durch das Versprühen von Desinfizierungsmittel Computer und Möbel. Durch Quarantäneanordnungen wurden Familien getrennt, in manchen Fällen sogar Mütter von ihren Säuglingen. Auch die ausländische Community in Shanghai musste erleben, wie plötzlich ihr privilegiertes Leben durch eine äußerst prekäre Lage abgelöst wurde. Sicherheitspersonal am Eingang zu den geschlossenen Wohnkomplexen und Nachbarschaftskomitees, die vorher kaum ernst genommen worden waren, hatten plötzlich diktatorische Vollmachten im Alltag. Gerechtfertigt wurden die Maßnahmen mit dem Schutz der Bevölkerung vor dem Virus und der Rettung von Menschenleben.

Im Prinzip hatten vorher schon große Teile von zwei Generationen der urbanen Mittelschicht sich mit einem »Gesellschaftsvertrag« mit der KPCh abgefunden: Permanente Wohlstandssteigerung sowie Freiheiten im Privatleben, beim Konsum und Reisen, solange das politische System nicht in Frage gestellt wird. Mir scheint, dass vielen im *Lockdown* erst klar wurde, was es im Alltag heißen kann, in einer Diktatur zu leben.

In ihrer Geschichte hat sich die KPCh mehrfach als erfolgreiche Krisenmanagerin gezeigt bzw. ist erst bei einer Gefährdung der Stabilität des Systems zu Hochform aufgelaufen (siehe auch Artikel »100 Jahre Krisenmanagement« in diesem Buch). Im Laufe der Pandemie erschienen die chinesischen Behörden jedoch zunehmend nicht mehr als effiziente Krisenmanager, sondern die willkürlichen und tyrannischen Seiten des Regimes kamen stärker zum Vorschein. Im Mai 2022 entschieden zum Beispiel die Behörden in Jinan wegen weniger Corona-Fälle auf dem Campus der Shandong-Universität, über 13.000 Lehrende und Studierende zu evakuieren. Sie wurden in ungenutzten Schulen an anderen Orten unter Quarantäne gestellt.[41] Welchen Sinn soll diese Maßnahme gehabt haben, wenn nicht, die Statistik der Infektionszahlen in der Provinzhauptstadt weiterhin gut für die dortige Regierung aussehen zu lassen?

Eine frühere Bewohnerin Ürümqis erzählte mir, dass sie den Eindruck habe, dass die Firmen, welche die Quarantäne-Zentren betrieben, in erster Linie kommerzielle Interessen hätten. Waren die Zentren zu wenig ausgelastet, seien sie willkürlich wieder gefüllt worden. Die Behörden schickten Bewohnende ganzer Hochhäuser wegen weniger Corona-Fälle in Quarantänelager, obwohl sie zuvor schon in ihren Wohnungen isoliert waren und gar keinen Kontakt untereinander gehabt hätten. In Ürümqi sollte es im November 2022 nach einem 100-tägigen *Lockdown* zu Massenprotesten auf der Straße kommen. Der Auslöser war ein Brand am 24. November in einem Hochhaus mit Todesfolgen. Nach offiziellen Angaben starben dabei zehn Menschen. In den sozialen Medien verbreiteten sich Vorwürfe, das Gebäude wäre vorher im Rahmen der Seuchenbekämpfung abgeriegelt worden. Die lokalen Behörden bestritten dies jedoch.[42] Im Zentrum Shanghais versammelten sich spontan BürgerInnen an der Ürümqi-Straße (*Wulumuqi Lu* auf Chinesisch). Sie gedachten der Opfer in der über 3.900 Kilometer entfernten Stadt und protestierten gegen die strengen Maßnahmen.

Die Zentralregierung hatte die abrupte Wende der Null-Covid-Politik im Dezember 2022 nicht nur bezogen auf die Versorgung mit Medikamenten und Krankenhausbetten schlecht vorbereitet, sondern auch propagandistisch. Der Parteiapparat hatte kein überzeugendes Narrativ entwickelt, um die Kehrtwende zu begründen. Xi ließ seit 2020 mehrfach verkünden, er gebe die Anordnungen im »Krieg« gegen den Virus höchstpersönlich und habe das Kommando inne.[43] Damit hatte er sich die Möglichkeit genommen, überzogene Maßnahmen bei der Durchführung im Zweifelsfall glaubwürdig lokalen Funktionären anlasten zu können, so wie es seine Vorgänger häufig getan hatten. Es scheint kein Zufall zu sein, dass bei den Protesten im November 2022 in Shanghai die Parole »Xi Jinping soll abtreten« gerufen wurde.[44] Selbst wenn auf den spontanen Massenversammlungen nur jeweils einige Tausend Menschen anwesend waren, so stellt diese Forderung einen Tabubruch dar.

Die Staats- und Parteiführung hatte sich mit dem Ziel, den Virus auszurotten, offenbar übernommen. Sie ließ sich außerdem selbst zu einem Zeitpunkt von der Propaganda feiern, bevor die großen Infektionswellen in China ausbrachen. Die wirtschaftlichen Folgen der *Lockdowns* und Isolierung des Landes sind bis heute zu spüren in Form von Wegbrechen von Teilen der Privatwirtschaft und der hohen Jugendarbeitslosigkeit. Laut offizieller Statistik konnten 19,9 Prozent der 16- bis 24-Jährigen in der ersten Jahreshälfte 2022 keine Arbeit finden.[45] (Mittlerweile gibt die Regierung diese Zahlen nicht mehr bekannt). Die sozialen Folgen werden noch dadurch abgefedert, dass viele Familien von ihren Reserven leben können, die in den Jahren des Booms seit den 1990er Jahren angehäuft wurden.

Die strenge Reglementierung des urbanen Raums und technologische Abkopplung

Auch nach dem Ende der Pandemie halten viele lokale Regierungen weiter an den engmaschigeren Kontrollen von öffentlichen und auch privaten Räumen fest. Wenn ich während meines Aufenthalts im Herbst 2023 morgens aus dem Haus ging, musste ich immer meinen deutschen Reisepass und ein internetfähiges Smartphone dabeihaben. Mein Pass wurde in den sechs Wochen so oft eingescannt, dass er fast auseinanderfiel. Viele Online-Registrierungen, die man für den Zugang zu Campus, Museen oder zum Kauf von Zugtickets per App braucht, funktionierten nur mit einer chinesischen Handynummer. Da *Google* blockiert ist, muss man auf Suchmaschinen und Navigationssysteme umsteigen, die in China zugelassen sind. Das Zahlungssystem von *WeChat* war nur noch in Kombination mit einem chinesischen Bankkonto und Smartphone-Nummer nutzbar (Stand Ende 2023). Im Alltag konnte ich spüren, wie weit die Regierung die Abkopplung von westlichen Systemen schon vorangetrieben hat.

Für den Zugang zu den Universitäten, die ich besuchte (Fudan, East China Normal University, Shanxi-Universität und Beijing-Universität), brauchte man eine vorherige interne Registrierung. Die Tore öffneten sich für Universitätsangehörige automatisch, entweder durch Gesichtserkennung oder durch den Scan ihrer ID-Karten. Am strengsten war der Zugang zu dem Campus der Beijing-Universität geregelt. Obwohl ich dort vier Tage als Gast auf dem Campus im Gästehaus wohnte und einen Vortrag hielt, galt meine Registrierung nur für jeweils 24 Stunden und ich hatte nur zwei Eintritte zum Campus pro Tag. Am Eingang haben die Wächter jedes Mal meine Passnummer in das System eingegeben. Die Regelung erinnert mich an die Verwaltung von Staatsgrenzen durch Visa-Vergabe. Durch diese Praxis wird auch die Teilnahme an Vorträgen und Konferenzen eingeschränkt, da jeder und jede zusätzlich Teilnehmende, der oder die nicht zur Universität gehört, vorher intern registriert werden muss. 2001 konnte ich noch ohne jegliche Einschränkung die Beijinger Campi und sogar viele Gebäude der Universitäten betreten.

In reicheren Gegenden wird heute Zugangskontrolle durch Gesichtserkennung auch in den geschlossenen Wohnkomplexen praktiziert. Schon vorher hatten diese in vielen Neubauvierteln mit privaten Eigentumswohnungen Wachen an den Eingängen. Allerdings kontrollierten die privaten Sicherheitsleute in der Vergangenheit oft nur sehr nachlässig. In einigen Stadtteilen beschränkt sich der frei zugängliche Raum auf die Straße, Geschäfte und Restaurants. Nur in Huainan in der Provinz Anhui, einer Bergbaustadt im Niedergang, hatte ich das Gefühl, dass ich mich frei bewegen und Wohnviertel sowie Gebäude ohne bürokratische Hürden betreten konnte. Ein Grund dafür mag sein, dass der Stadtregierung für die strenge Reglementierung des öffentlichen Raums die finanziellen Mittel fehlen.

Ungewiss ist bisher, ob wieder eine große Zahl von ausländischen Staatsbürgern und Staatsbürgerinnen nach China zurückkehren wird, um zu arbeiten oder zu studieren. Im Oktober 2023 begegnete ich selbst in Shanghai bei meinen Spaziergängen relativ wenigen westlich aussehenden Menschen. Als Tourismusziel hat China an Attraktivität verloren, weil viele Kommunikations- und Zahlungssysteme nicht mehr mit unseren kompatibel sind. Am Bahnhof von Qingdao waren die Informationen auf Anzeigebildschirmen mit den Abfahrtszeiten der Züge nur noch in chinesischen Schriftzeichen eingeblendet und nicht mehr in der Umschrift Pinyin. Ohne meine Chinesischkenntnisse und die Hilfe freundlicher Menschen hätte ich viele digitale Formalitäten nicht erfolgreich bewältigen können, wie zum Beispiel eine Waschmaschine mit QR-Code zu starten. Die Zukunft wird zeigen, ob die chinesische Regierung Maßnahmen ergreift, dass sich Menschen ohne Chinesischkenntnisse, chinesische SIM-Karte und chinesisches Bankkonto wieder einfacher im Land bewegen können. Letztendlich ist diese Frage auch von politischer Bedeutung. Seit den 1990er Jahren hat die staatliche Propaganda die Anwesenheit von ausländischen Unternehmen, Studierenden, Forschenden und Reisenden als Zeichen für den Wiederaufstieg und den globalen Einfluss Chinas dargestellt.

Im November 2023 besuchte ich zum ersten Mal Taiwan. Ich war dort als Gastwissenschaftler an die Academia Sinica eingeladen, welche mit der Akademie der Wissenschaften anderer Länder vergleichbar ist. Der Zugang zum weitläufigen Campus war hier, und auch an Universitäten, nicht eingeschränkt. Für die Teilnahme an Vorträgen musste sich niemand anmelden. In Taibei traf ich auch meinen alten Bekannten Ralf Ruckus. Er hat im deutschsprachigen Raum wie kein anderer seit über einem Jahrzehnt Informationen zu Arbeitskämpen in China verbreitet.[46] In Taiwan kann er für seine Feldforschung zu den prekär beschäftigten indonesischen Arbeitern und Arbeiterinnen direkt in die Hafenanlagen gehen.[47] Ich konnte den großen Unterschied zwischen einem autoritären und (bürgerlich-)demokratischen System vor allem in der Bewegungsfreiheit im öffentlichen Raum spüren. Auf dem Festland muss man sich fragen, ob es bei dieser Form der Reglementierung so etwas wie öffentliche Räume überhaupt noch gibt.

Kontrolle über Geschichtsnarrative und Universitäten

2023 hatte ich an der Fudan-Universität ein Forschungsprojekt zur »Reform und Öffnung« der frühen 1980er Jahre. Meiner Teilnahme am *Fudan Scholar*-Programm musste mit Sicherheit auch das Parteikomitee zustimmen. Ein Forschungsprojekt und öffentliche Vorträge zur Mao-Ära wären wahrscheinlich nicht genehmigt worden. Immerhin konnte ich an insgesamt vier Universitäten zu meinem neuen Forschungsthema vortragen und einen Workshop organisieren. Das war mehr, als ich vor der Reise erwartet hatte.

Bis vor einige Jahre konnten renommierte HistorikerInnen vom Festland ihre Forschungsergebnisse noch in Hongkong herausgeben, welche zu Hause nicht durch die Zensur gekommen wären.[48] 2018 veröffentlichte ich die chinesische Übersetzung meines Buches »Famine Politics in Maoist China and the Soviet Union« bei Chinese University of Hong Kong Press.[49] Von 2019 bis 2022 versuchte ich erfolglos, in Hongkong einen Verlag für die chinesische Version von »A Social History of Maoist China« zu finden. Als Grund der Ablehnung nannten alle Verlage, dass solche Bücher nun keinen ausreichenden Markt mehr hätten. Aufgrund der verstärkten politischen Überwachung haben Universitätsbibliotheken auf dem Festland Schwierigkeiten, aus Hongkong zu bestellen, und müssen komplizierte Genehmigungsverfahren durchlaufen. Touristen und Touristinnen vom Festland waren früher wichtige Kundschaft von Büchern zur KPCh. Seit einigen Jahren werden sie beim Zoll auf der Rückreise schärfer kontrolliert und kritische Bücher häufig beschlagnahmt.[50] Hongkong ist heute nur noch bedingt ein Ort der freien Wissenschaft. Ende 2023 konnte ich schließlich in Taiwan den Verlag Commercial Press finden, der die chinesische Übersetzung meiner Sozialgeschichte des maoistischen Chinas publizieren wird.

Auch wenn die Kollegen und Kolleginnen, die mich einluden, sehr herzlich waren, so konnte ich doch spüren, dass die Lage angespannt war. Als ich gegenüber meiner alten Wirkungsstätte, der Volksuniversität, mich in einer Shopping Mall mit Freundinnen zum Essen traf, sah ich an der Wand ein Plakat, auf dem das Amt für Nationale Sicherheit warnte: Hinter der freundlichen Maske von ausländischen Gastwissenschaftlern könnten sich Spione verbergen. Eine Telefonnummer zur Denunziation war auch angegeben.[51]

Natürlich wäre es naiv, anzunehmen, dass es solche Formen der Spionage überhaupt nicht geben würde. Auch chinesische Forschende sind in den USA und Deutschland Verdächtigungen ausgesetzt. Dennoch sollten die chinesischen Behörden darüber nachdenken, welches Klima solche Plakate schaffen.

Das Schmunzeln über die alberne Karikatur ist mir mittlerweile vergangen. In Taibei traf ich zufällig meinen alten Bekannten Nobu wieder, den ich in Beijing 2001 kennengelernt hatte. Er ist an der Hokkaidō-Universität Professor und forschte 2023 an der Academia Sinica als Gastwissenschaftler. 2019 wurde Nobu von den chinesischen Behörden mehr als zwei Monate lang festgehalten. Die Verhaftung wurde zunächst geheim gehalten und Spionagevorwürfe erhoben. Nobu arbeitete damals für das japanische Außenministerium. In dieser Position forschte er auch zum Sino-Japanischen Krieg (1937–1945). Eingeladen war er von der Chinesischen Akademie der Sozialwissenschaften. Die Beamten, welche die Verhöre durchführten, hatten wohl schließlich erkannt, dass die Anschuldigungen keine Substanz hatten. Die beschlagnahmten historischen Bücher wurden ihm nach seiner Entlassung zurückgegeben.[52]

Auch chinesische Forschende und Lehrende gehen bei der Ausübung ihres Berufs ein Risiko ein. Mehrfach erfuhr ich, dass Professoren von Studierenden denunziert worden waren, weil ihre Äußerungen in der Vorlesung nicht mit der »richtigen« Version der Geschichte übereingestimmt hätten. In den meisten Universitäten sind in allen Unterrichtsräumen Kameras angebracht. Auch einige Lehrende bewerten diese Form der Überwachung positiv. Sie argumentieren, dass, wenn alles aufgezeichnet wird, unberechtigte Anschuldigungen von Studierenden widerlegt und entkräftet werden könnten. An einer Universität hatte ein Studierender angezeigt, dass der Professor in seiner Vorlesung die Sinnhaftigkeit der chinesischen Militärintervention in den Koreakrieg (1950–1953) in Frage gestellt habe. Das gilt heute als »historischer Nihilismus«, der die Errungenschaften des »Widerstandes gegen die USA und der Unterstützung Nordkoreas« verneint. Xi führte mehrfach persönlich aus, dass das chinesische Eingreifen in Korea eine unvergessliche Heldentat gewesen sei.[53] Die eingesetzte Untersuchungskommission kam nach Analyse der Aufnahmen zu dem Ergebnis, dass sich der Professor gar nicht in dieser Hinsicht geäußert habe und die Anschuldigungen ungerechtfertigt seien.

Die offizielle Haltung zum Koreakrieg ist Ausdruck der »Gegen-Reformation« unter Xi.[54] Nach der Öffnung der sowjetischen Archive in den 1990er Jahren hatten sich durch die Publikationen von Shen

Zhihua und anderen Forschenden auch in China neue Narrative zum Koreakrieg verbreitet.[55] Die sowjetischen Dokumente legen nahe, dass die Entscheidung zur Invasion in den Süden von dem nordkoreanischen Führer Kim Il-Sung gefasst wurde. Dem sowjetischen Parteiführer Stalin gelang es, die chinesische Seite mit Versprechungen der militärischen Unterstützung in den Krieg hineinzuziehen, die er später aber nicht einlöste. Die nordkoreanische Regierung zeigte sich für den großen Blutzoll der chinesischen »Freiwilligenarmee« wenig dankbar und lavierte im späteren sino-sowjetischen Konflikt zwischen den beiden sozialistischen Großmächten hin und her.[56] Diese Interpretationen sind nun nicht mehr im Rahmen des Toleranzbereichs der Parteiführung. Die Öffentlichkeit soll umgestimmt werden. Mit einem Budget von 200 Millionen US-Dollar und der Unterstützung von 40.000 Soldaten der Volksbefreiungsarmee drehte zum Beispiel der frühere *Arthouse*-Regisseur Chen Kaige den Blockbuster »The Battle at Lake Changjin« (2021). Er glorifiziert den Sieg der chinesischen »Freiwilligenarmee« in einer Schlacht gegen die Truppen der USA.

Mittlerweile ist selbst die Zeichenfolge 毛泽东 (Mao Zedong) zum Ziel der durch Algorithmen automatisierten Zensur in den sozialen Medien geworden. Sowohl Menschen, die dem liberalen, als auch solche, die dem maoistischen Lager zuzuordnen sind, erzählten mir, dass sie in ihren *WeChat*-Gruppen immer wieder neue Synonyme für 毛泽东 benutzen müssen. Der Account werde automatisch gesperrt, wenn man die Zeichen sehr oft eingebe. Die Behörden wollen mittlerweile nicht nur »parteifeindliche« Äußerungen unterdrücken. Zu bestimmten Themen soll außerhalb des offiziell definierten Rahmens niemand diskutieren, völlig unabhängig davon, ob Mao gepriesen oder verdammt wird. Mir scheint die Zensur dabei einen gewissen pädagogischen Ansatz zu verfolgen, da *WeChat*-Accounts nicht unbedingt langfristig, sondern manchmal auch nur für eine Woche gesperrt werden. Damit wird den Benutzenden signalisiert, dass sie die App, die in fast allen Lebenslagen gebraucht wird, weiterbenutzen dürfen, wenn sie in Zukunft nicht mehr über heikle Themen schreiben.

Ein Lichtblick vor dem Hintergrund der Zunahme von Überwachung und Repression ist, dass es immer noch Chinesen und Chinesinnen gibt, die trotzdem weiter kritische Forschung betreiben und das innere Bedürfnis haben, über sensible Themen zu diskutieren. Ihre Haltung ist: »Jetzt erst recht.« Mein Eindruck ist, dass diese Haltung eher bei älteren Menschen vorzufinden ist, die vor der Pensionierung stehen oder schon im Ruhestand sind. Die Jungen, die noch Karriere machen wollen, erscheinen mir wesentlich konformistischer. Außerdem hat die Generation, die erst Anfang der 2000er Jahre geboren wurde, weder die »wilden 1990er Jahre« noch die relativen Freiräume in der Geschichtsforschung vor dem Machtantritt von Xi selbst miterlebt. Ohne den Vergleich mit der Vergangenheit halten es einige für selbstverständlich, dass man über eine lange Reihe von Themen besser nicht sprechen oder gar schreiben sollte.

Versuch einer Erklärung: Der Wandel Chinas und der Welt

Nach diesem ausführlichen Vergleich der Lage Chinas im Jahr 2001 und 2023 stellt sich die Frage, wie wir diesen Wandel erklären können. Mein genereller Eindruck ist, dass es noch viel Forschung bedarf, um die Entwicklung der Volksrepublik während und nach der Pandemie zu verstehen. Trotzdem sollen hier einige Ideen kurz umrissen werden.

Die offizielle Lehre aus der Jiang- und Hu-Ära: Zentralisierung der Macht

Im Beschluss des ZK der KPCh zu den »großartigen Errungenschaften und historischen Erfahrungen in 100 Jahren Kampf« von 2021 werden zunächst die Führungen um Xis Vorgänger Jiang und Hu gewürdigt.[57] Dennoch enthält dieses für die Parteigeschichtsschreibung wichtige Dokument auch scharfe Kritik an der Entwicklung seit Beginn der Reformen 1978. Lockere und schwache Führung hätte zur Ausbreitung von Korruption geführt und als Folge das Verhältnis zwischen Partei und Massen beschädigt. Innerhalb der Partei habe bei nicht wenigen Führungskräften ideologische Verwirrung geherrscht. Entscheidungen des ZK wurden auf den unteren Ebenen verwässert oder gar nicht umgesetzt. »Maßnahmen von oben wurden mit Gegenmaßnahmen von unten beantwortet, Lippenbekenntnisse ohne innere Überzeugung abgegeben und gehandelt wurde ohne Genehmigung.«[58] Der Beschluss macht klar, worin das ZK die Lösung der Probleme sieht: In der Zentralisierung der Macht auf den Kern der Führung (sprich Xi), der Stärkung der Führungsrolle der Partei auf allen Ebenen sowie der Wiederbelebung von Ideologie und Moral als Richtlinien des Handelns für die Kader.

In der Vergangenheit waren es, trotz aller negativen Aspekte, gerade die »Gegenmaßnahmen (*duice*) von unten« oder »Handlungen ohne Genehmigung«, welche den Alltag in einem autoritären Staat erträglich, wirtschaftliche Entwicklung oder geisteswissenschaftliche Debatten in gewissen Grenzen möglich machten. Auch heute gibt es in China natürlich noch »Gegenmaßnahmen«. Allerdings scheinen viele Verantwortliche lieber gar keine Entscheidungen zu treffen als die falschen. Durch den Druck von oben werden viele vorsichtige Menschen ängstlicher und die Speichelleckenden noch unterwürfiger. In vorauseilendem Gehorsam nutzen sie ihren Ermessensspielraum vor Ort, um Freiräume einzuschränken, anstatt sie zu gewähren. Sie wollen entweder auf Nummer sicher gehen oder erwarten sich eine Beförderung. Dadurch droht eine gewisse Erstarrung in einem System, in welchem lokales Experimentieren mit wirtschaftlichen und politischen Maßnahmen eine wichtige Rolle spielte, um landesweite Maßnahmen vorzubereiten.[59]

In der oben genannten ZK-Resolution von 2021 wird bei der Beschreibung der Errungenschaften in den zehn Jahren seit dem 18. Parteitag der KPCh 2012 der angeblich erfolgreiche Kampf gegen die Korruption und Verschwendung von Staatsgeldern sehr stark betont. Diese Agenda Xis traf zu Beginn sicher auf die Zustimmung großer Teile der Bevölkerung. Mittlerweile haben jedoch zum Beispiel die drakonischen *Lockdown*-Maßnahmen während der Pandemie und ihre unvermittelte Aufhebung die Nachteile der starken Zentralisierung der Macht auf den Führer vor Augen geführt. Dass die

Führung um Xi den Slogan des Kampfes gegen die Korruption nutzt, um gegnerische Fraktionen oder vermutete Illoyalität zu bestrafen, ist mittlerweile völlig offensichtlich. Im derzeitigen Ständigen Ausschuss des Politbüros der KPCh, dem mächtigsten Organ des Landes, sind zum ersten Mal seit der Gründung der Volksrepublik 1949 nicht mehr verschiedene politische Strömungen oder Fraktionen vertreten, sondern nur noch eine, die von Xi (siehe auch Artikel »Schwarze Schwäne, graue Nashörner« in diesem Buch). Die Verhaftung und das spurlose Verschwinden von Kadern in den letzten Monaten, selbst auf Ministerebene, erinnert mehr an eine stalinistische »Säuberung« als eine Anti-Korruptionskampagne, die gleiche Regeln für alle durchsetzen will.

Die Verschärfung des sino-amerikanischen Konflikts

In den letzten 20 Jahren hat sich nicht nur China verändert, sondern auch die globale Arbeitsteilung und damit auch die geopolitische Gemengelage.[60] Im ersten Jahrzehnt dieses Jahrhunderts schien mit dem Modell »Chinamerica« eine *Win-Win*-Situation eingetreten zu sein (siehe auch Artikel »Weltordnungsgewinner« in diesem Buch). Die Unternehmen aus den USA und anderen Zentren des westlichen Kapitalismus investierten ihre großen Kapitalüberschüsse in China, der »Werkbank der Welt«. Dort produzierte die gerade erst proletarisierte Landbevölkerung billige Konsumgüter für den Weltmarkt. Waren aus China ermöglichten auch Menschen mit geringem Einkommen bei uns, Teil der Konsumgesellschaft zu bleiben. Die chinesische Regierung nutzte den großen Handelsüberschuss zu Gunsten der Volksrepublik, um US-amerikanische Staatsanleihen und Dollarreserven zu kaufen. Das stabilisierte wiederum die Führungsrolle der USA, welche die chinesische Regierung lange bereitwillig anerkannte. Die Weltwirtschaftskrise von 2008 und die zeitweise Unterbrechung der globalen Lieferketten während der Pandemie (2020–2022) verstärkten bei der Volksrepublik das Bestreben, die Exportabhängigkeit zu reduzieren und stärker den eigenen Binnenmarkt zu entwickeln. Auf dem Höhepunkt 2006 machte der Export von Waren und Dienstleistungen 36 Prozent des chinesischen Bruttoinlandsproduktes aus.

2022 waren es noch 20,7 Prozent.[61] Zum Vergleich lag im selben Jahr die Exportquote Deutschlands bei 50,9 Prozent.[62]

Enge wirtschaftliche Verflechtungen Chinas mit westlichen Volkswirtschaften bestehen weiterhin. Beide Seiten sahen lange Handel als den am wenigsten problematischen Aspekt der Beziehungen an. Mittlerweile wird die Bedrohung gerade in wirtschaftlichen und technologischen Verflechtungen vermutet. Der jeweils anderen Seite wird unterstellt, die Verletzlichkeit als »geopolitische Waffe« einsetzen zu wollen. Es ist davon auszugehen, dass die chinesische Regierung die westlichen Sanktionen gegen Russland genau untersuchen lässt und daraus auch Schlüsse für die Verletzlichkeit der eigenen Volkswirtschaft zieht.

Fast in allen Bereichen kommt es zu einer »Versicherheitlichung« (*Securitization*) des Diskurses und politischer Entscheidungen in China und im Westen. »Nationale Sicherheit« wird über wirtschaftliche Effizienz, Profite und die Übernahme der neuesten Technologie gestellt. Xi beschwört in seinen Reden immer wieder nie dagewesene Herausforderungen, globale Krisen und noch unbekannte Bedrohungen (siehe auch Artikel »Schwarze Schwäne, graue Nashörner« in diesem Buch). In der besagten ZK-Resolution zur 100-jährigen Geschichte der KPCh heißt es zum Beispiel: »Genosse Xi Jinping betonte, dass die Gewährleistung der nationalen Sicherheit oberste Priorität habe, und schlug ein umfassendes nationales Sicherheitskonzept vor, das Politik, Militär, Staatsgebiet, Wirtschaft, Kultur, Gesellschaft, Wissenschaft und Technologie, Internet, Ökologie, Ressourcen, Atomkraft, Interessen im Ausland, Weltraum, Tiefsee, Polarregionen, Biologie usw. umfasst.«[63] Zweifellos sieht die Führung um Xi die Volksrepublik als eine belagerte Festung, der von vielen Seiten und Ebenen Gefahr droht. Xi selbst warnte sogar vor dem historischen Zyklus des Aufstiegs und Niedergangs der Dynastien. Auch das Ende der Sowjetunion 1991 gilt ihm als Negativbeispiel eines Führungsversagens. Der Niedergang könne auch die KPCh treffen, wenn sie sich nicht ständig selbst revolutioniere, so Xi.[64] Das Gefühl der Bedrohung und die Einsicht in die Möglichkeit des eigenen Machtverlustes erklären zum Teil die große Nervosität der Regierung und überzogene Überwachungsmaßnahmen.

Zentral ist in diesem Zusammenhang die Verschlechterung der sino-amerikanischen Beziehungen seit den Präsidentschaften von Donald Trump und Joe Biden. Die politischen Eliten der USA waren schließlich zu der Ansicht gekommen, dass das Modell »Chinamerica« den Aufstieg der Volksrepublik und den Abstieg der USA beschleunigen würde (siehe auch Artikel »Chinamericas Ende« in diesem Buch).

Zudem gab China unter der Führung von Xi die außenpolitische Zurückhaltung und taktische Bescheidenheit auf. Alle Parteiführungen seit 1949 von Mao an haben das Ziel verfolgt, die USA als Nummer Eins im Weltsystem einzuholen und zu überholen.[65] Allerdings hatten nach 1978 die Führungen von Deng bis Hu diese Agenda nicht ins Zentrum der Propaganda stellen lassen. Zudem wurden im Ausland die Möglichkeiten und Ambitionen Chinas lange nicht ernst genommen. Viele hofften ohnehin, dass sich das Land im Zuge der Modernisierung dem Westen angleichen und dadurch die Weltordnung nicht in Frage stellen würde. Die Führung Xi verkündete hingegen der Weltöffentlichkeit 2015 den Plan »Made in China 2025«. Er sah vor, durch gezielte staatliche Industriepolitik die Volksrepublik bis 2025 in ausgewählten technologischen Bereichen zur Weltmarktführerin zu machen.[66] Bis 2049 soll China eine moderne Industrienation und ein voll entwickeltes sozialistisches Land werden. Auf dem 19. Parteitag 2017 ergänzte Xi dieses Ziel um eine militärische Komponente. Bis Mitte des Jahrhunderts soll die Volksbefreiungsarmee auf Weltklasse-Niveau hochgerüstet und in die Lage versetzt werden, »Kriege führen und gewinnen zu können«.[67]

Warum sollten die herrschenden Kreise der USA bis 2049 warten, um als Nummer Eins von einem noch stärkeren China herausgefordert zu werden? Die Maßnahmen, um den Aufstieg zu stoppen, sind vielfältig, von Truppenverlegungen bis Wirtschaftskrieg wie zum Beispiel die Sanktionen gegen chinesische Tech-Konzerne wie *Huawei* oder der gezielte Ausschluss chinesischer Anbieter von Technologien wie Hochleistungsmikrochips, die sie nicht selbst herstellen können. Die US-amerikanischen Leitmedien, an denen sich auch viele verbündete Länder wie Deutschland orientieren, stellen China als permanente Bedrohung dar. Militärstrategisch zieht die US-Regierung den angeblichen Verteidigungsring mit zwei langen Ketten von Militärstützpunkten im Indo-Pazifik enger um die Volksrepublik. Auch die diplomatische Aufwertung Taiwans ist Teil dieser Strategie. Die Regierungen der USA und der Volksrepublik sehen eine Militarisierung und Wettrüsten in der Region als unvermeidlich an. Letztendlich hängt nicht nur die Entwicklung Asiens, sondern der ganzen Welt davon ab, ob ein Krieg um Taiwan vermieden werden kann oder nicht.

Damit soll keinesfalls gesagt werden, dass die autoritäre Wende unter Xi ein bloßes Produkt der geopolitischen Eskalation wäre und die Regierung der Volksrepublik nur reagiert. Die gegenwärtige außen- und innenpolitische Lage ist aus den Interaktionen verschiedener Akteure und Faktoren entstanden. Eine zukünftige Forschung müsste stärker die Dialektik zwischen inneren gesellschaftlichen und elitären Konflikten sowie den geopolitischen Auseinandersetzungen in den Blick nehmen. Bisher kommen diese beiden Ebenen in der Analyse oft nicht zusammen.

Übersicht über den Inhalt des Buches

Die meisten Artikel in dieser Sammlung sind in linken Zeitschriften erschienen. Das hat Auswirkungen auf die Fragestellungen. Im Zentrum der Analyse steht China als Teil des globalen Kapitalismus. Von besonderer Bedeutung sind Konflikte zwischen Klassen, Geschlechtern und ethnisch klassifizierten Gruppen. Ein Problem, welches mich schon seit meiner frühen Jugend bewegt, ist, warum die allermeisten der verschiedenen Projekte des Sozialismus im 20. Jahrhundert gescheitert sind, darunter auch das chinesische. Basierend auf der Analyse der Gegenwart und den Lehren aus der Geschichte ergibt sich die Suche nach Akteuren und Entwicklungen, welche die Welt emanzipatorisch verändern könnten. Während der Streikwelle in China 2010 hatten nicht wenige westliche Linke Hoffnungen, diese Rolle könne das neue chinesische Proletariat spielen (siehe auch

Artikel »Rebellion ist gerechtfertigt« und »Solidarität mit wem?« in diesem Buch).[68] Sie wurden genauso enttäuscht wie die Erwartungen anderer, welche glaubten, die Parteiführung unter Hu könne das Land wieder stärker in eine sozialistische oder zumindest sozialdemokratische Richtung führen.[69]

Das erste Kapitel dieses Buches umfasst Analysen zur Entwicklung von Politik und Ideologie innerhalb und außerhalb der KPCh. Dabei sind auch die alternativen Strömungen Neue Linke und Neo-Konfuzianismus von Interesse. Im zweiten Kapitel wird die Umwälzung der Gesellschaft bezogen auf Eigentumsverhältnisse, Arbeit und Geschlecht dargestellt. Eine Gruppe, welche in diesem Zusammenhang besonders wichtig ist, sind die »BauernarbeiterInnen«. Sie arbeiten trotz einer ländlichen Haushaltsregistrierung in den Städten und werden in vieler Hinsicht systematisch vom Staat diskriminiert. Im dritten Kapitel wird in den Artikeln die Frage aufgeworfen, ob die Volksrepublik eine grundlegende Veränderung der herrschenden Weltordnung anstrebt. Es ist in diesem Zusammenhang wichtig, darauf hinzuweisen, dass der weltpolitische Aufstieg der Volksrepublik in den 1970er Jahren mit einer anti-sowjetisch motivierten Annäherung an die USA begann. Nach dem Zusammenbruch der Sowjetunion profitierte China in den 1990er und frühen 2000er Jahren wohl wie kaum ein anderes Land von einer Weltwirtschaftsordnung, die von den USA dominiert wurde. Im vierten Kapitel geht es um die moderne Geschichte Chinas und ihre Aufarbeitung seit dem Ende der Mao-Ära. Mehrere Artikel zeigen, warum die Kulturrevolution (1966–1976) bis heute positiver oder negativer Bezugspunkt von allen politischen Strömungen ist. Die kontroversen Erinnerungen an das Tian'anmen-Massaker am 4. Juni 1989 sind auch weiterhin ein umkämpftes Politikum. Das fünfte Kapitel sammelt Artikel zu ethnischen Konflikten im Vielvölkerstaat. Über Jahrzehnte stand Tibet im Fokus der Weltöffentlichkeit. In den letzten Jahren ist Xinjiang zum Zentrum der Auseinandersetzung geworden. Es geht um die Frage, wie viele kulturelle und religiöse Eigenheiten die chinesische Regierung noch duldet oder ob sie eine Assimilierung nach den Maßstäben der Han-Mehrheit anstrebt. Im sechsten Kapitel wird das Verhältnis der westlichen Linken zu China analysiert. Kritisch wird hinterfragt, warum das maoistische China in den 1970er Jahren zu einer exotischen Projektionsfläche werden konnte. Heute steht dagegen im Vordergrund, wie Linke den Charakter der Gesellschaft der Volksrepublik einschätzen. Daraus folgt auch, ob sie sich mit der Regierung oder mit Bewegungen von unten solidarisch erklären sollen. Das siebte Kapitel sammelt Interviews, welche ich zum Beispiel dem Nachrichtenportal »Deutsche Welle« gegeben habe. Die ehemalige Rotgardistin Ye Weili habe ich interviewt zu ihren Erfahrungen während des »Roten Augusts« in Beijing 1966. Sie war Schülerin an einer Mädchenschule, an der die Vizerektorin Bian Zhongyun zu Tode kam.

Ich hoffe, dieses Buch kann, trotz derzeitiger negativer Entwicklungen in der Volksrepublik und anderswo, bei den Lesern und Leserinnen Interesse für China als Land der Widersprüche und Vielfalt wecken.

Für ein kritisches Feedback zu diesem Text bedanke ich mich herzlich bei Prof. Dr. Susanne Weigelin-Schwiedrzik (Universität Wien), Dr. Birte Seffert (Berlin), Daniel Fuchs (FU Berlin) sowie Zuyun Choi, Nina Peter, Jonas Becker und Andrea Steinbuch (Universität zu Köln).

Anmerkungen

1 Beispiel für Reaktionen auf Jiangs Tod: »Nostalgia, castigation greet Jiang Zemin's passing on Twitter«, *Radio Free Asia*, 02.12.2022, https://www.rfa.org/english/news/china/jiang-zemin-quotes-12022022145803.html (aufgerufen am 12.01.2024).

2 Daniel F. Vukovich, *China and Orientalism: Western Knowledge Production and the P.R.C.* (Abingdon, Oxon: Routledge, 2012), S. 1.

3 Siehe zum Beispiel: Zhao Dingxin, »The Mandate of Heaven and Performance Legitimation in Historical and Contemporary China«, *American Behavioral Scientist*, 53, 3, 2009, S. 428.

4 Joan Kaufman und Kathrine Meyers, »AIDS Surveillance in China: Data Gaps and Research for AIDS Policy«, in Joan Kaufman, Arthur Kleinman und Tony Saich (Hrsg.), *AIDS and Social Policy in China* (Cambridge, MA: Harvard University Asia Center, 2006), S. 50.

5 Interview von Felix Wemheuer, geführt von Ping Xin, »Zhongguo hai you gongchanzhuyizhe ma? – Maozhuyi yu jinri Zhongguo de guanxi«, *Deutsche Welle*, 09.03.2008, https://p.dw.com/p/DL77 (aufgerufen am 12.01.2024).

6 Ausführliche Darstellung: Felix Wemheuer, »Marx in Beijing: Freie Lohnarbeit und ›ursprüngliche Akkumulation‹ außerhalb Europas«, in Matthias Middell (Hrsg.), *Jahrbuch für Historische Kommunismusforschung 2019: Kommunismus jenseits des Eurozentrismus* (Berlin: Metropol, 2019), S. 273-290, https://www.kommunismusgeschichte.de/jhk/jhk-2019/article/detail/marx-in-beijing (aufgerufen am 12.01.2024).

7 Susanne Weigelin-Schwiedrzik, »In Search of a Master Narrative for 20th-Century Chinese History«, *China Quarterly*, 188, 2006, S. 1070-1091.

8 Siehe Gao Wangling, *Zhongguo nongmin fanxingwei yanjiu, 1950–1980* (Hongkong: Zhongwen daxue chubanshe, 2013).

9 Felix Wemheuer, *Chinas »Großer Sprung nach vorne« (1958–1961): Von der kommunistischen Offensive in die Hungersnot – Intellektuelle erinnern sich* (Münster: LIT Verlag, 2004).

10 Felix Wemheuer, *Steinnudeln: Ländliche Erinnerungen und staatliche Vergangenheitsbewältigung der »Großen Sprung«-Hungersnot in der chinesischen Provinz Henan* (Frankfurt am Main: Peter Lang, 2007), S. 234-240.

11 Zhang Yihe, *Wangshi bing bu ru yan* (Beijing: renmin wenxue chubanshe, 2004). Deutsche Fassung: Zhang Yihe, *Vergangenes vergeht nicht wie Rauch: Autobiografische Berichte über das Leben der Künstler und Intellektuellen in China unter Mao Zedong*, übersetzt von Hans Peter Hoffmann und Brigitte Höhenrieder (Frankfurt am Main: Zweitausendeins, 2008).

12 »Zhongguo jinzhi faxing ba bu wenxue zuopin«, *BBC*, 19.01.2007, http://news.bbc.co.uk/chinese/simp/hi/newsid_6270000/newsid_6277500/6277571.stm (aufgerufen am 12.01.2024).

13 National Bureau of Statistics of China (Hrsg.), *China Statistical Yearbook 2017* (Beijing: China Statistics Press, 2017), Abschnitt 4.2, https://www.stats.gov.cn/sj/ndsj/2017/indexeh.htm (aufgerufen am 12.01.2024).

14 Im chinesischen Original heißt es: »打开电视机，看到朱镕基，全国人民都下岗，他还在吹牛比.« Der Spruch wird erwähnt in diesem Artikel: http://www.pngchina.com/forum.php?mod=viewthread&tid=9926 (aufgerufen am 12.01.2024).

15 »Hebei daxue ›10·16‹ jiaotong zhaoshi an«, *Wikipedia*, zuletzt bearbeitet am 02.12.2023, https://zh.wikipedia.org/wiki/河北大学»10·16«交通肇事案 (aufgerufen am 12.01.2024).

16 »Population of the administrative area of Beijing municipality, China from 1980 to 2022«, *statista*, https://www.statista.com/statistics/1137629/china-population-of-beijing-municipality-administrative-area (aufgerufen am 12.01.2024); »Urban population (% of total population) – China«, *World Bank*, https://data.worldbank.org/indicator/SP.URB.TOTL.IN.ZS?locations=CN (aufgerufen am 12.01.2024).

17 »Chai na«, *China Digital Space*, https://chinadigitaltimes.net/space/拆哪 (aufgerufen am 12.01.2024).

18 Yue Yang, »›Afanda‹: Waixing you qun dingzihu«, *Deutsche Welle*, 09.01.2010, https://p.dw.com/p/LP0D (aufgerufen am 12.01.2024).

19 Birte Seffert, *HIV/AIDS als Herausforderung für die VR China: Policy-Dynamik und der Beitrag von Wissenschaftlern 1984-2006* (Dissertation, Freie Universi-

tät Berlin, 2012), S. 170-171, https://refubium.fu-berlin.de/bitstream/handle/fub188/267/Birte_Seffert_Diss.pdf?sequence=1&isAllowed=y (aufgerufen am 12.01.2024).

20 Für eine detaillierte Beschreibung: ebenda, S. 187-205.

21 »Gender Data Portal: China«, *World Bank*, https://genderdata.worldbank.org/countries/china (aufgerufen am 13.01.2024); »Female labor participation rate in China from 2012 to 2022«, *statista*, https://www.statista.com/statistics/252721/female-labor-force-participation-rate-in-china (aufgerufen am 13.01.2024).

22 »Erwerbstätigenquote nach Geschlecht«, *eurostat*, zuletzt aktualisiert am 14.12.2023, https://ec.europa.eu/eurostat/databrowser/view/tesem010/default/table?lang=de (aufgerufen am 13.01.2024); »Teilhabe von Frauen am Erwerbsleben«, *Destatis*, https://www.destatis.de/DE/Themen/Arbeit/Arbeitsmarkt/Qualitaet-Arbeit/Dimension-1/teilhabe-frauen-erwerbsleben.html (aufgerufen am 13.01.2024).

23 Zhang Junguo, »Xuexi Xi Jinping zongshuji guanyu jiating, jiajiao he jiafeng de lunshu«, *renmin wang*, 29.08.2018, http://theory.people.com.cn/n1/2018/0829/c40531-30257277.html (aufgerufen am 13.01.2024).

24 Eine gute Übersicht über die Geschichte der Ein-Kind-Politik ist: Tyrene White, *China's Longest Campaign: Birth Planning in the People's Republic, 1949–2005* (Ithaca, NY: Cornell University Press, 2006).

25 Ebenda, S. 135-145.

26 »Zhonghua renmin gongheguo renkou yu jihua shengyu fa« (29.12.2001), *Zhongguo zhengfu wang*, 21.08.2005, https://www.gov.cn/govweb/banshi/2005-08/21/content_25059.htm (aufgerufen am 13.01.2024).

27 Ebenda, § 18.

28 Mo Yan, *Frösche*, übersetzt von Martina Hasse (München: Carl Hanser, 2013).

29 »Zhonggong zhongyang guanyu kongzhi woguo renkou zengzhang wenti zhi quanti gongchandangyuan, gongqingtuanyuan de gongkai xin« (25.09.1980), in guojia jihua shengyu weiyuanhui xuanchuan jiaoyu si und Zhonggong zhongyang dangxiao jihua shengyu weiyuanhui (Hrsg.), *Shiyi jie san zhong quan hui yilai jihua shengyu zhongyao wenjian xuanbian* (Beijing: Zhonggong zhongyang dangxiao chubanshe, 1989), S. 5.

30 Dong Yige, »Gender Awakening, Care Crisis, and Made-in-China Feminism«, Präsentation (Transkript), moderiert von Jule Pfeffer und Ralf Ruckus, in Ralf Ruckus, Daniel Reineke, Jule Pfeffer und Kevin Lin (Hrsg.), *China from Below: Critical Analysis & Grassroots Activism* (Berlin: gongchao.org, 2023), S. 17-18.

31 Siehe auch Felix Wemheuer und Daniel Fuchs, »Einleitung: Die Zukunft mit China denken«, in Daniel Fuchs, Sascha Klotzbücher, Andrea Riemenschnitter, Lena Springer und Felix Wemheuer (Hrsg.), *Die Zukunft mit China denken* (Wien: Mandelbaum, 2023), S. 10-11.

32 »Schließung von Schulen und Kitas: Lauterbach räumt Fehler in Corona-Politik ein«, *tagesschau*, 30.01.2023, https://www.tagesschau.de/inland/lauterbach-corona-pandemie-101.html (aufgerufen am 13.01.2024).

33 Marius Meinhof, »Othering the Virus«, *Discover Society*, 21.03.2020, https://archive.discoversociety.org/2020/03/21/othering-the-virus/ (aufgerufen am 13.01.2024).

34 Einige dieser Stimmen bezüglich der Maßnahmen in Wuhan sind gesammelt in Otto Kolbl und Maximilian Mayer, »Learning from Wuhan––there is no Alternative to the Containment of COVID-19«, 04.03.2020, S. 3-9, https://www.cassis.uni-bonn.de/de/publikationen/learning-from-wuhan (aufgerufen am 13.01.2024). Viktor Marinov, »Überholte RKI-Aussage zur Schutzwirkung von Masken stammt von 2020«, *Correctiv*, 27.10.2022, https://correctiv.org/faktencheck/2022/10/27/ueberholte-rki-aussage-zur-schutzwirkung-von-masken-stammt-von-2020/ (aufgerufen am 13.01.2024).

35 Siehe zum Beispiel: Zhong Yin, »›Dongtai qingling‹ ke chixu erqie bixu jianchi«, *renmin ribao*, 11.10.2022, S. 2; Zhong Yin, »Jianding bu yi guanche ›dongtai qingling‹ zong fangzhen«, *renmin ribao*, 15.11.2022, S. 3.

36 Real Talk Mandarin, »Siyue zhi sheng The Voice of April Eng translation | China 2022 Shanghai Lockdown Record«, *YouTube*, 23.04.2022, https://www.youtube.com/watch?v=5pzwkFCAv44 (aufgerufen am 13.01.2024).

37 Felix Wemheuer, *Chinas große Umwälzung: Soziale Konflikte und Aufstieg im Weltsystem*, 2., erweiterte Auflage (Köln: PapyRossa, 2022), S. 256.

38 »China limits how it defines Covid deaths in official count«, *CNBC*, 21.12.2022, https://www.cnbc.com/2022/12/22/china-limits-how-it-defines-covid-deaths-in-official-count.html (aufgerufen am 13.01.2024).

39 »WHO COVID-19 dashboard: China: Number of COVID-19 deaths reported to WHO«, *WHO*, https://data.who.int/dashboards/covid19/deaths?m49=156&n=c (aufgerufen am 13.01.2024).

40 Felix Wemheuer, »Urbanisierung ohne Arme«, *Jungle World* 01/2018 (04.01.2018), https://jungle.world/artikel/2018/01/urbanisierung-ohne-arme?page=all (aufgerufen am 13.01.2024).

41 Lu Huo, »Shandong daxue shangwan ren zhuanyun geli, ruci haoda zhuangju, weihe hai you ren zhiyi?«, *wangyi*, 03.05.2022, https://www.163.com/dy/article/H6F8T5VB05533F8G.html (aufgerufen am 13.01.2024).

42 Zhang Yu und Sun Zhennan, »Wulumuqi shi zhaokai ›11·24‹ huozai shigu xinwen fabu hui«, *xinhua wang*, 26.11.2022, http://www.news.cn/local/2022-11/26/c_1129161343.htm (aufgerufen am 13.01.2024).

43 »Qinzi bushu, qinzi zhihui: Xi Jinping lingdao Zhongguo zheyang zhanyi«, *renmin wang*, http://cpc.people.com.cn/xuexi/GB/432120/index.html (aufgerufen am 13.01.2024).

44 BBC News Zhongwen, »Shanghai minzhong jietou gaohan ›Xi Jinping xiatai‹, Zhongguo duodi xian fan fengkong kangyi«, *YouTube*, 27.11.2022, https://www.youtube.com/watch?v=RnFQNC1775M (aufgerufen am 13.01.2024).

45 Yang Xi, »16–24 sui qingnianren shiye lü sheng zhi 19.9 %, guojia tongjiju: jiada dui nianqingren jiuye bangfu zhengce cuoshi lidu«, *renmin wang*, 15.08.2022, http://finance.people.com.cn/n1/2022/0815/c1004-32502731.html (aufgerufen am 13.01.2024).

46 https://www.gongchao.org (aufgerufen am 13.01.2024).

47 Beispiel für Forschung: Samia Dinkelaker und Ralf Ruckus, »Indonesian Migrant Labor in Taiwan's Racialized Capitalism: Preliminary Notes on a Research Project«, *positions politics*, 29.03.2023, https://positionspolitics.org/samia-dinkelaker-ralf-ruckus-indonesian-migrant-labor-in-taiwans-racialized-capitalism-preliminary-notes-on-a-research-project (aufgerufen am 13.01.2024).

48 Zum Beispiel die Reihe zur Geschichte der Volksrepublik China *Zhonghua renmin gongheguo shi, 1949-1981* (Hongkong: Xianggang Zhongwen daxue dangdai Zhongguo wenhua yanjiu zhongxin, 2008–2009), https://cup.cuhk.edu.hk/chinesepress/promotion/prc_sample/index.htm (aufgerufen am 13.01.2024) und die Reihe »30/30« *Sanshi · sanshi shuxi* (Hongkong: Zhongwen daxue chubanshe, 2013–), https://cup.cuhk.edu.hk/index.php?route=product/search&tag=30/30 (aufgerufen am 13.01.2024).

49 Felix Wemheuer, *Famine Politics in Maoist China and the Soviet Union* (New Haven, CT: Yale University Press, 2014). Chinesische Fassung: Wen Hao, *Jihuang zhengzhi: Mao shidai Zhongguo yu Sulian de bijiao yanjiu*, übersetzt von Jiagu Richter (Hongkong: Zhongwen daxue chubanshe, 2017).

50 Siehe zum Beispiel: Ian Johnson, »Lawsuit Over Banned Memoir Asks China to Explain Censorship«, *New York Times*, 25.04.2015, https://www.nytimes.com/2015/04/26/world/asia/china-lawsuit-over-banned-li-rui-memoir-censorship.html (aufgerufen am 13.01.2024).

51 Das Plakat siehe: https://gxt.nx.gov.cn/xwzx/ztzl/ghgfjdf/202306/t20230628_4161626.html (aufgerufen am 09.02.2024).

52 Suvendrini Kakuchi, »China research trips cancelled over scholar spy charge«, *University World News*, 04.12.2019, https://www.universityworldnews.com/post.php?story=20191204132210875 (aufgerufen am 13.01.2024).

53 Xi Jinping, »Zai jinian Zhongguo renmin zhiyuan jun kang Mei yuan Chao chuguo zuozhan qishi zhounian dahui shang de jianghua« (23.10.2020), in Zhonggong zhongyang dangshi he wenxian yanjiu yuan (Hrsg.), Xi Jinping, *Lun Zhongguo gongchandang lishi* (Beijing: zhongyang wenxian chubanshe, 2021), S. 301.

54 Dieser Begriff stammt von Timothy Cheek, »Die Zukunft des Leninismus in China: Mit der Parteigeschichte denken«, übersetzt von Gregor Kneussel, in Daniel Fuchs, Sascha Klotzbücher, Andrea Riemenschnitter, Lena Springer und Felix Wemheuer (Hrsg.), *Die Zukunft mit China denken*, S. 100-101.

55 Ein zentrales Werk ist in diesem Zusammenhang: Shen Zhihua, *Mao, Stalin and the Korean War: Trilateral Communist Relations in the 1950s*, übersetzt von Neil Silver (Abingdon, Oxon: Routledge, 2012).

56 Shen Zhihua und Xia Yafeng, *A Misunderstood Friendship: Mao Zedong, Kim Il-Sung, and Sino-North Korean Relations, 1949–1976*, überarbeitete Auflage (New York: Columbia University Press, 2020).

57 »Zhonggong zhongyang guanyu dang de bainian fendou zhongda chengjiu he lishi jingyan de jueyi (quanwen)« (11.11.2021), *Zhongguo zhengfu wang*, 16.11.2021, https://www.gov.cn/zhengce/2021-11/16/content_5651269.htm (aufgerufen am 13.01.2024). Für eine ausführliche Analyse der Resolution sie-

he »Xi Jinping's New Party History: Interview with Prof. Susanne Weigelin-Schwiedrzik by Felix Wemheuer«, YouTube-Channel *Felix Wemheuer Studying Maoist China*, 04.01.2022, https://www.youtube.com/watch?v=jVBenfdUJSw (aufgerufen am 13.01.2024).

58 Ebenda.

59 Sebastian Heilmann, »From Local Experiments to National Policy: The Origins of China's Distinctive Policy Process«, *China Journal*, 59, 2008, 1-30.

60 Zur Übersicht siehe Susanne Weigelin-Schwiedrzik, *China und die Neuordnung der Welt* (Wien: Brandstätter, 2023).

61 »Exports of goods and services (% of GDP) – China«, *World Bank*, https://data.worldbank.org/indicator/NE.EXP.GNFS.ZS?locations=CN (aufgerufen am 13.01.2024).

62 »Exporte von Waren und Dienstleistungen in % des BIP«, *eurostat*, zuletzt aktualisiert am 05.01.2024, https://ec.europa.eu/eurostat/databrowser/view/tet00003/default/table?lang=de (aufgerufen am 13.01.2024).

63 »Zhonggong zhongyang guanyu dang de bainian fendou zhongda chengjiu he lishi jingyan de jueyi (quanwen)«.

64 Xi Jinping, »Tuijin dang de jianshe xin de weida gongcheng yao yi yi guan zhi« (05.01.2018), *qiushi wang*, 02.10.2019, http://www.qstheory.cn/dukan/qs/2019-10/02/c_1125068596.htm (aufgerufen am 13.01.2024).

65 Felix Wemheuer, »Ein- und Überholen des Westens: Globale Zukunftspläne der KPCh von Mao bis Xi«, in Daniel Fuchs, Sascha Klotzbücher, Andrea Riemenschnitter, Lena Springer und Felix Wemheuer (Hrsg.), *Die Zukunft mit China denken*, S. 114-115.

66 Daniel Zweig, »Der nicht eingeschlagene Weg für die Zukunft des Landes: Ein Vergleich der wirtschaftlichen Entwicklungsstrategien der chinesischen Regierung von 2013 und für 2025«, übersetzt von Gregor Kneussel, in Daniel Fuchs, Sascha Klotzbücher, Andrea Riemenschnitter, Lena Springer und Felix Wemheuer (Hrsg.), *Die Zukunft mit China denken*, S. 167-189.

67 Xi Jinping, »Secure a Decisive Victory in Building a Moderately Prosperous Society in All Respects and Strive for the Great Success of Socialism with Chinese Characteristics for a New Era« (18.10.2017), S. 49, http://www.xinhuanet.com/english/download/Xi_Jinping%27s_report_at_19th_CPC_National_Congress.pdf (aufgerufen am 13.01.2024).

68 Siehe zum Beispiel: Georg Egger, Daniel Fuchs, Thomas Immervoll, Lydia Steinmassl (Hrsg.), *Arbeitskämpfe in China: Berichte von der Werkbank der Welt* (Wien: Promedia, 2013).

69 Zum Beispiel: Henning Böke, *Maoismus: China und die Linke – Bilanz und Perspektive* (Stuttgart: Schmetterling, 2007).

Kapitel 1

Alles unter dem Himmel? Ideologie und Politik

100 Jahre Krisenmanagement

Der offiziellen chinesischen Geschichtsschreibung zufolge hat die Kommunistische Partei Chinas (KPCh) das chinesische Volk mit einer »neudemokratischen Revolution« im Rahmen einer »halbfeudalen« und »halbkolonialen« Gesellschaft zum Sieg geführt. Als krönender Abschluss dieses Kampfes gilt die Gründung der Volksrepublik China 1949. In der Mao-Ära seien in den 1950er Jahren dann die Grundlagen für das wirtschaftliche und politische System gelegt worden. Mit der Politik der »Reform und Öffnung« habe 1978 eine neue Epoche des »Sozialismus mit chinesischen Besonderheiten« begonnen, die zu wirtschaftlichem Aufschwung, allgemeinem »bescheidenem Wohlstand« und globaler Anerkennung geführt habe. Der chinesische Staatspräsident und Generalsekretär der KPCh, Xi Jinping, gesteht zwar einige »historische Fehler« ein, lässt die Entwicklung der KPCh sonst aber als triumphale Erfolgsgeschichte schreiben.

Die Gründungsmitglieder der Partei scheinen sich 1921 der welthistorischen Bedeutung ihrer Tat nicht bewusst gewesen zu sein. Noch immer kann nicht genau rekonstruiert werden, wann der 1. Parteitag der KPCh im französischen Konzessionsgebiet in Shanghai stattfand. Später legte die Führung den 1. Juli als Feiertag fest, obwohl der Parteitag wahrscheinlich erst am 23. Juli eröffnet worden war. Die Kommunistische Internationale (Komintern) hatte den Niederländer Henk Sneevliet und einen russischen Geheimdienstoffizier zum Parteitag entsandt. Sie sollten den chinesischen Genossen und Genossinnen helfen, aus losen marxistischen Gruppen eine leninistische Kaderpartei mit Berufsrevolutionären und -revolutionärinnen zu formen.

Antiimperialismus spielte von Anfang an eine wichtige Rolle. Die Xinhai-Revolution von 1911 hatte zwar das Kaiserreich in eine Republik verwandelt, aber keine stabile Ordnung geschaffen. Aufgrund der Schwäche der Zentralregierung hatten in den Provinzen Warlords das Sagen und Kolonialmächte konnten weitere Teile des chinesischen Staatsgebiets unterwerfen. Besonders die 1919 auf der Friedenskonferenz in Versailles gefällte Entscheidung, dass Deutschland den von ihm beherrschten Teil der Provinz Shandong an Japan abzutreten habe, statt ihn China zurückzugeben, führte zur Radikalisierung der bis dahin überwiegend prowestlichen chinesischen Intellektuellen; China hatte im Ersten Weltkrieg die Alliierten unterstützt. Bereits nach der russischen Oktoberrevolution 1917 hatte der Marxismus in China an Einfluss gewonnen, nicht zuletzt, weil Sowjetrussland nach dem Scheitern der Revolution in Deutschland und Ungarn ein Bündnis des Proletariats der Industrieländer mit den vom Kolonialismus unterdrückten Massen aufbauen wollte.

Die KPCh lernte früh, dass falsche strategische Entscheidungen an den Rand der Vernichtung führen konnten. Auf Drängen der Komintern bildete die junge Partei 1924 eine Einheitsfront mit der nationalistischen Guomindang (GMD), um China von Warlords und Kolonialmächten zu befreien. Mit sowjetischen Beratern und Geldern wurde in Südchina eine neue Nationalarmee aufgebaut. Nach militärischen Teilerfolgen gegen Warlords richtete sich der GMD-Führer Chiang Kai-shek aus Angst vor wachsendem sowjetischem Einfluss sowie aufkommenden radikalen Bewegungen von Arbeitern, Arbeiterinnen, Bauern und Bäuerinnen jedoch gegen seinen Bündnispartner. In Shanghai ließ Chiang 1927 mit Hilfe von Mafiabanden viele Mitglieder der KPCh und linker Bewegungen massakrieren, die Streiks initiiert hatten.

Aus diesem vernichtenden Schlag gegen die städtische Arbeiter-

Innenbewegung zog die KPCh die Lehre, nie wieder auf den Aufbau eigener bewaffneter Streitkräfte zu verzichten. »Die Partei kommandiert die Gewehre« gehört noch immer zu den wichtigsten Grundsätzen der KPCh. Vor allem Mao Zedong entwickelte damals die Strategie, dass die revolutionären Kräfte vorerst nur im agrarisch geprägten Hinterland überleben könnten. Man müsse insbesondere die Landbevölkerung durch eine Bodenreform für sich gewinnen. In revolutionären Stützpunktgebieten baute die KPCh Anfang der 1930er Jahre ihren Gegenstaat in Gestalt einer chinesischen Sowjetrepublik auf.

Zum zweiten Mal drohte der Untergang, nachdem die GMD 1934 mit ihrem fünften »Einkreisungs- und Vernichtungsfeldzug« gegen die Sowjetgebiete im Süden des Landes Erfolg hatte. Fluchtartig begaben sich 86.000 Soldaten und Soldatinnen der chinesischen Roten Armee auf den »Langen Marsch« nach Norden; nur 8.000 bis 9.000 erreichten im Oktober 1935 das Stützpunktgebiet um Yan'an.

Einen neuen Aufschwung erlebte die KPCh, als die Komintern nach ihrem VII. Weltkongress 1935 und der japanischen Invasion auf eine erneute Einheitsfront mit der GMD-Regierung drang. Die chinesische Nation sollte gerettet und einem möglichen Angriff Japans auf die Sowjetunion vorgebeugt werden. Im Unterschied zur ersten Einheitsfront konnte die KPCh durchsetzen, das Kommando über die eigenen Streitkräfte zu behalten. Im sogenannten »Antijapanischen Widerstandskrieg« (1937–1945) konnte sich die Partei als »patriotische Kraft« etablieren, die im Hinterland einen Guerillakrieg gegen die Japaner entfachte.

Mao entwickelte seine Theorie der Widersprüche, um die strategische Wende zu begründen. Unter normalen Umständen sei der Klassengegensatz der »Hauptwiderspruch« der Gesellschaft, andere Konflikte seien nur »Nebenwidersprüche«. Wegen der drohenden Vernichtung des Landes durch den japanischen Imperialismus sei der nationale Widerspruch zwischen Japan und China nun der Hauptwiderspruch, der Klassengegensatz innerhalb der chinesischen Gesellschaft sei nur noch ein Nebenwiderspruch. Nach einem Sieg über Japan würden Haupt- und Nebenwiderspruch ihren Platz wieder tauschen, der Klassenkampf werde dann wieder Priorität haben.

Das japanische Kaiserreich kapitulierte im August 1945 nach dem Abwurf der US-amerikanischen Atombomben auf Hiroshima und Nagasaki sowie dem sowjetischen Einmarsch in der Mandschurei. Dennoch schreibt sich die KPCh den »Sieg im Antijapanischen Widerstandskrieg« bis heute auf die eigenen Fahnen. Bei Kriegsende waren die Streitkräfte der GMD-Regierung deutlich geschwächt. Zudem hatte diese durch die desolate wirtschaftliche Lage, eine hohe Inflation sowie ausufernde Korruption die Unterstützung großer Teile der Stadt- und Landbevölkerung verloren. Im folgenden Bürgerkrieg (1946–1949) konnte die kommunistische Volksbefreiungsarmee die Regierungstruppen besiegen und auf die Insel Taiwan vertreiben. Am 1. Oktober 1949 rief Mao die Volksrepublik China aus.

Die KPCh, die die Macht so opferreich errungen hatte, verteidigte sie mit allen Mitteln. Die Partei hatte bewiesen, dass sie eine Revolution zum Sieg führen konnte. Beim wirtschaftlichen Aufbau danach orientierte sich die Volksrepublik zunächst stark an dem Modell der zentralistischen Planwirtschaft der Sowjetunion. Der erste Fünfjahresplan (1953–1957) konnte mit Hilfe sowjetischer Berater und Kredite ein schnelles Wachstum der Schwerindustrie erzeugen und löste einen Urbanisierungsschub aus. Der Primat der Schwerindustrie wurde nicht zuletzt mit der militärischen Bedrohung durch die USA begründet. Im Korea-Krieg (1950–1953) und der Taiwan-Krise 1958 zog die US-Führung sogar Atombombenangriffe auf China in Erwägung.

Die Entstalinisierung in der Sowjetunion 1956 und die folgenden Aufstände in Polen und Ungarn lösten die erste politische Krise in der Volksrepublik aus. Es kam dort zwar nicht zu großen Unruhen, aber der Unmut in Teilen der Bevölkerung kam in Streiks, Studierendenprotesten und Austritten aus den landwirtschaftlichen Genossenschaften zum Ausdruck. Einerseits begrüßte die chinesische Führung die Niederschlagung des »konterrevolutionären Aufstands« in Ungarn 1956 durch die sowjetische Armee. Andererseits sah Mao aber in Bürokratismus und mangelnder Volksnähe der kommunistischen Parteien die Ursache für Unzufriedenheit. Er rief deshalb im selben Jahr die Hundert-Blumen-Kampagne ins Leben, die Intellektuelle aufrief, an Missständen Kritik zu üben, um der Partei zu helfen, sich »auszurichten«. Die Zensur der Presse wurde deutlich gelockert.

Erneut rechtfertigte Mao diesen Politikwechsel mit einer Theorie der Widersprüche: Man müsse zwischen »Widersprüchen zwischen uns und dem Feind« und »Widersprüchen innerhalb des Volks« unterscheiden. Letztere sollten durch Debatten und Überzeugung, nicht durch diktatorische Maßnahmen bewältigt werden. Allerdings lief die Kampagne aus dem Ruder, da die Kritik am politischen System wesentlich grundsätzlicher ausfiel, als Mao erwartet hatte. Die KPCh-Führung begann im Spätsommer 1957 mit einer Kampagne gegen »Rechtsabweichler«. Rund 550.000 Menschen wurden verfolgt und teils zur »Umerziehung« auf das Land verschickt. Das Problem des Bürokratismus der Partei blieb ungelöst.

Die Politik des »Großen Sprungs nach vorn« (1958–1961) verursachte die erste wirtschaftliche Krise der Volksrepublik. Ein völlig überambitioniertes Industrialisierungsprogramm führte in Verbindung mit Verwaltungschaos nach der Einführung von ländlichen Volkskommunen 1958 zum Einbruch der Agrarproduktion und zu einer Hungersnot mit etwa 15 bis 45 Millionen Toten.

Um die Krise zu überwinden, setzte die Parteiführung um Mao Ende 1960 einen zwar sehr späten, aber dafür wirkungsvollen Kurswechsel durch. Sie gab das Dogma auf, dass China als Agrarland kein Getreide importieren dürfe. Die Volkskommunen wurden verkleinert und den Bauern und Bäuerinnen Parzellen zur privaten Nutzung zugestanden, damit sie sich ernähren konnten. Durch Getreideimporte und Einstellung vieler industrieller Projekte konnten die Abgabelasten für die Landbevölkerung gesenkt werden. Bis 1963 ließ die Regierung die Stadtbevölkerung um 28 Millionen Menschen reduzieren und sie in ihre Herkunftsdörfer verschicken. So konnte der Staat Ausgaben für die sozialstaatliche Versorgung sparen, auf die nur die Stadtbevölkerung ein Anrecht hatte. Durch diese »Ausrichtung« der Wirtschaft konnte die Versorgungslage stabilisiert und die Überausbeutung der Landwirtschaft zugunsten industrieller Großprojekte beendet werden.

Während der Kulturrevolution (1966–1976) erlebte die Volksrepublik ihre bislang schwerste politische Krise. Mao wollte die Partei erneut neu »ausrichten«. Er fürchtete, der »sowjetische Revisionismus« könne auch auf China übergreifen und zu einer »Restauration des Kapitalismus« führen. Im Herbst 1966 rief er die Massen sogar zur Rebellion gegen die »Machthaber auf dem kapitalistischen Weg innerhalb der Partei« auf. In der Folge erlaubte man Studierenden, Arbeitern und Arbeiterinnen, unabhängige Rebellenorganisationen zu gründen. Fraktionskämpfe in der Massenbewegung, der Partei und schließlich sogar der Armee führten jedoch in vielen Regionen 1967/68 zu bürgerkriegsähnlichen Auseinandersetzungen.

Als 1969 ein Grenzkonflikt mit der Sowjetunion zu einem Krieg zu eskalieren drohte, war es Mao selbst, der im Namen der Stabilität die Bewegungen demobilisieren und mit der Einberufung des 9. Parteitags die alte Ordnung restaurieren ließ. Um den sowjetischen Druck auszugleichen, näherte sich China den USA an und konnte so die Blockade des Westens durchbrechen. Als Mao 1976 starb, war die chinesische Gesellschaft dennoch der endlosen Kampagnen und »Säuberungen« müde und das Ansehen der Partei war wegen der Eskalation der Fraktionskämpfe und der vielen Opfer der Kampagnen stark ramponiert.

Nach einer Übergangsphase begann die neue Führung um Deng Xiaoping 1978, die Lehren aus dem Scheitern der Kulturrevolution in die Tat umzusetzen. Statt eines dominanten Führers sollte die Partei eine »kollektive Führung« bekommen. Nach offiziellen Angaben wurden 3,5 Millionen »Fehlurteile«, die während der Kulturrevolution und anderer Kampagnen gegen Parteikader und BürgerInnen ergangen waren, revidiert und damit viele Opfer rehabilitiert. Unter dem Motto einer »sozialistischen Gesetzlichkeit« wurden das Rechtssystem und innerparteiliche Entscheidungsprozesse stärker formalisiert. Mit Massenmobilisierung durch Kampagnen sollte Schluss sein. Diese Reformen hatten mit einer Annäherung an ein liberales System der Gewaltenteilung nichts zu tun. Sie stellten vielmehr die Institutionen eines leninistischen Einparteienstaats wieder her.

Die KPCh sollte auch durch eine schnellere Entwicklung der

Wirtschaft wieder an Legitimation gewinnen. Das stalinistische Modell der Mao-Ära hatte vor allem versucht, die Entwicklung der Schwerindustrie voranzutreiben, und von den Menschen große materielle Entbehrungen gefordert. Die neue Führung wollte hingegen das Konsumniveau der Bevölkerung erhöhen. Eine Agrarreform zur Steigerung der Produktion, im Zuge derer die Volkskommunen aufgelöst wurden, erwies sich Mitte der 1980er Jahre als erfolgreich. Daraufhin ließ die Regierung schrittweise auch in den Städten private Unternehmen zu. Der Preis eines Teils der Waren sollte durch den Markt bestimmt werden.

Diese Maßnahmen rechtfertigte die Partei wieder mit der Theorie der Widersprüche. Der »Hauptwiderspruch« in der chinesischen Gesellschaft sei nicht, wie Mao fälschlicherweise behauptet habe, der Klassengegensatz, sondern der Widerspruch zwischen den noch unterentwickelten Produktivkräften und den unbefriedigten Bedürfnissen der Bevölkerung. So wurde begründet, dass sich das Regierungshandeln jetzt auf die wirtschaftliche Entwicklung des Landes konzentrierte.

Ironischerweise war es der wirtschaftspolitische Erfolg, der zuerst zu große Erwartungen und dann bittere Enttäuschungen hervorrief. Intellektuelle und Studierende hofften auf mehr demokratische Mitbestimmung. Eine Preisreform führte 1988 zu einer Verteuerung der Lebensmittel, hoher Inflation und Panikkäufen. Bei einem Großteil der Bevölkerung entstand der Eindruck, dass sich Parteikader und ihre Familien in dem dualen System von Plan- und Marktwirtschaft durch Korruption, Unterschlagung und illegale Geschäfte persönlich bereicherten. Im Mai 1989 kam es in zahlreichen Städten zu Massenprotesten, die am 4. Juni mit der Niederschlagung von Protesten in Peking durch die Volksbefreiungsarmee blutig endeten. Angesichts der finalen Krise des Staatssozialismus in Osteuropa erwarteten viele westliche BeobachterInnen auch in China einen Systemwechsel.

Die KPCh-Führung zog aus dieser Krise und der Auflösung der Sowjetunion 1991 ihre Lehren. Politisch schlussfolgerte sie, dass die Partei den »Tendenzen zur bürgerlichen Liberalisierung« nicht nachgeben dürfe, sondern in allen Bereichen der Gesellschaft die

Führungsrolle behalten müsse. Auch das Prinzip »Die Partei kommandiert die Gewehre« wurde bestätigt. Um das Vertrauen der Bevölkerung zurückzugewinnen, konzentrierte sich die Führung wieder auf die Entwicklung der Wirtschaft und Steigerung des Wohlstands.

Mit seiner berühmten Reise in die Sonderwirtschaftszonen des Südens gab der greise Deng 1992 das Signal für eine forcierte Öffnung zum Weltmarkt, um in großem Stil ausländisches Kapital anzuziehen. Die Parteiführung bot China als Billiglohnland und »Werkbank der Welt« an, verfolgte aber das Ziel, langfristig durch einen Technologietransfer zu den westlichen Industrieländern aufzuschließen. Im Boom der 1990er und frühen 2000er Jahre entstand eine große wohlhabende urbane Mittelschicht. Andererseits wurden Teile der bislang in Staatsbetrieben beschäftigten ArbeiterInnenschaft durch Werkschließungen und Entlassungen degradiert. Für die absolute Priorität des Wirtschaftswachstums nahm die Regierung wachsende soziale Ungleichheit, Auswüchse der Korruption, Umweltverschmutzung und die Vernichtung bäuerlicher Existenzen zunächst in Kauf.

Nicht zuletzt wegen der Zunahme von Arbeitskonflikten und lokalen BürgerInnenprotesten versuchte die Parteiführung um den damaligen Generalsekretär der KPCh, Hu Jintao (2002–2012), unter dem Motto »harmonische Gesellschaft«, Fehlentwicklungen zu korrigieren. Unter anderem wurden die ländliche Krankenversicherung wiederaufgebaut, die Agrarsteuern abgeschafft, mehr Ressourcen für die Dorfentwicklung bereitgestellt, eine städtische Sozialversicherung eingeführt und die Arbeitsgesetzgebung moderat zugunsten der Beschäftigten verbessert. Die enorme Korruption und Selbstbereicherung der »Staatsklasse« bekam die Führung um Hu allerdings nicht in den Griff.

Die Parteiführung um Xi betreibt seit 2012 eine starke Rezentralisierung der Befugnisse, um in allen Bereichen von Gesellschaft und Wirtschaft die Führungsrolle der Partei zu stärken. Wie seit Jahrzehnten nicht mehr erlebt, appelliert Xi an sozialistische Moral und setzt ideologische Kampagnen ein, um in Partei und Armee »die Gedanken zu vereinheitlichen«. Ob es ihm gelungen ist, die Korruption einzudämmen, ist umstritten. Eine Rückkehr zum Klassenkampf der

Mao-Ära soll es jedenfalls nicht geben. Xi zufolge ist der Hauptwiderspruch der chinesischen Gesellschaft der »Widerspruch zwischen dem ständig wachsenden Bedürfnis der Bevölkerung nach einem schönen Leben und der unausgewogenen und unzureichenden [wirtschaftlichen] Entwicklung« des Landes. Bis 2049, also zum 100. Jahrestag der Gründung der Volksrepublik, soll China ein entwickeltes Industrieland und eine Weltmacht sein.

Ob dieses ambitionierte Ziel erreicht werden kann, bleibt offen. Bisher hat es die KPCh in ihrer 100-jährigen Geschichte immer geschafft, Krisen zu bewältigen, selbst jene, die sie durch schwerwiegende strategische Fehlentscheidungen selbst ausgelöst hatte.

Jungle World 26/2021 (1.7.2021)

Schwarze Schwäne, graue Nashörner

Für Xi Jinpings dritte Amtszeit als Generalsekretär der KPCh mussten vor dem 20. Parteitag, der vom 16. bis 22. Oktober 2022 in Peking stattfand, zwei wichtige informelle Regelungen abgeschafft werden: die Beschränkung der Amtszeit des Generalsekretärs auf zwei Wahlperioden sowie die Obergrenze von 67 Jahren bei der Wahl zum Mitglied des Ständigen Ausschusses des Politbüros. Xi war 69 Jahre alt.

Auf Parteitagen in China finden traditionell keine kontroversen Diskussionen in der Öffentlichkeit statt, noch werden detaillierte Ziele festgelegt. Es geht vielmehr darum, die Einheit zwischen Führung und Basis rituell zu inszenieren. Der amtierende Generalsekretär verliest einen langen Bericht, um Bilanz zu ziehen und allgemeine strategische Ziele festzulegen. Die Delegierten wählen das neue Zentralkomitee (ZK). Auf dem ersten ZK-Plenum im Anschluss an den Parteitag werden in einer nicht-öffentlichen Sitzung der Generalsekretär, die Mitglieder des neuen Politbüros und dessen Ständiger Ausschuss bestimmt, der de facto das mächtigste Organ des Landes ist. Das Plenum bestätigte Xi auch als Vorsitzenden der Militärkommission des ZK, das heißt als Oberbefehlshaber der Volksbefreiungsarmee. In China sind die Streitkräfte dem ZK der Partei, nicht dem Staatspräsidenten unterstellt.

Es ist zu erwarten, dass der Nationale Volkskongress, formell die Legislative des Landes, im März 2023 Xi zum dritten Mal seit 2013 zum Präsidenten der Volksrepublik wählen wird. Um das möglich zu machen, musste 2018 die Verfassung geändert werden, die eine Beschränkung auf zwei fünfjährige Amtsperioden vorsah. Die zahlenmäßige Begrenzung der Amtszeiten des Generalsekretärs und des Staatspräsidenten und die Altersbeschränkung des Generalsekretärs waren Konsequenzen aus der Kulturrevolution. Diese Regelungen sollten einen geordneten und regelmäßigen Wechsel einer kollektiven Führung ermöglichen. Außerdem sollten sie verhindern, dass Fraktionskämpfe das System paralysieren oder Greise an der Macht bleiben.

Xi ist es offensichtlich gelungen, die Aufhebung dieser Nachfolgeregelungen durchzusetzen, ohne dass es zu deutlich erkennbaren Fraktionskämpfen gekommen ist. Der Parteitag hat auch beschlossen, das Statut der KPCh zu ändern. Eine Passage kann als Rechtfertigung für Xis dritte Amtszeit gelesen werden: Eine Situation »nie dagewesener« Komplexität, Schwierigkeiten und Gefahren wird angeführt, um zu begründen, dass Xi die Kernposition in der Parteiführung und der Partei als ganzer einzunehmen habe. Die »Xi-Jinping-Ideen für die neue Ära des Sozialismus mit chinesischen Besonderheiten« sollen zur grundsätzlichen Handlungsmaxime werden. Damit würden akute Herausforderungen und Probleme gelöst, die ein langfristiges Regieren unterminieren könnten.

Bei der Wahl des siebenköpfigen Ständigen Ausschusses des Politbüros scheint es Xi gelungen zu sein, treue Gefolgsleute einzusetzen. Einige von ihnen gehörten zur Parteiführung in der Provinz Zhejiang aus der Zeit, als Xi dort zwischen 2002 und 2007 selbst der Parteisekretär war. Darunter ist der Parteisekretär von Shanghai, Li Qiang. Er ist nun die Nummer Zwei in der Parteihierarchie. Er machte sich einen Namen durch den strengen Lockdown in Shanghai, der im Frühjahr 2022 mehrere Monate andauerte. Li wäre der erste Ministerpräsident seit Ende der 1980er Jahre, der keine Erfahrungen in der Zentralregierung vor dem Amtsantritt vorzuweisen hat. Der Parteisekretär von Peking, Cai Qi, der auch zur Provinzführung Zhejiangs unter Xi gehörte, wurde ebenfalls in den Ständigen Ausschuss gewählt.

Der scheidende Ministerpräsident Li Keqiang (mittlerweile verstorben) sowie der Vizeministerpräsident Wang Yang traten beide nicht mehr zur Wahl des Ständigen Ausschusses an, obwohl sie beide noch nicht 68 Jahre alt sind. Beiden wird im Ausland und sozialen Medien nachgesagt, Verbindungen zur »Jugendverband-Fraktion« um den ehemaligen Generalsekretär und Staatspräsidenten Hu Jintao zu haben; dieser hatte sich mit Funktionären und Funktionärinnen aus dem Jugendverband der KPCh umgeben. Hu hatte in seiner Amtszeit (2002–2012) in vielerlei Hinsicht einen weniger restriktiven Kurs als sein Nachfolger Xi verfolgt: Er lockerte die politische Kontrolle der Partei über den Kultursektor, ließ der Privatwirtschaft mehr Spielraum und ging nur halbherzig gegen die allgegenwärtige Korruption vor.

Für großes internationales Aufsehen sorgte jene Szene des Parteitags, als der greise Hu von Ordnern aus dem Saal geführt wurde. Ausländische Medien spekulierten sofort über eine gezielte öffentliche Demütigung Hus durch Xi, der neben ihm gesessen hatte. Die Staatsmedien meldeten hingegen, Hu habe aus gesundheitlichen Gründen die Sitzung vorzeitig verlassen müssen. Für einen ungeplanten Zwischenfall spricht, dass Staatssender in der Folge hektisch ihr Programm der Übertragung des Parteitags änderten und Dokumentationen sendeten, so die China-Korrespondentin Xifan Yang in der Wochenzeitung *Die Zeit*.

Wie dem auch sei, die KPCh hat zum ersten Mal seit Gründung der Volksrepublik einen Ständigen Ausschuss des Politbüros, in dem nicht mehrere politische Strömungen vertreten sind. Zum Beispiel achtete der greise Mao Zedong in den frühen 1970er Jahren darauf, dass in der Führung sowohl Vertreter des linken als auch des rechten Parteiflügels – also Kulturrevolutionäre auf der einen Seite, Pragmatiker des Apparats auf der anderen Seite – waren, um eine erneute

Eskalation von Fraktionskämpfen wie in der frühen Kulturrevolution zu verhindern. Den Linken überließ Mao den Medien- und Kultursektor, den Rechten Wirtschaft, Außenpolitik und Verwaltung, zumindest solange sie in seinem Sinne handelten.

Vor dem 20. Parteitag schien es vielen Beobachtern und Beobachterinnen, dass im Ständigen Ausschuss noch Mitglieder der »Shanghai-Bande« um den immer noch einflussreichen ehemaligen Generalsekretär (1989–2002) und Staatspräsidenten (1993–2003) Jiang Zemin (mittlerweile verstorben) und Mitglieder der »Jugendverband-Fraktion« um Hu vertreten waren. Die Durchsetzung der Führung nur einer Fraktion kann Xi als Erfolg werten. Es wird sich allerdings zeigen, ob dadurch die Implementierung von Beschlüssen der Zentrale auf den unteren Ebenen schwieriger wird, da es keine Einbindung unterschiedlicher politischer Strömungen in die Entscheidungen gibt.

Bezeichnend für die Rückschritte Chinas bei der Geschlechtergerechtigkeit in den vergangenen Jahren ist, dass es im neuen 24-köpfigen Politbüro keine einzige Frau mehr gibt. Bis zur Neuwahl war dort noch Sun Chunlan vertreten, die im Alter von 72 Jahren nicht mehr zur Wahl angetreten ist. Dabei machen Frauen fast 29 Prozent der 96 Millionen Parteimitglieder aus und stellten 27 Prozent der 2.300 Delegierten auf dem 20. Parteitag. Das ist eine leichte Steigerung im Vergleich zur Vergangenheit, aber im internationalen Vergleich wenig. Die Altmännerriege um Xi scheint Frauen nicht zugestehen zu wollen, auch auf der zentralen Ebene politische Verantwortung zu übernehmen. In den Ständigen Ausschuss wurde in über 100 Jahren Parteigeschichte noch nie eine Frau gewählt.

Xi begann seinen Bericht an den 20. Parteitag mit einer langen Aufzählung der »Errungenschaften« der vergangenen zehn Jahre, das heißt während seiner ersten beiden Amtszeiten als Generalsekretär. Dazu gehöre das Erreichen des ersten Etappenziels der »Zweimal 100 Jahre«. Zum 100. Jahrestag der Gründung der KPCh 2021 sei eine »Gesellschaft des allseitigen bescheidenen Wohlstands« verwirklicht worden. Das zweite Etappenziel ist, dass China im Jahr 2049, zum 100. Jahrestag der Gründung der Volksrepublik, eine hochmoderne sozialistische Gesellschaft und globale Macht sein soll. In seiner Amtszeit habe sich der wirtschaftliche und technologische Aufstieg des Landes fortgesetzt. Die Partei habe über die Korruption im eigenen Apparat einen nachhaltigen Sieg errungen, nachdem sich »ungesunde Tendenzen« in der Vergangenheit »unkontrolliert« hätten ausbreiten können, so Xi. Diese Aussage kann man nur als Seitenhieb gegen seine Vorgänger verstehen.

Stolz zeigte sich Xi auch darüber, die »schwerwiegende Krise für die nationale Sicherheit« in Hongkong gemeistert zu haben. Dort sei die Ordnung wiederhergestellt worden und man habe sichergestellt, dass weiter »Patrioten« an der Regierung sind. Das ist eine beschönigende Beschreibung für die Zerschlagung der Protestbewegung von 2020 und der Opposition.

Im Unterschied zum Bericht an den 19. Parteitag vor fünf Jahren zeichnete Xi insgesamt ein düsteres Bild der globalen Lage und warnte vor nie dagewesenen Herausforderungen und Risiken. 2017 schien Xi davon ausgegangen zu sein, dass die sogenannte Weltgemeinschaft überwiegend positiv auf die globalen Ambitionen Chinas reagieren werde. Nun warnte Xi in seinem Bericht: »Verschiedene Ereignisse von ›schwarzen Schwänen‹ und ›grauen Nashörnern‹ können jederzeit auftreten. Wir müssen sorgsamer mit potenziellen Gefahren umgehen und auf Szenarien des schlimmsten Falls vorbereitet sein.«

Diese Aussage zeigt, dass die KPCh-Führung westliche Populärliteratur fürs Management liest. Als Auftreten eines »schwarzen Schwans« bezeichnet der Finanzmathematiker Nicholas Taleb ein Ereignis, das BeobachterInnen nicht vorausgesagt haben, das aber schwerwiegende Folgen hat, weil alle davon ausgegangen sind, dass es nur weiße Schwäne gebe. In der Theorie vom »grauen Nashorn« der Bestsellerautorin Michele Wucker geht es hingegen darum, dass völlig offensichtliche Gefahren viel zu lange ignoriert werden.

Diese beiden Metaphern gehören schon seit einigen Jahren zum offiziellen Sprachgebrauch der KPCh, wenn es um ihr Verständnis von nationaler Sicherheit geht. Außenminister Wang Yi bezeichnete zum Beispiel im September 2022 die potenzielle Unabhängigkeitserklärung Taiwans als »graues Nashorn«, das die sino-amerikanischen Beziehungen zerstören könne, wenn es nicht gestoppt werde. Xi hat in seiner Rede auch auf die Zyklen des Aufstiegs und Falls von chinesischen Dynastien verwiesen. Die KPCh könne diesem Schicksal langfristig nur entkommen, wenn sie weiter einen Prozess der »Selbstrevolutionierung« anstrebe, vergleichbar mit einem Schüler, der sich einer endlosen Prüfung unterziehe. Nur so könnten interne und externe Herausforderungen gemeistert werden.

Im Hinblick auf Taiwan verkündete Xi im Prinzip nichts Neues. Blut sei dicker als Wasser und die »Landsleute« auf Taiwan seien Teil der Familie. Die Regierung strebe eine »friedliche Wiedervereinigung« an, behalte sich aber den Einsatz von Gewalt vor, falls Taiwan die Unabhängigkeit erkläre. Diese Warnung sei aber nicht gegen die »Landsleute« auf Taiwan gerichtet, sondern nur gegen die wenigen »Separatisten« und »ausländische Kräfte«, die intervenieren wollten. Das ist eine indirekte Warnung an die US-Regierung, die zwar formal weiter an dem »Ein-China-Prinzip« festhält, das die Regierung von Jimmy Carter 1979 festgeschrieben hatte, und damit die Regierung in Peking als einzige legitime Vertretung des Landes anerkennt. Gleichzeitig hat US-Präsident Joe Biden seit seinem Amtsantritt unter dem Motto der »strategischen Ambiguität« die halboffiziellen diplomatischen und militärischen Beziehungen zur Regierung der Republik China (Taiwan) deutlich aufgewertet; eine Ambiguität, die in den USA sogar gesetzlich festgeschrieben ist, durch die Selbstverpflichtung der USA im Taiwan Relations Act, ebenfalls von 1979, Taiwan mit Waffen zur Verteidigung auszustatten. Bidens Haltung in diesem schon lange bestehenden Zwiespalt interpretiert die KPCh als Provokation und Bruch bestehender völkerrechtlich bindender Verträge zwischen der Volksrepublik und den USA.

Einige westliche Think Tanks analysierten Xis Bericht auch quantitativ. Das Center for Strategic and International Studies weist zum Beispiel darauf hin, dass das Wort Sicherheit in Xis Bericht an den 20. Parteitag 91-mal vorkam, hingegen in dem an den 19. Parteitag nur 54-mal. Den Begriff fasst Xi sehr weit, er spricht von Sicherheit auf den Gebieten Wirtschaft, Infrastruktur, Finanzen, Cyberspace, Ressourcen, Raumfahrt, Kernenergie und Kultur. In seinem Bericht erwähnte er weder den Krieg in der Ukraine noch wurde die US-amerikanische Außenpolitik direkt kritisiert. Xi richtete sich mit den Vorwürfen von »Hegemoniestreben« und »Kalte-Kriegs-Mentalität« jedoch indirekt an die USA. Außerdem verurteilte er »Protektionismus«, Tendenzen der ökonomischen »Abkopplung« und einseitige Sanktionen. Damit sind offensichtlich die Wirtschaftssanktionen der USA gegen China gemeint, wie zum Beispiel jüngst bezüglich Mikrochips, sowie die Ankündigung der Biden-Regierung, globale Lieferketten von strategisch wichtigen Gütern neu zu ordnen und dabei chinesische produzierende Unternehmen auszuschließen. Der Parteivorsitzende machte deutlich, dass sich die chinesische Regierung auf weitere Abkopplungstendenzen der USA vorbereite. Xi mahnte, »Sicherheitsrisiken« in wichtigen Lieferketten zu beseitigen. Die Ernährungssicherheit müsse wieder stärker in die eigene Hand genommen werden. Die wirtschaftliche Öffnung soll auf »dem Niveau von hoher Qualität« weiter forciert werden, zum Beispiel durch die Öffnung weiterer Branchen für ausländische Investoren und Investorinnen. Gleichzeitig betonte Xi, dass die »innere Zirkulation«, der Binnenmarkt, stärker angekurbelt werden müsse. Mit »hoher Qualität« der Öffnung ist gemeint, dass chinesische Firmen langfristig nicht Schwitzbuden mit schlechten Arbeitsbedingungen am unteren Ende der globalen Produktionsketten stellen, sondern selbst die Rolle von technologischen Marktführern übernehmen sollen.

Insgesamt blieben die Ausführungen von Xi zur Wirtschaftspolitik knapp und phrasenhaft. Die Staatsunternehmen sollen weiter reformiert werden, um Effizienz und Wettbewerb zu steigern. Auch die Bedingungen für den nicht-öffentlichen Sektor sollen verbessert sowie Eigentumsrechte geschützt werden. Der Staat müsse außerdem stärker gegen »Monopole« vorgehen. Durch die Anwendung des Kartellrechts hatte die chinesische Wettbewerbsaufsicht, die State Administration for Market Regulation, 2021 zum Beispiel den Internetkonzern Alibaba, den chinesischen Amazon-Rivalen in Sachen Plattformkapitalismus, zu einer horrenden Geldstrafe in Höhe von umgerechnet 2,3 Milliarden Euro verurteilt. Die Sektoren Immobilien, Finanzen und privater Bildungsmarkt sollen Xi zufolge stärker reguliert werden. Tendenzen einer Rückkehr zur sozialistischen Staatswirtschaft kann man aus dem Bericht nicht herauslesen.

Ob es mit Chinas Wirtschaft wieder aufwärts geht, hängt auch davon ab, ob die »dynamische Null-Covid-Politik«, und damit die ständigen Lockdowns in ganzen Städten wie beispielsweise Shanghai, aufgehoben wird oder nicht. Xi sprach in seinem Bericht von einem Sieg im »Volkskrieg« gegen die Ausbreitung des Virus durch die »dynamische Null-Covid-Politik«. Wie es weitergehen soll, bleibt jedoch offen. Auch die hohe Jugendarbeitslosigkeit erwähnte Xi mit keinem Wort. Die Arbeitslosenquote von 16- bis 24-Jährigen soll selbst nach offiziellen Angaben von Juli bei fast 20 Prozent gelegen haben.

Die Steigerung des Wirtschaftswachstums scheint unter Xi die zentrale Bedeutung, die sie bei seinen Vorgängern besaß, verloren zu haben. Vielmehr steht die Abwehr mannigfaltiger Bedrohungen für die »nationale Sicherheit« im Vordergrund. Mit der Warnung vor »schwarzen Schwänen« und »grauen Nashörnern« schwört Xi den Parteiapparat auf permanente Alarmbereitschaft ein. Das ist die Hauptbotschaft des 20. Parteitags.

Jungle World 44/2022 (3.11.2022)

Chinas Neue Linke

Was ist in China links? Mao Zedong ist tot und sein Projekt der permanenten Revolution gescheitert. Die derzeitigen Machthaber nennen sich noch kommunistisch, forcieren aber seit 1978 eine kapitalistische Transformation. Lange wurde die Reform- und Öffnungspolitik von chinesischen Intellektuellen nicht hinterfragt. Beklagt wurde höchstens, dass den wirtschaftlichen Reformen keine politischen folgten. Doch seit Mitte der 1990er Jahre ist eine Neue Linke entstanden, die gerade heute viele intellektuelle Debatten beeinflusst. Wer sind diese Neuen Linken? Können sie dazu beitragen, den wachsenden sozialen Protesten eine theoretische und programmatische Grundlage zu geben, oder sind sie nur ein Teil des Establishments, der der Kommunistischen Partei Chinas (KPCh) gute Ratschläge erteilen will?

Anders als 1968

Die Bezeichnung »Neue Linke« (*xin zuopai*) heißt wörtlich übersetzt »neue linke Fraktion« und ist eine Fremdzuschreibung. Als Mitglied einer Fraktion bezeichnet zu werden, kann in China immer noch gefährlich sein. Daher lehnen viele führende Köpfe der sogenannten Neuen Linken den Begriff ab. Ökonomieprofessor Yang Fan meint dazu: »Im Internet setzen sie mir immer den Hut der Neuen Linken auf. Sie reden über die ›linke Fraktion‹, aber nie über eine Neue Rechte. Solange sich die Rechten nicht als solche bezeichnen lassen, lehne ich auch den Begriff der Neuen Linken ab.« Auch Wang Hui, der als Chef-Theoretiker der Neuen Linken gehandelt wird, spricht sich gegen den Begriff aus. Für ihn ist die Neue Linke aus dem Liberalismus der 1980er Jahre entstanden. Viele Intellektuelle, die zuvor Marktwirtschaft und bürgerliche Demokratie idealisierten, hätten erkannt, dass Privatisierungen die Korruption immens förderten und dass nach der skrupellosen Bereicherung durch die Kader sowie neuen Kapitalisten und Kapitalistinnen wenig für die breite Bevölkerung abfiel.

Unbestritten ist jedoch, dass es unter den Intellektuellen eine Strömung gibt, die sich von der alten maoistischen Linken, die sich um Websites wie »Utopia« gruppiert, unterscheidet. Die Neuen Linken sind in der Regel zwischen 40 und 60 Jahre alte Männer, arbeiten an Universitäten und haben zumeist länger in den USA studiert. Anstelle des orthodoxen Marxismus-Leninismus beziehen sie sich auf westliche Theorien wie die Frankfurter Schule, postkoloniale Kritik oder wirtschaftswissenschaftliche Regulationsansätze. Sie fordern nicht die Wiedereinführung einer Planwirtschaft und die Abschaffung des Privateigentums an Produktionsmitteln, sondern stellen bei ihrer Kritik am chinesischen »Neoliberalismus« und dem globalen Kapitalismus das Konzept der »sozialen Gerechtigkeit« in den Vordergrund. Ein starker Staat solle die Märkte im Zaum halten. Ihnen geht es in der Regel nicht darum, die Kulturrevolution (1966–1976) hochzuhalten, sondern die revolutionäre Vergangenheit überhaupt als einen möglichen positiven Bezugspunkt zu erhalten. Populär ist in China nämlich auch die These vom »Abschied der Revolution«, die besagt, dass seit dem Sturz der Qing-Dynastie 1911 der revolutionäre Radikalismus nur zu Blutvergießen und autoritärer Herrschaft geführt habe. Anknüpfend an den französischen Historiker François Furet wird behauptet, dass sowohl die französische als auch die chinesische Revolution eine moderate Modernisierung des alten Regimes unterbrochen und damit mehr Schaden angerichtet als Nutzen gebracht hätte. Gegenüber diesem Diskurs müssen sich linke Intellektuelle erst einmal behaupten.

Es gibt auch eine populistische Strömung innerhalb der Neuen Linken, die hauptsächlich im Internet agiert. Dieser Artikel konzentriert sich jedoch auf Wissenschaftler, die zur intellektuellen Elite des Landes gehören. Einige ihrer wichtigsten Vertreter, nämlich Wang Hui, Wang Shaoguang, Cui Zhiyuan und Wen Tiejun, werden vorgestellt. Viele Bücher und Artikel der Neuen Linken wurden in den USA veröffentlicht und ihre Debatten in Zeitschriften wie der britischen *New Left Review* dokumentiert. Gemeinsame Organisationen gibt es nicht, da die KPCh und ihre Massenorganisation einen Alleinvertretungsanspruch erheben. Die chinesische Neue Linke hat mit der westlichen, die sich im Zuge der globalen Revolte von 1968 etablierte, nicht viel gemein. In Ländern wie Frankreich und Italien entstand die Neue Linke aus der Bewegung von Jugendlichen und Studierenden, die auch gegen die traditionellen kommunistischen und sozialdemokratischen Parteien revoltierten. 1968 ging es nicht zuletzt um die Veränderung des eigenen Lebens (antiautoritäre Revolte, Subkultur, sexuelle Revolution usw.), während der Neuen Linken in China bisher ein Bezug zu gesellschaftlichen Bewegungen fehlt und sie versucht, die Regierungspolitik der KPCh sowie intellektuelle Debatten zu beeinflussen.

»Links« als Schimpfwort

Nach dem Ende der Mao-Ära war der Begriff »links« unter chinesischen Intellektuellen lange ein Schimpfwort. Intellektuelle waren die Hauptopfer der Anti-Rechts-Kampagne von 1957, in der viele der 550.000 »Rechtsabweichler« für 20 Jahre auf das Land geschickt wurden. Insbesondere in den radikalen Phasen (»Großer Sprung nach vorn« 1958–1961 und Kulturrevolution) stellte die KPCh die Trennung zwischen körperlicher und geistiger Arbeit in Frage. Die Umerziehung der »bürgerlichen Intellektuellen« durch Teilnahme an körperlicher Arbeit und Lernen von den Bauern und Bäuerinnen war ein Lieblingsprojekt der Parteilinken. In der Kulturrevolution wurden außerdem akademischer Habitus and abstraktes Bücherwissen radikal entwertet. Die Regierung schloss die Universitäten nach 1966 erst für einige Jahre und öffnete sie dann für »Arbeiter-, Bauern- und Soldatenstudenten«. Es ist nicht verwunderlich, dass die überwältigende Mehrheit der AkademikerInnen und Intellektuellen begeistert die Reformpolitik Deng Xiaopings unterstützte, der sie rehabilitierte und die »natürliche« gesellschaftliche Arbeitsteilung sowie das elitäre Selektionssystem der Hochschulen wiederherstellte.

Als intellektuelle Strömungen neben der Parteiideologie konkurrierten in den 1980er Jahren im Wesentlichen Liberalismus und Neo-Autoritarismus. Die Liberalen forderten im Namen einer neuen Aufklärung politische Reformen. Die Neo-Autoritären orientierten sich an Singapur als Entwicklungsmodell und begannen, die Herrschaft der Partei mit konfuzianischen Traditionen zu rechtfertigen. Für linke Diskurse gab es keine Lücke.

Der Begriff »links« ist bis heute auch in der offiziellen Parteisprache negativ belegt, da er dort eine linke Abweichung von der korrekten Linie der KPCh bezeichnet. Diese Verwendung geht auf Lenins berühmt-berüchtigte Schrift »Der ›Linke Radikalismus‹: Die Kinderkrankheit im Kommunismus« von 1920 zurück. Damals geißelte Lenin die deutschen Linkskommunisten und -kommunistinnen, die eine Beteiligung an Parlamentswahlen prinzipiell ablehnten. Bis zu Maos Tod 1976 ging die KPCh immer wieder gegen »Rechts- und LinksabweichlerInnen« vor, allerdings wurden die Rechten als größere Gefahr angesehen, da sie das System des Sozialismus in Frage stellen würden und nicht nur übereifrige Radikale seien. Seit dem Sieg der ReformerInnen, von denen viele, wie Deng Xiaoping, selbst als »Rechte« verfolgt worden waren, richtete sich die Kritik in erster Linie gegen die »LinksabweichlerInnen«. Anfang der 1980er Jahre wurde der kulturrevolutionären Linken, der sogenannten Viererbande, der (Schau-)Prozess gemacht. In mehreren »Säuberungswellen« wurden Kader, die sich gegen die Abkehr vom Maoismus wandten, aus der Partei ausgeschlossen. Der Begriff »Rechtsabweichler« verschwand hingegen aus dem Vokabular. Stattdessen begann die Parteikampagne gegen »geistige Verschmutzung« und »westliche Liberalisierung«.

Gemäß Dengs Ausspruch »Erst werden die einen reich, dann die anderen« wurde die Vergrößerung der sozialen Unterschiede innerhalb der Stadt, aber auch zwischen urbaner und ländlicher Gesellschaft sowie zwischen den boomenden Küstenregionen und dem Hinterland im Westen Chinas in Kauf genommen, ja sogar als Grundlage eines produktiven Wettbewerbs gesehen. Fast 20 Jahre wirkte das Totschlagargument, dass, wer die neuen sozialen Ungleichheiten kritisiere, die ineffektive Gleichmacherei der Kulturrevolution wiedereinführen wolle und den Wirtschaftsaufschwung gefährde. Wer die Mobilisierung von Arbeitern, Arbeiterinnen, Bauern und Bäuerinnen gegen korrupte Kader fordere, rede den Terror der Roten Garden wieder herbei.

Mitte der 1990er Jahre wandelte sich jedoch Chinas intellektuelle Landschaft. Die katastrophalen Folgen der »Schocktherapie« der marktradikalen Wirtschaftsreformen im Russland der frühen 1990er Jahre und die Asien-Krise von 1997 trugen zum Aufstieg der Neuen Linken bei. Spätestens ab 2004 begann auch die Parteiführung um Hu Jintao und Wen Jiabao die Entwicklung seit den 1990er Jahren kritischer zu bewerten. Der Glaube an den Staat als Regulator der Wirtschaft wurde durch die Weltwirtschaftskrise 2008 noch verstärkt. Vor diesem Hintergrund haben linke Ideen heute mehr Raum als in den 1980er und 1990er Jahren. Intellektuelle der Neuen Linken können ihre Bücher veröffentlichen und ein breites urbanes Publikum erreichen, solange sie bestimmte Tabus wie das der direkten Kritik an der gegenwärtigen Führung nicht brechen. Einige Dissidenten und Dissidentinnen werfen ihnen deshalb vor, regierungstreu zu sein und vom angeblich wichtigsten Thema, den politischen Reformen, abzulenken. Dieser Vorwurf wird allerdings der inhaltlichen Vielfalt der Neuen Linken nicht gerecht.

Entpolitisierung durch Neoliberalismus

Als berühmtester Vertreter der Neuen Linken gilt Wang Hui (Jahrgang 1959). Er ist Professor für chinesische Sprache und Literatur an der Eliteuniversität Tsinghua und auch auf dem internationalen akademischen Parkett ein Star. Brillant kombiniert er postmodernes Vokabular der westlichen Diskurse mit chinesischen Debatten. Die LeserInnen des US-Magazins *Foreign Policy* platzierten ihn unter den 100 einflussreichsten Intellektuellen der Welt. Von 1996 bis 2007 war Wang einer der Herausgeber der Monatszeitschrift *Dushu* (*Lesen*), die in ihrer Hochphase eine Auflage von über 100.000 Exemplaren erreichte und in diesem Zeitraum als Plattform der Neuen Linken galt. Chinesische Intellektuelle debattierten in *Lesen* über die negativen Folgen des chinesischen Wirtschaftswunders und der Globalisierung, aber auch internationale Größen wie Noam Chomsky, Jacques Derrida, Jürgen Habermas und Antonio Negri meldeten sich mit Beiträgen zu Wort. Nach der Absetzung von Wang hat *Lesen* heute seine klare politische Ausrichtung verloren.

In seinen Büchern argumentiert Wang auf einem anspruchsvollen theoretischen Niveau. Ein politisches Programm wird selten explizit formuliert. In einem viel diskutierten Artikel beklagt Wang jedoch die »Entpolitisierung der Politik von Ost nach West« (2006). Nach dem Scheitern der Kulturrevolution und der Befreiungsbewegungen der sogenannten Dritten Welt habe der Sieg des Neoliberalismus zu einer Entpolitisierung und Technokratisierung der Politik und vor allem der KPCh geführt. Auch in den westlichen Demokratien ginge es nach der Entpolitisierung in erster Linie nur noch um Repräsentation statt um die Partizipation der Bevölkerung. Da die Kapitalisierung der Gesellschaft und auch die Öffnung Chinas als »natürliche Entwicklung« des Marktes wahrgenommen würden, gebe es keinen öffentlichen Raum für kritische Debatten. Auseinandersetzungen zwischen Arbeit und Kapital sowie rechts und links seien dadurch scheinbar verschwunden. Die entpolitisierte KPCh werde zur Partei der Eliten und Besitzenden. Zur Begründung seiner Thesen verwendet er das ganze theoretische Instrumentarium von Antonio Gramsci, Louis Althusser und sogar Carl Schmitt. Wang geht es nicht um eine generelle Verteidigung der maoistischen Vergangenheit. Er meint, dass die Entpolitisierung bereits begonnen habe, als die vielseitige Kultur der Debatten, Wandzeitungen und Selbstorganisation der frühen Kulturrevolution 1967/68 in blutigen Fraktions- und Machtkämpfen endete. Die Ideale der chinesischen Revolution von sozialer Gleichheit und Gerechtigkeit sollen als positiver Bezugspunkt dennoch erhalten bleiben, um gegenüber der neoliberalen Gegenwart kritikfähig zu sein.

Zurück zur Planwirtschaft will Wang allerdings nicht. In seinem Buch »Chinas neue Ordnung« (2006) bewertet er die Wirtschaftsreformen der 1980er Jahre sehr positiv. Von der Auflösung der Volkskommunen profitierten vor allem die Bauern und Bäuerinnen sowie die kollektive Gemeindeindustrie. Für Wang begann die Fehlentwicklung 1985, als die Wirtschaftsreformen auf die urbane Gesellschaft ausgedehnt wurden. Die beginnende Privatisierung hätte zur Korruption und Bereicherung der Kader geführt, da jede Kontrolle von unten fehlte. Als Folge der wachsenden Unzufriedenheit der Stadtbevölkerung habe die Bewegung vom Platz des Himmlischen Friedens von 1989 deshalb mehr Demokratie gefordert und die neuen sozialen Ungleichheiten thematisiert. Die Bewegung sei auch deshalb gescheitert, weil Studierende und Intellektuelle nicht in der Lage gewesen seien, soziale Gerechtigkeit in ihre Forderungen aufzunehmen. Wang selbst wurde wegen der Teilnahme an den Protesten für ein Jahr in die arme Provinz Shaanxi zur »Umerziehung« verbannt. Erst die Niederschlagung dieser Bewegung habe den Weg für die weitreichende Privatisierung von Staatsbetrieben in den 1990er Jahren freigemacht. Heute sieht Wang die Proteste von 1989 als Vorboten der globalisierungskritischen Bewegung, die sich nach den Protesten in Seattle 1999 entwickelte. Eine besondere Rolle spielen für ihn die ArbeiterInnen. 2005 schrieb er auf Grundlage eigener Feldforschung einen Untersuchungsbericht über die Privatisierung eines gut laufenden kollektiven Textilkombinats in der Provinz Jiangsu. Er unterstrich vor allem die Rolle der lokalen Regierung bei der gewaltsamen Enteignung der ArbeiterInnen und der Übergabe des gesellschaftlichen Reichtums an private Kapitalisten und Kapitalistinnen. Demokratie in China müsse mit Kämpfen von Arbeitern und Arbeiterinnen für ihr eigenes Schicksal beginnen.

Die Grenzen der politischen Debatten in China zeigen sich in Wangs vierbändigem Hauptwerk »Der Aufstieg der modernen Ideen in China« (2004). Er versucht darin, eine Ideengeschichte von der Song-Dynastie (960–1279) bis 1949 zu rekonstruieren, in der er nach einer Kritik an der westlichen Moderne bzw. nach einer chinesischen Gegenmoderne sucht. Binäre Gegensätze wie Imperium / Nation, Kultur / Natur oder Staat / Gesellschaft sollen aufgelöst werden. Bezüge zu gesellschaftlichen Verhältnissen werden kaum hergestellt. Das mag auch der Tatsache geschuldet sein, dass Wang dieses Projekt nach der Niederschlagung der Bewegung von 1989 begann.

Gerechtigkeit durch starken Staat

Allen Neuen Linken in China ist gemeinsam, dass sie für einen handlungsfähigen Staat eintreten, um wieder mehr Verteilungsgerechtigkeit zu ermöglichen. So auch Wang Shaoguang (Jahrgang 1954). Er promovierte an der Cornell-Universität und unterrichtete in Yale. Heute ist er Professor für Regierung und öffentliche Verwaltung an der Chinesischen Universität in Hongkong. Schon während seiner Studienzeit in der Volksrepublik gehörte er als Student an der Peking-Universität zur Elite. 1993 erregte Wang zum ersten Mal Aufmerksamkeit in Regierungskreisen, als er in einer Studie vor der nachlassenden Handlungsfähigkeit des chinesischen Staats warnte. Wang definiert als die Grundlagen eines effektiven Staats, das Gewaltmonopol durchzusetzen, die Landesverteidigung zu stärken, Steuern einzuziehen, Ressourcen zu verteilen, die eigenen Institutionen hinsichtlich Machtmissbrauchs zu disziplinieren sowie die Wirtschaft zu regulieren. So beklagte er immer wieder die abnehmende Staatsquote und schwindende Steuereinnahmen der Zentralregierung, sinkende Verteidigungsausgaben sowie die geringen Investitionen in Bildung und Gesundheit und in die weniger entwickelten Gebiete.

Mit seinen Thesen hat sich Wang bei liberalen Ökonomen und Ökonominnen äußerst unbeliebt gemacht. Die chinesische Regierung scheint hingegen zumindest nach 2004 den Ruf nach der Stärkung der Staatskapazität ernst genommen zu haben und hat Maßnahmen zu einer stärkeren Zentralisierung des Steuersystems eingeleitet. Wang beruft sich auf die Theorie von Karl Polanyi, der in seinem berühmten Buch »Die große Transformation« (1944) argumentierte, dass es immer Märkte gegeben habe, die vor dem 19. Jahrhundert allerdings immer in die Gesellschaft eingebunden gewesen seien. Erst im Kapitalismus ordne sich die Gesellschaft dem Markt unter. Da Boden und menschliche Arbeitskraft nicht vollständig kommodifiziert werden könnten, führe die Dynamik des Marktes zum Verfall der Gesellschaft. Der Staat müsse deshalb durch eine Gegenbewegung den Markt wieder der Gesellschaft unterordnen. Wang fordert vor diesem Hintergrund nicht die Abschaffung der Marktwirtschaft, sondern eine handlungsfähige chinesische Regierung. So ist es nicht verwunderlich, dass Wang die Sozialprogramme der Regierung unter Hu Jintao als entscheidenden Wendepunkt und »große Transformation« begrüßt hat. Der Ausbau der Sozial-, Kranken- und Rentenversicherungen hätte in den vergangenen Jahren große Fortschritte gemacht. Durch Finanztransfers in die ärmeren Regionen habe sich das regionale Gefälle zumindest nicht weiter vergrößert.

Wang warnt sogar davor, dass ohne einen starken Staat bei einer Transformation zur Demokratie Konflikte zwischen Ethnien oder Klassen eskalieren könnten. In mehreren Büchern hat er klar gemacht, dass bei einer Demokratisierung keinesfalls die USA als Vorbild dienen könnten. Trotz Wahlen sei im System der USA der Einfluss der Bevölkerung auf die Politik gering und der Wahlkampf sei von Lobbyinteressen bestimmt. Wang plädiert stattdessen für eine intensivere Einbeziehung der BürgerInnen und Fachleute in Beratungen zu Gesetzen über Versammlungen und Internet, wie es die chinesische Regierung im Falle der Gesundheitsreform bereits erprobt hat. Nach dem Schwenk der KPCh von 2004 scheint Wang kein kritisches Potenzial mehr zu haben und die Regierungspolitik nur mehr theoretisch anspruchsvoller als die Partei zu rechtfertigen. Durch seine tiefgehende Kenntnis der westlichen Debatten und der akademischen Karriere im Ausland kann er mit seiner Kritik an den USA ein breiteres Publikum erreichen als die Professoren und Professorinnen der verknöcherten Institute für Marxismus-Leninismus.

Kleinbürgerlicher Sozialismus

Eine der schillerndsten Persönlichkeiten der Neuen Linken ist Cui Zhiyuan (Jahrgang 1963), Professor für Politik und Management an der Tsinghua-Universität. Studiert und promoviert hat er an der Universität von Chicago. Für Aufsehen sorgte sein »Kleinbürgerliches Manifest: Liberaler Sozialismus und die Zukunft Chinas«. Im kleinbürgerlichen Sozialismus sieht Cui eine Alternative zu Marxismus, Sozialdemokratie und Neoliberalismus. Er knüpft kreativ an Theorien von Pierre-Joseph Proudhon, John Stuart Mill, James Joyce oder Silvio Gesell an. In der gegenwärtigen Agrarordnung, in der die Bauern und Bäuerinnen das Nutzungsrecht von der Dorfregierung zugeteilt bekommen, sieht Cui eine Idee des französischen Anarchisten Proudhon verwirklicht. Die Bauern und Bäuerinnen können den Boden zwar individuell bewirtschaften, ihn aber nicht besitzen. Proudhon habe erkannt, dass das Privateigentum an Grund und Boden eine Neuverteilung gemäß der Bevölkerungsentwicklung ausschließe. Wie andere Neue Linke ist Cui daher gegen die Privatisierung des Bodens. Im Bereich der Industrie tritt er für eine kollektive Gewinnbeteiligung der ArbeiterInnen an Unternehmen ein, die auch Wohlfahrtsfonds einrichten sollten. Dieses Modell sei flexibler als der angeblich starre Arbeitsmarkt mit hohen Löhnen in den sozialdemokratisch geprägten Ländern Westeuropas.

Um Ideen für eine Wirtschaftsdemokratie zu entwickeln, bezieht sich Cui auf die berühmte Betriebsverfassung des Angang-Stahlkombinats von 1960. Dort ließ Mao zeitweise mit ArbeiterInnenbeteiligung am Management experimentieren. Außerdem mussten Kader an der Produktion teilnehmen. Cui propagiert dieses Modell aber nicht als Form der Diktatur des Proletariats, sondern sieht darin einen Vorboten postfordistischen Managements, in dem Hierarchien verflacht wurden und Teamarbeit eingeführt wurde. Damit habe Angang Gemeinsamkeiten mit späteren japanischen Managementmodellen. Bei dieser kreativen Plünderung des Erbes der chinesischen Revolution wird Maos Betriebsverfassung von Angang – kaum im Sinne ihres Schöpfers – mit einer Aktienbeteiligung der ArbeiterInnen zur »Wirtschaftsdemokratie des 21. Jahrhunderts« kombiniert.

Deutlich ist auch, dass Cuis »kleinbürgerlicher Sozialismus« mit Klassenkampf nichts zu tun hat. Der chinesischen Regierung mögen Cuis Begründungen zu unorthodox erscheinen, und sie will ihr System des »Sozialismus mit chinesischen Besonderheiten« auch nicht als kleinbürgerlich bezeichnen lassen. Dennoch wurde in einigen lokalen Modellversuchen mit Cuis Ideen experimentiert.

Die Neue Ländliche Aufbaubewegung

Wang Hui, Wang Shaoguang und Cui Zhiyuan beschäftigen sich in erster Linie mit der urbanen Gesellschaft und sind theoretisch stark in westlichen Theorien verortet. Die Neue Ländliche Aufbaubewegung entstand hingegen in den 1990er Jahren als Antwort auf die Krise der dörflichen Gesellschaft. Ihre AnhängerInnen versuchen in der Regel, nicht mit der Neuen Linken assoziiert zu werden, doch stehen sie ihr inhaltlich nahe. Der bekannteste Vertreter dieser Strömung ist Wen Tiejun (Jahrgang 1951), Professor an der Schule für Landwirtschaft und ländliche Entwicklung an der Volksuniversität in Peking. Er versteht sich nicht als Theoretiker, sondern als Mann praktischer Erfahrung und Feldforschung. Der in Peking geborene Wen verbrachte in der Mao-Ära elf Jahre auf dem Land und war in den 1980er Jahren an vielen ländlichen Modellversuchen der chinesischen Regierung beteiligt. Nach eigenen Angaben war er damals ein radikaler Vertreter der Marktreformen, änderte aber seine Ansichten, als Bauern und Bäuerinnen immer mehr zu den Verlierern und Verliererinnen der Reformen wurden. Wens zentrales Argument ist, dass China wegen der großen ländlichen Bevölkerung und der verhältnismäßig geringen landwirtschaftlichen Nutzfläche den westlichen Weg der Urbanisierung und Industrialisierung nicht gehen könne. Länder wie Brasilien und Mexiko hätten außerdem gezeigt, dass steigende Einkommen, zunehmende Urbanisierung und Demokratisierung die soziale Spaltung der Gesellschaft und die Entstehung von riesigen Slums in den Großstädten nicht verhindern könnten. Der Boden dürfe in China auf keinen Fall privatisiert werden, da er die Grundlage des Überlebens der Bauern und Bäuerinnen sei. Die Existenz der chinesischen Kleinbauern und -bäuerinnen sei außerdem durch die Öffnung gegenüber dem

Weltmarkt bedroht, da sie unmöglich mit der hochsubventionierten US-amerikanischen und europäischen Landwirtschaft konkurrieren könnten. Die chinesische Regierung müsse verstehen, dass die Kardinalfrage der Modernisierung die »Drei Ländlichen Probleme« seien, die der Bauern und Bäuerinnen, der Dörfer und der Landwirtschaft, schrieb Wen 1999 in einem vieldiskutierten Artikel in der Zeitschrift *Lesen*. Durch die Erhöhung des Einkommens der Bauern und Bäuerinnen, die Verbesserung ihrer Bildungschancen und auch des kulturellen Angebots solle das Dorf wieder als lebenswerte Umgebung empfunden und damit die Landflucht gebremst werden.

Die Strömung um Wen hofft aber nicht nur auf die Hilfe des Staats, sondern bezieht sich positiv auf die Ländliche Aufbaubewegung der 1930er Jahre, die unter Führung des Intellektuellen Liang Shuming in Modellversuchen ländliche Bildung und die Organisierung von Konsum- und Verkaufsgenossenschaften unterstützte. Der KPCh war diese Bewegung suspekt, weil sie den Klassenkampf ablehnte und zeitweise von der Regierung der Guomindang gefördert wurde. Wen steht den Volkskommunen der Mao-Ära kritisch gegenüber. In seinem preisgekrönten Buch »Forschungen zu den Grundlagen des Wirtschaftssystems des chinesischen Dorfes« aus dem Jahr 2000 versuchte er nachzuweisen, dass das Hauptziel der Kollektivierung der staatliche Zugriff auf das bäuerliche Mehrprodukt sowie die »Ausbeutung« der Bauern und Bäuerinnen für die Industrialisierung gewesen sei. In einigen lokalen Modellen versuchen die Aktivisten und Aktivistinnen der Neuen Ländlichen Aufbaubewegung, Bauern und Bäuerinnen bei der Gründung von Genossenschaften zu unterstützen. Ziel ist dabei keinesfalls, neue sozialistische Eigentumsformen zu schaffen, sondern die Bauern und Bäuerinnen durch Selbstorganisation vor den negativen Auswirkungen des Marktes zu schützen. Die Bauern und Bäuerinnen werden nicht als Triebkraft einer Revolution, sondern als hilfsbedürftige Gruppe gesehen.

Der Begriff der »Drei Ländlichen Probleme« ist mittlerweile ein fester Bestandteil der chinesischen Regierungspolitik. 2004 vollzog der Staatsrat mit der Veröffentlichung des sogenannten »Dokuments Nr. 1« des Jahres 2004 eine historische Wende. Zum ersten Mal in der

Geschichte der Volksrepublik erkannte der Staat an, dass die Wirtschaftsentwicklung Chinas auf dem Transfer von ländlichen Ressourcen in die Industrie und die Stadt beruhe. Nun sei es an der Zeit, dass sich dieses Verhältnis umkehre. Als Folge wurden unter anderem 2006 die Agrarsteuern abgeschafft. Die KPCh versucht seitdem, durch massive Investitionen in das ländliche China die lokalen Regierungen wieder stärker zu kontrollieren. Der in den Medien oft als korrupt und ineffektiv beschriebene lokale Kader soll nun mit der Zentralregierung reibungslos kooperieren. Die Regierung startete außerdem eine Kampagne für das Neue Sozialistische Dorf, die bis heute andauert. Wie Wang Shaoguang, so erscheint auch Wen heute als Vordenker der chinesischen Regierung. Das offizielle Programm unterscheidet sich von seinen Vorstellungen dennoch in einigen Punkten. Wie üblich geht die KPCh mit einem »Top-down«-Ansatz vor, statt die Selbstorganisierung der Bauern und Bäuerinnen zu fördern. An Verkaufs- und Konsumgenossenschaften ist der Staat nicht interessiert, Priorität hat vielmehr der Ausbau der Infrastruktur. Außerdem fördert die Partei weiter die Urbanisierung.

In der von Wen herausgegebenen Zeitschrift *Die Reformen Chinas: Ländliche Ausgabe* forderte der greise Du Runsheng, Agrarexperte der Partei seit den 1950er Jahren, kurz nach der Veröffentlichung des »Dokuments Nr. 1« (2004) die Zulassung von unabhängigen Bauernverbänden. Aus Angst vor Bauernunruhen ist diese Forderung für die Partei jedoch inakzeptabel. Die weniger mutigen Aktivisten und Aktivistinnen der Neuen Ländlichen Aufbaubewegung verstecken sich daher heute hinter dem offiziellen Label des Neuen Sozialistischen Dorfes, statt die Partei herauszufordern.

Dem Kaiser einen Ratschlag geben

Die Beispiele von Wang Hui, Wang Shaoguang, Cui Zhiyuan und Wen Tiejun zeigen, dass trotz der Einparteienherrschaft und der Kontrolle der Medien und Wissenschaft linke intellektuelle Debatten in gewissen Grenzen möglich sind. Dass diese vier Professoren überhaupt als links gelten, zeigt aber auch, wie schwach die emanzipatorischen Kräfte unter den Intellektuellen in China sind. Der Ruf nach einer Stärkung der Staatskapazität, einer ArbeiterInnenbeteiligung an Gewinnen oder bäuerlichen Verkaufsgenossenschaften wird in der westlichen Linken niemanden beeindrucken. Allerdings diskutiert die Neue Linke Fragen, die für China und damit für die Welt wichtig sind.

Die Verkehrsformen der bürgerlichen Gesellschaft (Kapital, Lohnarbeit, Ware, Staat, Nation) werden nicht in Frage gestellt, sondern nur eine spezifische Form des Kapitalismus, der Neoliberalismus. Was aber, wenn China gar nicht mehr neoliberal ist oder nie war? Dann könnten Cui Zhiyuan und Wang Shaoguang mit ihren eigenen Theorien nur die Regierungspolitik rechtfertigen. Die Grenzen zwischen dem kritischen öffentlichen Intellektuellen und dem klassischen konfuzianischen Gelehrten, der dem Kaiser einen guten Rat geben möchte, sind fließend. Wang Hui entspricht noch am ehesten dem Bild eines kritischen Intellektuellen, der auch nach der sozialpolitischen Wende unter Hu Jintao seine Polemik gegen den Neoliberalismus und globalen Kapitalismus nicht zurückgenommen hat.

Alle vier Professoren wünschen sich, dass der Staat im Sinne Polanyis den Markt wieder in die Gesellschaft einbinde. Eine generelle Kritik des Staats als eigene Herrschaft über die Gesellschaft, wie Marx sie zum Beispiel in »Zur Judenfrage« (1844) formuliert hat, wird nicht entwickelt. Auch anarchistische Theorien werden kaum rezipiert, obwohl sie schon in den 1920er Jahren übersetzt und weit verbreitet wurden. Mit welcher Naivität Wang Shaoguang an die Versprechung eines starken Staats glaubt, ist nach der von chinesischen Regierungen des 20. Jahrhunderts zu verantwortenden Tyrannei unglaublich. Auffällig ist, dass die Neuen Linken Marx zwar hier und dort zitieren, aber seine Kritik an der kapitalistischen Produktionsweise keine wichtige Rolle spielt, obwohl China gerade in den Weltmarkt einbezogen wird und Abermillionen Bauern und Bäuerinnen proletarisiert und zu Fabrikarbeitern und -arbeiterinnen werden. »Das Kapital« war in der Geschichte der KPCh nie von besonderer Wichtigkeit, da Mao und seine Genossen und Genossinnen erst die »antifeudale« und »antiimperialistische« Revolution anführten. Da China keine entwickelte kapitalistische Gesellschaft war: Wozu brauchte man »Das Kapital«? Als unter Deng nach 1978 Marktreformen durchgeführt wurden, war eine kritische Theorie nicht mehr gefragt. Der Klassenbegriff wurde durch die Schichtenmodelle der westlichen Sozialwissenschaften ersetzt. Die Neuen Linken entwickeln ihre Kritik nicht auf dem Boden der marxschen Klassen- oder Werttheorie, sondern mit problematischen Begriffen wie »soziale Gleichheit« oder »soziale Gerechtigkeit«, die immer nur relative Größen des (un)gesunden Volksempfindens darstellen.

Als positive Errungenschaften der Mao-Ära nennen Neue Linke oft den Aufbau des ländlichen Gesundheits- und Bildungssystems, die Emanzipation der Frauen sowie die Industrialisierung. Dabei handelt es sich aber keineswegs um sozialistische Maßnahmen, sondern um eine allgemeine Modernisierung. Mit der Gleichheit der Mao-Ära war es auch nicht weit her, da die ländliche Bevölkerung von den staatlichen Sozialleistungen und Lebensmittelrationen ausgeschlossen war. Wen sieht die »Ausbeutung« der Bauern und Bäuerinnen in der Mao-Ära immerhin kritisch. Um die Verslumung und »Lateinamerikanisierung« Chinas zu verhindern, soll seiner Meinung nach die Urbanisierung verlangsamt werden. Dass sich die junge Generation der WanderarbeiterInnen durch den Bau von Schulen und Kulturhäusern auf dem Land halten lässt, ist allerdings zu bezweifeln. Mit einem nie dagewesenen Selbstbewusstsein haben die Söhne und Töchter der Bauern und Bäuerinnen im Sommer 2010 durch Streiks Teile der Autoindustrie lahmgelegt.

Intellektuelle und soziale Bewegungen

In China nehmen Bauernproteste und Streiks der ArbeiterInnen zu. Bisher sind jedoch kaum linke Intellektuelle bereit, ein persönliches Risiko einzugehen und ihr Wissen und ihre Beziehungen einzusetzen, um zu helfen, die Proteste zu einer landesweiten Bewegung zu vernetzen. Da Intellektuelle einen besseren Zugang zur Öffentlichkeit haben als die Subalternen, spielen sie eine wichtige Rolle. Bei Wang Shaoguang und Cui Zhiyuan stellt sich die Frage, ob sie Massenproteste nicht als Störfaktor für ihre Reformvorhaben betrachten oder instrumentalisieren, um gegenüber der chinesischen Regierung die Notwendigkeit ihrer gutgemeinten Vorschläge zu bekräftigen. Wang Huis Felduntersuchungen über die Privatisierungen in der Textilindustrie bleiben eine Ausnahme. Den chinesischen Intellektuellen Feigheit vorzuwerfen, wäre jedoch unangemessen, da sie von Zensur bedroht sind. Die Staatssicherheit besucht unliebsame Intellektuelle gerne an der Universität, um sie »zum Tee einzuladen«, wie Einschüchterungsversuche in China ironisch genannt werden.

Dass die protestierenden Bauern, Bäuerinnen und ArbeiterInnen häufig allein dastehen, hat aber auch andere Gründe. Die KPCh ist selbst 1949 durch eine klassenübergreifende Bewegung an die Macht gekommen, daher wird jeder Versuch, Proteste zu vernetzen, verfolgt. Als Lehre aus der Bewegung von 1989 hat die Partei Intellektuelle und AkademikerInnen wieder in das System eingebunden, durch den Ausbau ihrer Privilegien und Pfründe. In den 1980er Jahren jammerten die WissenschaftlerInnen noch, dass mit dem Verkauf von »Tee-Eiern« auf der Straße mehr Geld zu verdienen sei als mit der Erforschung der Atombombe. Heute können Universitätsprofessoren und -professorinnen hingegen ein gehobenes Mittelschichtsleben führen. An Eliteuniversitäten sind die berühmtesten WissenschaftlerInnen sogar reiche Leute. Ende der 1980er Jahre verdiente an der Tsinghua-Universität ein neu angestellter Arbeiter in der Kantine ca. 40 Yuan und ein Professor 160 Yuan im Monat (10 Yuan entsprechen ca. 1 Euro). Anfang des 21. Jahrhunderts geht der Arbeiter in der Kantine mit ca. 580 Yuan nach Hause, während ein Professor über eine Million Yuan verdienen kann. Außerdem betont die KPCh ununterbrochen, wie wichtig die Intellektuellen für die Modernisierung des Landes seien. Die Partei gewährt fast allen politischen Strömungen unter den Intellektuellen gewisse Freiräume für ihre Debatten. Je nach Bedarf greift die chinesische Regierung Vorschläge von Neoliberalen, Neokonfuzianern und Neuen Linken auf, wenn es der Stabilisierung ihrer Herrschaft gerade nützt. Damit gibt sie allen das Gefühl, wichtig zu sein, und verhindert weitgehend das Aufkommen einer intellektuellen Opposition. Dass deklassierte Intellektuelle zu Kadern einer Revolution werden können, weiß die KPCh aus ihrer eigenen Geschichte nur zu gut. Als 1920 ein Mann namens Mao Zedong es an der Peking-Universität nur bis zum Bibliotheksangestellten brachte, ging er wieder in seine Herkunftsprovinz Hunan zurück, um dort

Streiks der ArbeiterInnen zu organisieren. Solange sich die Intellektuellen der Neuen Linken nicht mit den sozialen Bewegungen solidarisieren, stellen sie keine subversive Kraft in China dar.

Jungle World 25/2011 (23.6.2011)

Eine utopische Vision

Es kommt äußerst selten vor, dass Bücher von lebenden chinesischen Philosophen ins Deutsche übersetzt werden. Ausnahmen freilich gibt es – so ist bei Suhrkamp Zhao Tingyangs Buch »*Alles unter dem Himmel*« erschienen. Darin entwirft er das gleichnamige Konzept einer universellen Welt, in der Nationalstaaten aufgehoben, aber alle kulturellen, religiösen und politischen Diversitäten integriert werden. Das Prinzip wäre schon in der Zhou-Dynastie (1046 bis 256 v. Chr.) entwickelt worden. Zhao geht es keinesfalls um eine Rückkehr zur antiken Vergangenheit. Er sieht »*Alles unter dem Himmel*« als Methode an, um in der Gegenwart eine friedliche Weltordnung zu schaffen.

Bei der Analyse der gegenwärtigen Machtverhältnisse stützt Zhao sich auf Grundannahmen von Immanuel Wallerstein, wonach die kapitalistischen Zentren die Peripherie im Globalen Süden wirtschaftlich ausbeuten würden. In dieser globalen Hierarchie sieht Zhao den »Hauptwiderspruch« der Welt, nicht in den inneren Klassengegensätzen der jeweiligen Gesellschaften. Alle westlichen Versuche, eine Weltregierung oder einen globalen Staat zu schaffen (von Kants Idee des »ewigen Friedens« bis zu den Vereinten Nationen), seien am Egoismus der Nationalstaaten gescheitert. Auch die ehemaligen Kolonien hätten nach der Unabhängigkeit die fatale Logik der nationalstaatlichen Konkurrenz nicht durchbrechen können. Darüber hinaus habe der Westen, unter dem besonderen Einfluss des Erbes des Christentums und Kolonialismus, Universalität immer als Vereinheitlichung der Welt nach eigenen Maßstäben verstanden, die zu Gewalt und Kriegen führen musste.

Konkrete Schritte zur Schaffung der neuen Welt nennt Zhao nicht. Er hofft, dass sich ihr alle anschließen, wenn sie von ihrem Vorteil überzeugt werden. Im Unterschied zu Kang Youweis einflussreicher Vision im »*Buch der großen Einheit*« aus dem Jahr 1902 sieht Zhao keine Notwendigkeit einer grundlegenden Transformation der Gesellschaft. Kang hatte zum Beispiel die Abschaffung des Privateigentums, der Familie, der »Rassen« und die Einführung von zeitlich befristeten Eheverträgen gefordert. Zhao ist hingegen stärker in der Ideenwelt eines konfuzianischen Paternalismus verwurzelt. Tugendhaftes Regieren sollte Sorge um Alte, Kranke oder Opfer von Naturkatastrophen, angemessene Besteuerung oder den Erhalt von wichtigen Infrastrukturen beinhalten. Diese Grundsätze sind so allgemein gehalten, dass sie unter dem modernen Stichwort »Good Governance« von jeder Regierung unterschrieben werden könnten.

Der schwächste Teil des Buches ist eine Abhandlung über die materiellen Voraussetzungen für sein Konzept. Zwar sprengten Banken und neue Medien den nationalstaatlichen Rahmen, aber sie würden sämtliche Staaten kidnappen und deren Regierungen »zu Agenten des globalen Finanzkapitals oder der technologischen Systeme machen«, so Zhao. Sein Vergleich des Finanzkapitals mit Spinnen erinnert eher an Verschwörungstheorien als an eine fundierte Kapitalismuskritik.

Vor dem Hintergrund des Forschungsstandes in den westlichen Chinawissenschaften erscheint Zhaos Darstellung von den toleranten Beziehungen der verschiedenen Völker im chinesischen Kaiserreich sowie im traditionellen sino-zentrischen Tributsystem zwischen Staaten als verklärende Beschönigung. Trotzdem ist »*Alles unter dem Himmel*« eine lesenswerte utopische Vision. Es ist kein philosophisches Feigenblatt der gegenwärtigen Großmachtpolitik der chinesischen Regierung, weil Zhao in der nationalstaatlichen Logik das größte Übel der Gegenwart sieht. Da wird ihm die Parteiführung kaum zustimmen.

Zhao Tingyang. *Alles unter dem Himmel: Vergangenheit und Zukunft der Weltordnung*. Aus dem Chinesischen übersetzt von Michael Kahn-Ackermann. Berlin: Suhrkamp, 2020, 226 Seiten.

Kapitel 2

Umwälzungen in der chinesischen Gesellschaft: Eigentumsverhältnisse, Arbeit und Geschlecht

Plan: Markt

Glaubt man deutschen Wirtschaftszeitungen, ist China morgen Weltmacht und bedroht schon heute die Position des Westens. Das sieht jedenfalls die chinesische Führung nicht so; nach ihrem Selbstverständnis verfolgt sie einen längerfristigen Plan: Gemäß dem offiziellen »chinesischen Traum« soll das Reich der Mitte bis 2049, dem 100. Jahrestag der Gründung der Volksrepublik, eine voll entwickelte Industrienation werden. Zwar ist das Land bereits jetzt die zweitgrößte Volkswirtschaft der Welt. Gemessen am Bruttosozialprodukt pro Kopf landete China (ohne Taiwan, Hongkong und Macau) 2017 jedoch im globalen Vergleich nur im Mittelfeld, auf Platz 75.

China ist außerdem regional extrem polarisiert. Die Wirtschaftsleistung pro Kopf liegt zum Beispiel in Peking fast viermal höher als in der westlichen Provinz Yunnan. Das entspricht ungefähr dem Abstand zwischen Deutschland und Costa Rica. Zwar kaufen chinesische Unternehmen nach einem Masterplan der Regierung im westlichen Ausland Unternehmen, um den Aufstieg zum Hightech-Standort zu forcieren. Andererseits bedienen ganze Regionen in China weiterhin nur die untersten Glieder globaler Produktionsketten mit billigen Arbeitskräften und als Zulieferer die Unternehmen der kapitalistischen Zentren. China gehört im Weltsystem auch heute noch zur Semiperipherie.

Man kann die beeindruckende wirtschaftliche Dynamik Chinas seit der »Reform und Öffnung« von 1978 mit Hilfe der Ausführungen von Karl Marx zur »ursprünglichen Akkumulation des Kapitals« bewerten. Dieses Konzept entwickelte Marx, um den »historischen Scheidungsprozess der Produzenten und der Produktionsmittel«, sprich die Verwandlung von Bauern und Bäuerinnen in LohnarbeiterInnen, für die Zeit der Durchsetzung des Kapitalismus in England zu beschreiben. Der Staat trieb damals durch die Aufhebung des Systems des Gemeindelandes die Landbevölkerung in die Lohnarbeit.

In China finden die große Landnahme und Proletarisierung der Bevölkerung in einem atemberaubenden Tempo statt. Laut offizieller Statistik sank zwischen 1978 und 2016 der Anteil der Landbevölkerung an der Gesamtbevölkerung von 82 auf 42 Prozent. Insgesamt reduzierte sich der Prozentsatz von Arbeitskräften in der Landwirtschaft im gleichen Zeitraum von 70 auf 27 Prozent. Zum ersten Mal in der chinesischen Geschichte stellen die Bauern und Bäuerinnen nicht mehr die Mehrheit der Bevölkerung. Nach offiziellen Angaben gab es 2017 286 Millionen ländliche Migranten und Migrantinnen, die in den Städten Lohnarbeit verrichteten. Besonders die zweite Generation dieser migrantischen ArbeiterInnen hat in den letzten Jahren immer wieder durch Streiks auf sich aufmerksam gemacht.

Die Abwesenheit von Privateigentum an Grund und Boden gibt dem chinesischen Staat die Möglichkeit, diese große Umwälzung autoritär zu forcieren. Seit dem Amtsantritt von Staats- und Parteichef Xi Jinping 2013 hat der Erhalt des Kleinbauerntums keine Priorität mehr. Die Regierung hat Maßnahmen eingeleitet, die den Aufbau einer kommerzialisierten Landwirtschaft mit agroindustriellen Großbetrieben unterstützen sollen.

Bauernlegen

In China haben bis heute nicht alle BürgerInnen die gleichen Rechte. Der chinesische Staat teilt die Bevölkerung über das System der Haushaltsregistrierung (*hukou*) in Agrar- und Nicht-Agrarhaushalte ein. Agrarhaushalte sind von städtischen Sozialleistungen und dem städtischen Bildungssystem weitgehend ausgeschlossen, haben aber

Anrecht auf die Zuteilung von Land. Wenn Menschen mit ländlichem *hukou* in den Städten arbeiten, werden sie »Bauern-Arbeiter« genannt und gelten als »Bürger zweiter Klasse«, ihre Kinder können in der Stadt keine unentgeltlichen öffentlichen Schulen besuchen.

Laut Verfassung gehört der städtische Grund dem Staat, auf dem Land gehört der Boden dem aus Dorfregierungen zusammengesetzten Kollektiv. Seit 2002 bekommen Bauernfamilien ein Nutzungsrecht für dreißig Jahre zugesprochen. Der Staat kann die dörflichen Kollektive jedoch jederzeit enteignen, indem er Kollektiv- als Staatsland reklassifiziert. Lokale Regierungen können dann das Nutzungsrecht an Investoren und Investorinnen aus der Industrie- oder Immobilienbranche verpachten – und zwar zu einem Preis, der die Entschädigung für die Bauern und Bäuerinnen um ein Vielfaches übersteigt. Diese Einnahmen sind zentral für die Finanzierung des Budgets vieler Lokalregierungen.

Immer wieder verpachten korrupte Kader auch illegal kollektives Land an Firmen. Seit den 1990er Jahren sind Landenteignungen eine der wichtigsten Ursachen für Bauernproteste. Wie viele Bauern und Bäuerinnen die Nutzungsrechte für ihr Land unfreiwillig verloren haben, ist schwer zu sagen. Die Schätzungen chinesischer WissenschaftlerInnen gehen weit auseinander: Nach verschiedenen Berechnungsmodellen verloren von 1984 bis 2004 30 bis 180 Millionen Bauern und Bäuerinnen ihr Land. Von 2005 bis 2011 sollen 2,5 bis 3,5 Millionen jährlich landlos geworden sein.

Kommerzialisierung des Bodens

Seit zwei Jahrzehnten hat sich in der chinesischen Landwirtschaft ein Prozess der Vergreisung vollzogen, da junge Erwachsene und Menschen mittleren Alters immer häufiger die Dörfer verlassen. Die Felder der Familien bestellen in manchen Gegenden Menschen in hohem Alter, die außerdem noch die zurückgelassenen Enkelkinder betreuen müssen. Die Frage, wer nach dieser Generation das Land bestellen soll, wird rege diskutiert. Die Zentralregierung hat darauf mittlerweile eine klare Antwort gegeben: Eine der wichtigsten Veränderungen in der Landwirtschaft ist die Liberalisierung der Verpachtung der

Bodenrechte, die seit 2008 durch neue Gesetze vorangetrieben wird. Dahinter steht die Vorstellung, durch die Kommerzialisierung der Bodenrechte die Landwirtschaft zu modernisieren.

2013 hat die Regierung unter Xi diese Pläne für die Landwirtschaft in dem zentralen »Dokument Nr. 1« von 2013 bekräftigt. Unmissverständlich wird darin festgelegt, dass Nutzungsrechte für Boden im großen Maßstab an »neue Subjekte des Produktionsmanagements« transferiert werden sollen. Darunter fallen »große spezialisierte Haushalte«, »Familienfarmen«, die überdurchschnittlich viel Land pachten und für den Markt produzieren sollen, sowie Genossenschaften. Der Begriff »Farm« wird zwecks Abgrenzung von den Kleinbauern und -bäuerinnen verwendet, die in erster Linie zur Selbstversorgung produzieren und nur einen Überschuss auf dem Markt verkaufen. Subventionen und Steuererleichterungen sollen vor allem den »neuen Subjekten« zugutekommen. Im Dokument von 2013 wird auch die zentrale Rolle der sogenannten Drachenkopf-Unternehmen unterstrichen. Diese agroindustriellen Konzerne pachten Land von mehreren Dörfern. Ihr »Drachenkopf« soll einen Schwanz an Kleinbauern und -bäuerinnen in den Markt ziehen.

Durch die Reformen von 2008 und 2013 breiteten sich Institutionen und Märkte für den Handel mit Nutzungsrechten rasch aus. 2008 wurden 17 Prozent der Nutzungsrechte der gesamten agrarischen Fläche an »neue Subjekte« transferiert, 2013 waren es schon 26 Prozent, und im Juni 2016 war es ein Drittel. Um das Jahr 2014 sollen 40 Prozent aller Bauernhaushalte in der einen oder anderen Form mit Drachenkopf-Unternehmen verbunden sein. Dafür existieren verschiedene Modelle: In manchen Gegenden schließen die Unternehmen mit Kleinbauern und -bäuerinnen Verträge über Produktionsquoten für bestimmte Bereiche der Produktionskette ab, oder sie pachten das gesamte Land mehrerer Dörfer und beschäftigen in allen Teilbereichen der Produktionskette LohnarbeiterInnen.

Oft sind es die auf dem Land »zurückgelassenen« Frauen, die diese Arbeit annehmen. Fallstudien zeigen, dass die Pachtverträge aufgrund der lokalen Machtverhältnisse meist nicht zum Vorteil der Bauern und Bäuerinnen geschlossen werden. Verträge gelten häufig für einen

Zeitraum von zehn bis 20 Jahren. Die lokale Bevölkerung hat zudem nur wenige Möglichkeiten, deren Einhaltung durchzusetzen.

Es scheint, als wolle die Zentralregierung die große Landnahme durch Marktzwänge bewirken. Mit der Legalisierung des Transfers der Nutzungsrechte können lokale Behörden und Unternehmen nun argumentieren, die Bauern und Bäuerinnen hätten freiwillig die Pachtverträge unterschrieben und alles entspreche den Gesetzen.

Laut offiziellen Statistiken stieg der Lohn als Teil des Einkommens der ländlichen Haushalte von 19 Prozent 1985 auf 41 Prozent 2010. Die Zahl der LohnarbeiterInnen in der Landwirtschaft taucht in den offiziellen Statistiken nicht auf. Unbestritten ist aber, dass eine rapide Kommerzialisierung der Landwirtschaft stattfindet. Zwischen 2004 und 2014 stieg der Anteil des »Getreides«, das für den Markt produziert wird, von 50 auf 85 Prozent. Unter den Begriff »Getreide« fallen Reis, Weizen, Hafer, Roggen, Hirse und Süßkartoffeln. Bei Gemüse, Früchten und Baumwolle liegt die Quote schon bei fast 100 Prozent. Besonders die Produktion von Milch und Fleisch ist kapitalintensiv und benötigt eine gute Infrastruktur und Anbindung an die Städte.

Die Kommerzialisierung der Landwirtschaft ist nicht zuletzt auch ein Resultat der veränderten Ernährungsgewohnheiten der Stadt- und Landbevölkerung. Bis in die frühen 1980er Jahre bezog die Landbevölkerung etwa 80 Prozent ihrer Kalorien aus »Getreide«. Fleisch wurde nur an Festtagen gegessen, Eier und Obst galten als Kostbarkeit.

Mittlerweile ist es auch in den ländlichen Regionen Standard, jeden Tag Fleisch essen zu können. In den Städten ist der Anteil des Getreides in der Nahrung dramatisch zurückgegangen und durch Gemüse, Fleisch- und Milchprodukte ersetzt worden. Wie die »Bauern-Arbeiter« in den Städten werden damit auch die Bauern und Bäuerinnen selbst zu Konsumenten und Konsumentinnen von Agrarprodukten, die durch Lohnarbeit oder »Familienfarmen« produziert werden.

Für die Landwirtschaft scheint die Regierung unter Xi den langfristigen Plan zu haben, das sich selbstversorgende Kleinbauerntum abzuschaffen und durch eine industrielle Landwirtschaft in großem Stil zu ersetzen. So soll die Versorgung der Megastädte auch in Zukunft gewährleistet werden. Die chinesische Regierung propagiert anlässlich einiger Skandale bei den Kleinbauern und -bäuerinnen, dass gerade industrielle Großbetriebe der Garant für Lebensmittelsicherheit seien.

In den letzten Jahren zeigt sich jedoch, dass Preisschwankungen auf dem Markt eine Schranke für die langfristige Kapitalisierung der Landwirtschaft sein können. Viele Gegenden Chinas sind darüber hinaus aufgrund der Beschaffenheit der Böden und der schlechten Infrastruktur für Großkonzerne uninteressant. Denen fehlt ohnehin oft jede Verbundenheit mit der Landwirtschaft. Gelten andere Branchen als gewinnbringender, kann Kapital ebenso schnell wieder abgezogen werden, und der Boden liegt dann brach oder die Massentierhaltung wird eingestellt.

Es bleibt offen, ob das Kleinbauerntum mit Subsistenzwirtschaft auf den Dörfern in den nächsten ein oder zwei Jahrzehnten in China gänzlich verschwinden wird. Die Kommunistische Partei Chinas (KPCh) war seit Gründung des Staates 1949 mehrfach gezwungen, gegenüber den Bauern und Bäuerinnen Zugeständnisse zu machen. Durch die Schwächung ihrer Subsistenzwirtschaft und der dörflichen Gemeinschaften hat die Landbevölkerung heute aber an Möglichkeiten eingebüßt, sich den Plänen des Staates und den Zwängen des Marktes zu entziehen.

Staatlich forcierte Urbanisierung

Die Regierung unter Xi Jinping verfolgt parallel zur Kommerzialisierung der Landwirtschaft die Strategie einer forcierten Urbanisierung. 2014 wurde ein »Nationales Programm für neuartige Urbanisierung« beschlossen. Bis 2020 soll die Stadtbevölkerung auf 60 Prozent der Gesamtbevölkerung wachsen. Das wären 100 Millionen Menschen zusätzlich verglichen mit 2014, die einen städtischen *hukou* bekommen sollen. Darüber hinaus ist geplant, dass alle StadtbewohnerInnen Zugang zu einer allgemeinen Alters- und Krankenversicherung erhalten. Das städtische Schulwesen soll ebenfalls für die Kinder der »Bauern-Arbeiter« geöffnet werden. Slums und informelle Siedlungen sollen durch staatlich subventionierten Wohnraum ersetzt werden. Einige Städte machen außerdem das Angebot, den ländlichen *hukou* durch einen städtischen zu ersetzen. Damit verlieren die Menschen in ihren Heimatdörfern das Anrecht auf Land, sind aber in der Stadt nicht mehr »Bürger zweiter Klasse«. Mit einer generellen Abschaffung des *hukou*-Systems ist in naher Zukunft nicht zu rechnen.

Ein wichtiges Argument der Regierung bezüglich der »neuartigen Urbanisierung« ist die Integration von immer mehr Menschen in die städtischen Warenkreisläufe, sprich die Konsumgesellschaft. In den offiziellen Parteimedien wird die langfristige Niederlassung von »Bauern-Arbeitern« in den Städten als Möglichkeit gepriesen, »Überkapazitäten« in der Produktion abzubauen. Der sparsame, sich selbstversorgende Bauer, der kein Reiskorn verschwendet, galt in der Mao-Ära als Ideal. Heute ist ein Bürger ohne Bankkonto und Kreditkarte ein schlechter Konsument.

Und Kredite brauchen die neuen StadtbewohnerInnen – vor allem für den Kauf von Wohnungen. Die rasant steigenden Immobilienpreise treiben die soziale Neuordnung der Städte an. Über Nacht werden in den Innenstädten traditionelle ArbeiterInnensiedlungen und Wohnviertel der Armen abgerissen und durch teure Eigentumswohnungen für die Mittelschicht und die Reichen ersetzt. Teile der alteingesessenen Bevölkerung werden an die Stadtränder gedrängt. Besonders die unteren Lohngruppen können sich eine reguläre Wohnung in Städten wie Shanghai oder Peking nicht mehr leisten. Als Ende 2017 die Pekinger Stadtregierung in einer 40-tägigen Kampagne informelle Siedlungen, also Slums, niederreißen ließ, brachen Lieferservices zeitweise zusammen, weil ihre Angestellten ihr Dach über dem Kopf verloren hatten.

Staatskapitalismus

Ironischerweise geht der Prozess der Durchsetzung der kapitalistischen Produktionsweise in China in einem noch schnelleren Tempo vonstatten, als es in der europäischen Geschichte der Fall war, da der Staat über Grund und Boden verfügen kann. Er hat die Macht, Millionen Menschen für Industrieprojekte, Sonderwirtschaftszonen oder Stadtentwicklung einfach umzusiedeln. Die Abwesenheit des Privateigentums an Grund und Boden schützt in China keinesfalls vor Immobilienspekulation und sozialer »Säuberung« der Städte. Im Gegenteil bereichern sich lokale Regierungen, korrupte Kader und private Investoren und Investorinnen auf Grundlage des Staatseigentums. Die Kommerzialisierung der Bodenrechte und der Landwirtschaft wird durch die Zentralregierung »treibhausmäßig« gefördert, ohne den Grund und Boden zu privatisieren. In dieser Hinsicht unterscheidet sich der Aufstieg des chinesischen Kapitalismus von der Entwicklung des europäischen. Die KPCh nennt ihn vielleicht deshalb »Sozialismus mit chinesischen Besonderheiten«.

konkret 8/2018

Rebellion ist gerechtfertigt

Entwickelt sich in China eine unabhängige ArbeiterInnenbewegung? Nach einem zweiwöchigen Streik bei Honda im Mai standen bei Toyota im Süden Chinas sowie in der nördlichen Industriestadt Tianjin die Bänder still. Auch bei BMW im nordöstlichen Dalian und bei der Chongqing-Brauerei, an der die dänische Firma Carlsberg Anteile besitzt, kam es zu Protesten. Die chinesische Regierung hat mittlerweile die Berichterstattung über die Streiks stark eingeschränkt, und die offiziellen Gewerkschaften stellen sich nicht auf die Seite der ArbeiterInnen.

Am 20. Juni berichtete das *Wall Street Journal* von einer Einigung zwischen den Streikenden und dem Management bei Toyota in Tianjin, nachdem die Regierung interveniert haben soll. In den Werken, die 400.000 Autos im Jahr produzieren können, sollen die Löhne um 20 Prozent erhöht werden und Prämien für lückenlose Anwesenheit und die Arbeit an besonders heißen Tagen eingeführt werden. Kurz nach dieser Einigung traten beim japanischen Autozulieferer Denso, der auch für Toyota produziert, etwa 1.100 ArbeiterInnen erneut in den Streik und forderten eine Erhöhung der Monatslöhne von umgerechnet rund 140 auf 220 Euro.

Bei Honda und Toyota sollen sich die Streikenden sehr diszipliniert verhalten haben. Um eine Konfrontation mit den Einheiten der Anti-Riot-Polizei, die in China auch gegen Streikende eingesetzt werden, zu vermeiden, blieben die ArbeiterInnen auf dem Werksgelände. Die ArbeiterInnen in internationalen Konzernen scheinen enormen Druck ausüben zu können. Honda musste nach Angaben der offiziellen Zeitung *China Daily* rund 30 Millionen Euro Verluste pro Streiktag hinnehmen.

Nicht immer werden jedoch Zugeständnisse gemacht. Während der Proteste bei der taiwanesischen Gummi-Firma KOK International in Kunshan verletzte der *South China Morning Post* zufolge die Polizei etwa 50 ArbeiterInnen, die versuchten, ihrem Unmut auf der Straße Luft zu machen. Die Beschäftigten beschweren sich, dass in den Werkshallen eine Hitze von 40 bis 50 Grad Celsius herrsche und das Basisgehalt von 115 Euro pro Monat nicht vollständig ausgezahlt werde.

Die derzeitige Streikwelle in China hat eine neue historische Qualität. Zwar gab es in den vergangenen Jahren in China täglich ArbeiterInnenproteste, die aber fast immer auf die Fabriken beschränkt blieben. Nur in der Provinz Liaoning, einem Zentrum der Schwerindustrie im Nordosten, kam es im Jahr 2002 zu Massendemonstrationen und betriebsübergreifenden Streiks. Damals wehrten sich die Belegschaften der Staatsbetriebe im »Rostgürtel« gegen Entlassungen, Privatisierung und Rentenkürzungen. Die Kämpfe hatten rein defensiven Charakter und wurden nach dem Eingreifen der Zentralregierung, die einige Zugeständnisse machte und »RädelsführerInnen« verhaften ließ, gestoppt.

Derzeit erfasst die Streikwelle landesweit ausländische Betriebe wie Toyota und Honda. Die jungen WanderarbeiterInnen vom Lande fordern erhebliche Lohnerhöhungen und damit ihren Anteil am Wirtschaftswachstum. In den Staatsbetrieben ist der offizielle Gewerkschaftsbund All-China Federation of Trade Unions (ACFTU) fest verankert, und die Funktionäre und Funktionärinnen haben gute Kontakte zur Regierung. Sie sollen bei Konflikten als SchlichterInnen fungieren, um zu vermeiden, dass es zu Arbeitskämpfen kommt. Größere Streiks in den Staatsbetrieben sind bisher unterdrückt worden.

In den Fabriken, die für den Weltmarkt produzieren, bestehen die Belegschaften allerdings aus jungen Migranten und Migrantinnen vom Land. Die lokalen Regierungen fühlen sich mit dieser »fremden« Bevölkerung nur wenig verbunden. Sie haben Verträge mit den ausländischen Firmen abgeschlossen und sind in erster Linie an hohen Steuereinnahmen und einer guten Wachstumsbilanz interessiert. Wie Kong Xianhong, der stellvertretende Vorsitzende des ACFTU der Provinz Guangdong, selbst zugibt, werden die meisten GewerkschaftsvertreterInnen in den ausländischen Betrieben direkt vom Management eingesetzt.

So ist es kein Zufall, dass sich die Streiks bei Honda und Toyota auch gegen die staatlichen Gewerkschaften richten. Bei Honda wählten die Streikenden ihre eigenen Repräsentanten, die sich mit einem Appell an die Öffentlichkeit richteten. Am 18. Juni durfte die linke Professorin Anita Chan, die in Australien lehrt, sogar in der *China Daily* einen Artikel veröffentlichen, in dem sie demokratische Wahlen von Repräsentanten in den Betrieben und Gewerkschaften forderte. Der chinesischen Regierung scheint bewusst zu werden, dass die »gelben Gewerkschaften« bei der Disziplinierung der ArbeiterInnen in den ausländischen Unternehmen nur von begrenztem Nutzen sind.

Die Zentralregierung hält bisher an ihrer altbewährten Politik fest und macht einerseits Zugeständnisse, lässt andererseits aber auch Proteste jenseits der Fabriktore unterdrücken. Die höheren Löhne müssen schließlich die ausländischen Konzerne selbst bezahlen. Nachdem in China jahrzehntelang antijapanische Emotionen geschürt worden sind, käme der Einsatz von Gewalt gegen streikende ArbeiterInnen in japanischen Konzernen bei der Öffentlichkeit nicht gut an. Die Streiks scheinen von der Regierung auch instrumentalisiert zu werden, um China zu transformieren. Wegen der niedrigen Löhne ist das Land derzeit die »Werkbank der Welt«, künftig soll mehr für den Binnenmarkt produziert werden.

Auch in der Vergangenheit wurden Streikwellen von der Kommunistischen Partei Chinas (KPCh) immer wieder instrumentalisiert und unterdrückt, wenn sie außer Kontrolle gerieten. Anders als in vielen anderen realsozialistischen Staaten wurden in China ArbeiterInnenproteste zeitweise zugelassen. Mao Zedong nutzte 1957 eine Streikwelle in Shanghai, um seine Kampagne gegen die Parteibürokratie voranzutreiben. 1967 mobilisierten die »linken Rebellen und Rebellinnen« während der Kulturrevolution die benachteiligten WanderarbeiterInnen gegen das Establishment. Als jedoch diese Streikbewegung in Shanghai außer Kontrolle geriet, startete die Parteiführung eine Kampagne gegen den »Ökonomismus«, um die Ansprüche der ArbeiterInnen wieder zu zügeln.

Im Jahr 1982 ließen die Reformer um Deng Xiaoping das Streikrecht, das während der Kulturrevolution in der Verfassung verankert worden war, wieder streichen. Sieben Jahre später wurde im Gefolge der Bewegung vom Platz des Himmlischen Friedens auch eine unabhängige ArbeiterInnenföderation (*gongzilian*) gegründet, der sich allein in Peking in wenigen Wochen 20.000 Menschen anschlossen. Die ArbeiterInnen unterstützten die Proteste der Studierenden und wandten sich gegen die Entwertung ihrer Einkommen durch die Inflation. Die KPCh fürchtete das Aufkommen einer Bewegung wie der Solidarność in Polen. Mit dem Einsatz der Armee gegen die Bewegung am 4. Juni 1989 wurde auch die unabhängige ArbeiterInnenföderation zerschlagen.

Seit dieser schmerzlichen Erfahrung wurde in China kein ernsthafter Versuch mehr unternommen, unabhängige Gewerkschaften zu gründen. Selbst in den Streik zu treten, ist für die Beteiligten sicherer. Mit Handys und Messenger-Apps wie QQ koordinieren die WanderarbeiterInnen ihre Aktionen. Beverly Silver beschreibt in ihrem Buch »Forces of Labor«, dass die Autoindustrie bei den Streiks im 20. Jahrhundert die führende Rolle gespielt hat. Die zentralisierte Fließbandproduktion kann von Aktivisten und Aktivistinnen an den richtigen Stellen relativ leicht lahmgelegt werden. Mit der Autoindustrie wanderten auch die Streikzentren um die Welt, von den USA nach Europa, dann nach Brasilien, Mexiko und schließlich nach Südkorea in den 1980er Jahren. 30 Jahre, nachdem die KPCh den Klassenkampf für tot erklärt hat, scheint nun die Volksrepublik China an der Reihe zu sein.

Jungle World 26/2010 (1.7.2010)

No Sex in the City

Die Wanderarbeiter begehren auf. 2010 kam es in China zu einer landesweiten Streikwelle, an der sie maßgeblich beteiligt waren. Doch nicht allein deshalb macht sich die chinesische Regierung Sorgen. Es wird auch befürchtet, dass die hohe Mobilität der Arbeitskräfte zur Zerrüttung von Familien und zu sozialer Instabilität führt.

Reißerisch berichtet das *Bauern-Magazin des Südens* über die sexuellen Nöte von 20 Millionen »Strohwitwen«, die in den Dörfern allein sind, weil ihre Männer in den Städten arbeiten. Die Frauen hätten häufig psychische Probleme. WissenschaftlerInnen fordern, dass die Sexualerziehung der Ehepaare verbessert werden müsse, um die Ausbreitung von Geschlechtskrankheiten zu verhindern. Um außerehelichen Sex einzuschränken, sollten die Wanderarbeiter ein Recht auf Urlaub bekommen, damit sie ihre Familien öfter besuchen können.

Die meisten Ehepaare sehen sich nur einmal im Jahr zum chinesischen Frühlingsfest im Februar. Nach offiziellen Angaben suchten 2009 145 Millionen WanderarbeiterInnen in den Städten ihr Glück. Ein Drittel der jungen Männer und Frauen, die in Weltmarktfabriken, auf Baustellen und in Haushalten schuften, sind unverheiratet und fern der sozialen Kontrolle durch Eltern oder Dorfgemeinde. In wissenschaftlichen Publikationen wird häufig eine Statistik des Gesundheitsministeriums zitiert, der zufolge 80 Prozent der Wanderarbeiter in den Städten »sexhungrig« seien. Diese Männer würden Prostituierte besuchen oder Pornografie konsumieren und damit die soziale Stabilität gefährden.

Zhang Yuejin, ein Kader der Staatssicherheit, behauptet, dass Wanderarbeiter über 50 Prozent aller Vergewaltigungsverbrechen in Peking und Hangzhou begingen. Bei Frauen bestehe hingegen eher die Gefahr, dass sie den materiellen Versuchungen der Stadt erliegen und als Prostituierte arbeiten oder sich als »zweite Frau« von einem verheirateten Mann aushalten lassen, meint der Soziologe Zou Xinshu. Prostitution ist in China zwar offiziell verboten, aber weit verbreitet. Die meisten Geschäftsleute und Kader, die sich eine »zweite

Frau« leisten können, entscheiden sich jedoch für gebildete städtische Frauen, um ihr Ansehen im Freundeskreis zu steigern.

In den staatlichen Belehrungen für Jugendliche und WanderarbeiterInnen wird behauptet, dass ein Laster zum anderen führe. Der Weg vom Besuch eines illegalen Internet-Cafés zur Drogenabhängigkeit oder HIV-Infektion sei nicht weit. In Handbüchern, die Gewerkschaften und staatliche Behörden an die neuen StadtbewohnerInnen verteilen, wird zwar über Aids und den Gebrauch von Kondomen aufgeklärt. Es wird jedoch moralisiert, um vor- und außerehelichen Sex zu verhindern. »Lasst die Finger von Drogen, verhindert sexuelles Chaos und HIV« lautet zum Beispiel eine Kapitelüberschrift in einem Ratgeber. Stattdessen raten die Autoren zu »gesunden« Hobbys, man solle spazieren gehen und ausreichend schlafen. Diese Ratschläge sind zynisch, wenn man bedenkt, dass die meisten FabrikarbeiterInnen in den Wohnheimen einer strengen Kontrolle unterworfen werden und kaum Freizeit haben.

Bis in die 1990er Jahre wurden die WanderarbeiterInnen von der akademischen Forschung in China in erster Linie als Bedrohung der urbanen Stabilität wahrgenommen und auch für die steigende Kriminalität verantwortlich gemacht. Seit 2006 hat die Regierung einen neuen Ton angeschlagen und die Verbesserung der Arbeitsbedingungen, der Weiterbildung und der Gesundheitsversorgung zum Staatsziel erklärt. WanderarbeiterInnen können auch Mitglied der offiziellen Gewerkschaft werden.

Allerdings ist der Blick des Staates und seiner WissenschaftlerInnen auf die ländliche Bevölkerung immer noch sehr paternalistisch. Die Regierung will die niedrige »Qualität« (*suzhi*) der Bauern, Bäuerinnen und WanderarbeiterInnen erhöhen und sie zu »zivilisierten« Mitgliedern der Gesellschaft machen. »Zivilisieren« ist in China kein negativ belegter Begriff, da kein Zusammenhang zwischen der chinesischen Kolonialgeschichte und der Wahrnehmung der eigenen Bevölkerung hergestellt wird. Als Maßstab der »Qualität« (Ausbildung, Manieren und Verhaltensweise) gelten städtische Normen. So werden auch die UnternehmerInnen und HausbesitzerInnen dazu angehalten, die »Qualität« ihrer Untergebenen zu verbessern.

Das ist eine Umkehrung der kulturrevolutionären Ideologie der Mao-Ära, als die StädterInnen von den »armen Bauern und unteren Mittelbauern« lernen sollten. Der Begriff der »Qualität« spielt eine zentrale Rolle, wenn heute die Hierarchie zwischen den Klassen sowie zwischen geistiger und körperlicher Arbeit abgesteckt wird. Infantilisierend werden die WanderarbeiterInnen in der Presse auch als »kleine arbeitende Schwestern und Brüder« bezeichnet.

In den meisten Soaps des Staatsfernsehens China Central Television (CCTV), in denen es um häusliches Dienstpersonal geht, stehen die Sorgen der städtischen Mittelschicht im Vordergrund: »Warum ist es nur so schwer, eine gute Haushälterin zu finden?« In Taiwan, wo viele Haushälterinnen von Agenturen aus den Philippinen rekrutiert werden, findet man in der Presse mehr reißerische Nachrichten über flirtende Maids, die den Ehemann der Familie verführen, als über sexuelle Übergriffe des Arbeitgebers. Die Agenturen schärfen den jungen Frauen ein, sich nicht zu schminken und keine aufreizende Kleidung bei der Arbeit zu tragen. Auch auf dem chinesischen Festland veröffentlichen die Medien Nachrichten über sexuelle Übergriffe und Vergewaltigungen nur, wenn es sich um besonders spektakuläre Fälle handelt. Die Handbücher raten den Frauen, sich von »schlechten Kollegen« fernzuhalten und den Frauenverband aufzusuchen, wenn sie belästigt werden. Der »sexhungrige Chef« ist aber im Gegensatz zum »sexhungrigen Wanderarbeiter« kein häufiges Thema in der wissenschaftlichen Literatur.

In China hat in den vergangenen 20 Jahren eine sexuelle Revolution stattgefunden. Vor- und außereheliche sowie gleichgeschlechtliche Sexualität wurden entkriminalisiert. Bereits im Zuge der Ein-Kind-Politik waren Sex und Fortpflanzung getrennt worden. Selbst auf der Website der *Volkszeitung*, dem offiziellen Organ der Kommunistischen Partei Chinas, dürfen Bilderreihen mit leichtbekleideten Frauen nicht fehlen.

Dennoch scheint es eine Angst vor der Sexualität der mobilen Bevölkerung zu geben, die weder unter der Kontrolle ihrer Familien noch des Staates steht. Zwischen 2000 und 2009 ist nach offiziellen Angaben die Stadtbevölkerung von 460 auf 620 Millionen Menschen angewachsen. Chinesische WissenschaftlerInnen beklagen, dass Maßnahmen zur Durchsetzung der Ein-Kind-Politik bei den Wanderarbeitern und -arbeiterinnen häufig wirkungslos blieben.

Die Beschreibung des proletarischen Sexualverhaltens in der Literatur erinnert an europäische Diskurse des 19. Jahrhunderts über »gefährliche Klassen«. Auch in der US-amerikanischen Soziologie wurden noch nach dem Zweiten Weltkrieg die ländlichen Migranten und Migrantinnen aus dem Süden für den Zerfall der Familien in den schwarzen Wohnvierteln des Nordens verantwortlich gemacht. Michel Foucault zufolge nahm das Bürgertum das Proletariat nicht nur in politischer, sondern auch in sexueller Hinsicht als gefährliche Klasse wahr. Auch in China ist es kein Zufall, dass just in dem historischen Moment, da die Wanderarbeiter beginnen, für ein selbstbestimmteres Leben zu kämpfen, Diskussionen über ihre gefährliche Sexualität entbrennen.

Jungle World 33/2010 (19.8.2010)

Dating unter Druck

Frauen haben in China eigentlich auf dem Heiratsmarkt einen riesigen Vorteil gegenüber Männern. Sie können hohe materielle Anforderungen an den zukünftigen Partner stellen. Gutaussehend, groß, wohlhabend, Besitz von Eigentumswohnung und Auto sowie Universitätsabschluss sind als Auswahlkriterien in den städtischen Mittelschichten weitverbreitet. Denn das Land hat ein gewaltiges Problem mit dem demografischen Ungleichgewicht der Geschlechter. Die Ein-Kind-Politik führte seit 1980 zur gezielten Abtreibung weiblicher Föten, gerade auf dem Land, da Söhne bevorzugt werden. Diese haben nun als Erwachsene Schwierigkeiten, Ehefrauen zu finden. Derzeit soll es 20 Millionen mehr Männer als Frauen in der Bevölkerung unter 30 Jahren geben. Bis 2020 wird der Männerüberschuss den Schätzungen der chinesischen Regierung zufolge auf über

33 Millionen steigen. Dieses Geschlechterungleichgewicht war auch offiziell eine der Begründungen dafür, dass im Januar 2016 eine Zwei-Kind-Politik eingeführt wurde.

In der chinesischen Gesellschaft gibt es immer noch großen Druck, eine heterosexuelle Ehe einzugehen und Kinder zu bekommen. Das durchschnittliche Heiratsalter liegt in China bei 25 Jahren. Dass Millionen von Männern keine Familien gründen können, wird von der chinesischen Regierung als Gefahr für die Stabilität des Landes gesehen. Zunahme von Kriminalität, Prostitution und Frauenhandel werden als Folgen befürchtet. »Nackte Stöcke« (*guanggun*) werden vor allem die ländlichen Junggesellen genannt, die zu arm sind, um eine Ehefrau finden zu können. Der generelle Frauenmangel auf dem Heiratsmarkt führt auch zu skurrilen Vorschlägen. Xie Zoushi, Professor an der Zhejiang-Universität, riet ernsthaft, dass sich besser mehrere arme Männer eine Ehefrau teilen sollten, als lebenslang Junggesellen zu bleiben. Dafür erntete er einen medialen Shitstorm.

Interessanterweise wird in den sozialen Medien aber nicht über die »nackten Stöcke« heiß diskutiert, sondern über die »übriggebliebenen Frauen« (*shengnü*), Frauen, die über 27 Jahre alt, aber unverheiratet sind. Zahlenmäßig ist das die viel kleinere Gruppe. »Übriggebliebene Frauen« fänden keinen Mann, da sie zu verwöhnt, zu eingebildet seien und zu hohe Ansprüche hätten. Wer lange Single bliebe, könnte sich einem »unmoralischen Lebenswandel« hingegeben haben. Diesen Frauen wird vorgeworfen, sie hätten zu lange gewartet, den passenden Ehemann zu finden. Die »guten Männer« seien schon vergeben, aber die eigene jugendliche Schönheit vergehe. So lauten die Zuschreibungen, die nicht nur von Bloggern, sondern auch vom staatlichen Frauenverband und der Nachrichtenagentur *Xinhua* verbreitet werden. Seit 2007 befindet sich der Begriff »übriggebliebene Frauen« sogar in offiziellen Lexika.

Was den Heiratsmarkt betrifft, sind die »übriggebliebenen Frauen« Opfer ihrer eigenen wirtschaftlichen und akademischen Erfolge. Viele Männer wollen keine Frau heiraten, die einen besseren Bildungsabschluss oder ein höheres Einkommen als sie selbst hat. Ein neuer Spruch lautet daher: »In China gibt es drei Geschlechter: Männer, Frauen und Frauen mit Doktortitel.« Die »nackten Stöcke« aus den Dörfern kommen für die allermeisten städtischen Frauen als Ehepartner ohnehin nicht in Frage. In China suchen sich zwar die jungen Menschen heutzutage ihre Partner selbst aus, die Zustimmung der Eltern ist aber immer noch wichtig. Ein Heiraten »nach unten« trifft häufig auf den erbitterten Widerstand der Familie der Frau. Gleichzeitig üben Eltern, Verwandte, Kollegen und Kolleginnen großen Druck aus, das Single-Leben zu beenden, und organisieren Dates.

Eine Möglichkeit, sich dem zu entziehen, ist, westliche Ausländer zu heiraten, in deren Augen chinesische Frauen Ende 20 nicht als »zu alt« gelten. Diese Wahl wird aber nicht immer von den Eltern der Frau unterstützt. Eine weitere Möglichkeit, den Druck für einige Jahre zu reduzieren, ist, ein Studium im Ausland zu absolvieren. Die Mehrheit der 400.000 chinesischen Studierenden im Ausland ist weiblich. Dem Gerede über die »übriggebliebenen Frauen« können die jungen Chinesinnen aber auch dort nicht entkommen, falls sie in den chinesischen sozialen Medien aktiv sind.

Ohne Eheschließung Kinder zu bekommen, war in China zu Zeiten der Ein-Kind-Politik illegal. Im Rahmen der staatlichen Familienplanung bekamen nur verheiratete Paare eine Geburtserlaubnis. Menschen ohne Kinder werden von der Mehrheitsgesellschaft als »unvollkommen« betrachtet. Bereits der konfuzianische Philosoph Menzius sagte, dass es die schlimmste Form von Pietätlosigkeit gegenüber den eigenen Eltern sei, keine Nachkommen zu zeugen. Die Kommunistische Partei Chinas erkannte Kinderlosigkeit nie als wertvollen Beitrag zur Reduzierung des Bevölkerungswachstums an. Da nur noch Teile der städtischen Bevölkerung in das staatliche Rentensystem eingebunden sind, droht zudem bei Kinderlosigkeit die Altersarmut. Für ein lebenslanges Single-Dasein ist in den chinesischen Metropolen ein hohes Einkommen erforderlich.

Um den Druck auf die »übriggebliebenen Frauen« zu erhöhen, doch noch zu heiraten und Kinder zu bekommen, kursieren in den sozialen Netzwerken massenweise Warnungen, dass bei Schwangerschaften im Alter von über 30 Jahren die körperliche und geistige Gesundheit des Kindes auf dem Spiel stünde. Der chinesische Staat hat ohnehin die eugenische Vision, die »Qualität« (*suzhi*) der Bevölkerung zu verbessern. Gerade die gebildeten Frauen der städtischen Mittelschicht verfügen aus dieser Sicht über die materiellen und intellektuellen Ressourcen, um die »Qualität« der Heranwachsenden zu erhöhen. Generell sollen diese Frauen nach der Geburt länger zu Hause zu bleiben. Während für die Hausarbeit und die Betreuung der Kinder weiterhin in der Regel die Hausangestellten und Großeltern zuständig sind, wird die Mama mit Universitätsabschluss für den intellektuellen Teil der Erziehung gebraucht. Gut ausgebildete Frauen, die gar nicht erst heiraten wollen, verweigern sich damit dem eugenischen Projekt des Staats und werden auch deshalb für ihren »Egoismus« angegriffen.

Die allgemeine Erwartungshaltung ist so stark, dass auch die große Mehrzahl homosexueller Menschen eine Ehe mit einem andersgeschlechtlichen Partner eingeht und Kinder zeugt. Für die Frauen von schwulen Männern gibt es ein neues Wort, *tongqi*, eine Kombination aus »Genosse« (im Sinne von »Schwuler«) und »Ehefrau«. Diese Frauen wissen oft nicht über die sexuelle Orientierung ihres Mannes Bescheid. Heterosexuelle Ehemänner von lesbischen Frauen werden dagegen weniger als Opfer wahrgenommen.

Feministinnen haben in sozialen Medien und auch auf Plakatwänden in Städten eine Kampagne gegen »Zwangsheiraten« sowie die Stigmatisierung der »übriggebliebenen Frauen« gestartet. An Eltern wird appelliert, die Entscheidungen ihrer Kinder zu akzeptieren. Für großes Aufsehen sorgte ein emotionales Video, das gegen die Diskriminierung von unverheirateten Frauen Stellung bezog. Es stellte sich am Ende heraus, dass es Teil einer Werbekampagne einer japanischen Kosmetikfirma war. Damit wurden die »übriggebliebenen Frauen« auch als zahlungskräftige Konsumentinnen entdeckt.

Jungle World 27/2016 (7.7.2016)

Kapitel 3

Eine neue Ordnung? Die Volksrepublik und die Weltpolitik

Weltordnungsgewinner

Gegenwärtig scheint es so, als wolle die US-Regierung durch die Abkehr vom Freihandel und einen forcierten Wirtschaftskrieg den weiteren Aufstieg Chinas blockieren. Vergessen werden sollte allerdings nicht, dass der Aufstieg der Volksrepublik nach 1978 ohne Duldung der USA wohl kaum möglich gewesen wäre.

Die Ursprünge der sino-amerikanischen Allianz

Im Kalten Krieg haben die USA seit Anfang der 1950er Jahre versucht, die staatssozialistischen Länder durch ein Handelsembargo systematisch vom Sektor der Hochtechnologie abzuschneiden und auch ihre westeuropäischen Verbündeten zu dieser Politik verpflichtet.

Die USA besaßen nach dem Zweiten Weltkrieg riesige Kapital- und Agrarüberschüsse. Das Land hatte außerdem keine Zerstörungen seiner Infrastruktur zu beklagen. Die sozialistischen Länder in Osteuropa und Asien hatten hingegen unter den Kriegsfolgen zu leiden und waren mit Ausnahme der Tschechoslowakei und der DDR noch Agrarstaaten, die eine Industrialisierung nachholen mussten.

Die Volksrepublik China schloss nach ihrer Gründung 1949 zunächst ein Bündnis mit der Sowjetunion, um mit Hilfe sowjetischer Kredite und Experten einen industriellen und militärischen Technologietransfer anzustoßen. Nachdem sich die sino-sowjetischen Beziehungen verschlechtert hatten, weigerte sich der damalige Staatschef Nikita Chruschtschow, die Pläne für den Bau von Atombomben weiterzugeben, und ließ 1960 Tausende sowjetische Berater aus China abziehen. In der Folge löste sich die wirtschaftliche Zusammenarbeit beider Länder auf.

In der »Polemik zur Generallinie der kommunistischen Weltbewegung« warf die Kommunistische Partei Chinas (KPCh) der Kommunistischen Partei der Sowjetunion (KPdSU) 1963 vor, mit der Annäherung an den »US-Imperialismus« im Rahmen der Entspannungspolitik die antikolonialen Befreiungsbewegungen der »Dritten Welt« zu verraten. Als ab 1969 ein Krieg mit der Sowjetunion drohte, begann die Volksrepublik unter Mao Zedongs Führung eine Wende in der Außenpolitik zu vollziehen. Mit Hilfe der Stimmen vieler neuer unabhängiger Staaten der »Dritten Welt« in der Vollversammlung der Vereinten Nationen übernahm 1971 die Volksrepublik den ständigen Sitz der Republik China, also Taiwans, im Sicherheitsrat.

Der Besuch des US-Präsidenten Richard Nixon in Peking 1972 war Ausdruck der strategischen Annäherung beider Länder auf antisowjetischer Grundlage. Auch die USA erkannten die Volksrepublik als einzigen chinesischen Staat an. Es folgte die Anerkennung durch Japan und andere westliche kapitalistische Zentren. Ab 1974 trug die KPCh auch offiziell der neuen Ausrichtung mit der »Drei-Welten-Theorie« Rechnung. Damit standen nicht mehr Klassenkampf und globale Förderung des Sozialismus im Vordergrund, sondern der Aufbau eines Bündnisses der Regierungen der »Dritten Welt« mit den Staaten Europas und Japan gegen die Supermächte, vor allem den sowjetischen »Sozialimperialismus«.

Die reguläre Aufnahme voller diplomatischer Beziehungen mit den USA musste bis 1979 warten, da sich China bis dahin weigerte, die militärische Unterstützung der USA für Taiwan hinzunehmen. Die »Reform und Öffnung« unter Deng Xiaoping wurde 1979 von einem Krieg Chinas gegen Vietnam begleitet. Das sozialistische Vietnam hatte während des Krieges mit den USA Anfang der 1970er Jahre mit China gebrochen und sich mit der Sowjetunion verbündet.

Es war das gemeinsame Interesse der Volksrepublik und der USA, die Errichtung eines sowjetischen Marinestützpunkts in Vietnam zu verhindern. Nachdem sich China als zuverlässiger Verbündeter erwiesen hatte, waren die USA bereit, einen industriellen Technologietransfer zuzulassen. Das US-Embargo gegen die Sowjetunion wurde hingegen Anfang der 1980er Jahre verschärft.

Krise des sowjetischen Entwicklungsmodells

Auch in den staatssozialistischen Ländern Osteuropas bahnte sich seit Ende der 1960er Jahre eine Wende an. Das sowjetische Entwicklungsmodell der nachholenden Industrialisierung hatte in den ersten zwei Jahrzehnten nach dem Zweiten Weltkrieg einige Errungenschaften hervorgebracht: den Aufbau moderner Schwerindustrie, ein funktionierendes Bildungs- und Gesundheitssystem, günstige Grundversorgung der Bevölkerung sowie Integration von Frauen in den Arbeitsmarkt.

Es wurde allerdings von vielen Parteiführungen in Osteuropa erkannt, dass dieses Modell der zentralen Planwirtschaft der Stalin-Ära im Wettbewerb mit den kapitalistischen Zentren weder die Konsumwünsche der Bevölkerung befriedigen noch auf neue Herausforderungen wie die »mikroelektronische Revolution« reagieren konnte. Der revolutionäre Idealismus der Nachkriegszeit war verflogen. Staaten wie Ungarn, Jugoslawien und zeitweise die Tschechoslowakei und die DDR versuchten, betriebswirtschaftliche Rationalität (Gewinn- und Verlustrechnung) sowie Marktelemente ins Wirtschaftssystem einzuführen, allerdings nur mit mäßigem Erfolg. Der Versuch, die »Konsumgesellschaft« der kapitalistischen Zentren bei Automobilisierung und Markenprodukten zu imitieren, wirkt aus heutiger Sicht beinahe tragisch-komisch.

Es war darüber hinaus nicht einmal in Ansätzen gelungen, einen gemeinsamen sozialistischen Wirtschaftsraum einzurichten. Eine ganze Reihe sozialistischer Staaten betrieb mehr Handel mit dem Westen als untereinander. Um Zugang zu den westlichen Krediten zu bekommen, integrierten sich Polen, Ungarn, Jugoslawien und zunächst Rumänien in die Strukturen der globalen Finanzorganisationen. Auch Länder wie die DDR gerieten in immer größere Abhängigkeit von westlichen Gläubigern.

China hatte, trotz aller Kritik an der KPdSU, in der Mao-Ära im Prinzip das sowjetische Entwicklungsmodell verfolgt. Zwar gelang es dem Land, eine Schwerindustrie zu schaffen und auf militärischem Gebiet eine eigene Atombombe zu bauen. Ende der 1970er Jahre lebten jedoch noch 80 Prozent der Bevölkerung auf dem Land, und in den ärmeren Regionen herrschte Unterernährung. China hatte sich nicht im Ausmaß anderer sozialistischer Staaten verschuldet, und der Führung war klar, dass der Stand der industriellen und militärischen Technologie des Landes Jahrzehnte hinter der Entwicklung in den kapitalistischen Zentren zurücklag.

Reintegration in den Weltmarkt

Die Ablösung des Kalten Krieges als Ost-West-Konfrontation in Asien durch neue Allianzen führte zum politischen Aufstieg Chinas, jedoch noch nicht zum ökonomischen Boom. Dazu war die Politik der »Reform und Öffnung« notwendig, die China für das internationale Kapital öffnete und wieder in globale Produktionsketten eingliederte. Diese Kehrtwende ist mit einem Verrat der »revisionistischen Führung« um Deng Xiaoping allein nicht zu erklären. Versuche, außerhalb des kapitalistischen Weltmarkts isoliert oder in »kollektiver Autarkie« alternative Entwicklungswege zu gehen, waren Ende der 1970er Jahre in vielen Ländern gescheitert. Die Hoffnung, man könne die Abhängigkeit von der fortschrittlicheren Technologie der kapitalistischen Zentren durch Abschottung und eigene Innovationen überwinden, hatte sich weitgehend als Illusion herausgestellt.

Viele Staaten der »Dritten Welt« sahen sich angesichts der Schuldenlast gezwungen, für weitere Kredite des Internationalen Währungsfonds dessen Forderungen umzusetzen: Öffnung für ausländisches Kapital, Einrichtung von Sonderwirtschaftszonen, Deregulierung der Wirtschaft und Abbau des Sozialstaats. Die Hoffnung, die Arbeitsteilung im Weltsystem zwischen Zentrum und Peripherie grundsätzlich zu verändern, wurde abgelöst vom Streben, die eigene Position in der Hierarchie des Weltmarkts zu verbessern. Dementsprechend konkurrierte auch China als Wirtschaftsstandort um ausländische Investitionen.

Industrieproduktion im Globalen Süden

Während die Experimente mit dem »Marktsozialismus« in Osteuropa die Regimewechsel nach 1989 nicht verhindert, sondern eher gefördert hatten, profitierte China enorm von der Neuordnung der Weltwirtschaft. Spätestens Anfang der 1970er Jahre befand sich in den kapitalistischen Zentren das Modell des Keynesianismus der Nachkriegsära in einer Krise. Das zeigte sich an langsamerem Wirtschaftswachstum sowie höherer Arbeitslosigkeit und Inflation. Gewerkschaften war es gelungen, hohe Löhne für die Kernbelegschaften und Sozialleistungen durchzusetzen, was zur Senkung der Profitraten führte. Eine Antwort des Kapitals war der neoliberale Angriff auf diese Errungenschaften. Eine weitere Antwort war die massenhafte Auslagerung der Industrieproduktion in den Globalen Süden. Die Kehrseite der Industrialisierung der Peripherie war die Deindustrialisierung von Teilen der kapitalistischen Zentren, die besonders den Norden der USA und Englands hart traf.

In den 1980er Jahren versuchte China zunächst, in ausgewählten Sonderwirtschaftszonen ausländisches Kapital anzusiedeln. Zu diesem Zweck wurden die familiären und politischen Netzwerke zu Millionen »Überseechinesen« in Südostasien sowie zu Hongkong und Taiwan reaktiviert. Die sich neu industrialisierenden vier »Tigerstaaten« (Südkorea, Taiwan, Singapur, Hongkong) erlebten damals einen rasanten wirtschaftlichen Aufschwung, von dem auch China profitierte. Die KPCh konnte im Fall von Investitionen durch Überseechinesen argumentieren, sie verkaufe das Land nicht an westliche AusländerInnen, sondern arbeite mit »patriotischen Landsleuten« zusammen.

Zwischen 1989 und 2018 verzeichnete China eine historisch einmalige Wachstumsperiode des Bruttosozialprodukts mit einem jährlichen Durchschnitt von 9,61 Prozent. Seit den 1990er Jahren wurden ausländische Direktinvestitionen zum wichtigen Motor des Wirtschaftswachstums. 2001 wurde China in die Welthandelsorganisation (WTO) aufgenommen. Es verpflichtete sich damit, die Spielregeln des globalen Kapitalismus zu akzeptieren und seine Märkte schrittweise zu öffnen. Im Gegenzug erhielt China für eigene Waren, wie Kleidung, Elektronik und Spielzeug, einen leichteren Zugang zu den Märkten der kapitalistischen Zentren. 2005 machte der Güterhandel mit Exporten und Importen 64 Prozent des Bruttosozialprodukts Chinas aus. Das übertraf bei weitem den Anteil in den USA, Japan, Indien und Brasilien, wo die Rate zwischen 20 und 25 Prozent lag.

Kapitalüberschuss trifft auf Proletarisierung

In China fanden der Kapitalüberschuss der kapitalistischen Zentren und die Massen der billigen LohnarbeiterInnen zusammen. Durch die Dekollektivierung der Landwirtschaft Anfang der 1980er Jahre sowie Landenteignungen wurde eine unterbeschäftigte »Überschussbevölkerung« von über 200 Millionen Menschen freigesetzt. Sie verdingten sich als LohnarbeiterInnen in den Fabriken, die im Süden Chinas für den Weltmarkt produzieren.

Zwischen 1998 und 2002 privatisierte die KPCh Teile der Staatsindustrie, wodurch etwa 40 Millionen Menschen arbeitslos wurden und gezwungen waren, prekäre Jobs anzunehmen. Hier wird der große Unterschied zum »Marktsozialismus« in Osteuropa deutlich. Die Reformkräfte dort wollten betriebswirtschaftliche Rationalität einführen, waren aber nicht bereit, freie Lohnarbeit im großen Stil und Massenentlassungen zuzulassen. Darüber hinaus gab es in der Spätphase des Staatssozialismus in der Sowjetunion und Osteuropa auf dem Land keine junge »Überschussbevölkerung«. Der Arbeitskräftemangel war die Regel, und die gesamte Bevölkerung war in den Versorgungsstaat einbezogen.

Die Führung um Deng glaubte zunächst noch, sie könne ausländische Investitionen und Technologie zur Entwicklung des Landes nutzen, ohne die sozialen Verhältnisse der kapitalistischen Produktionsweise übernehmen zu müssen. Deng hatte zum Beispiel 1985 erklärt, dass man die Reformen als gescheitert ansehen solle, falls eine neue Kapitalistenklasse entstünde.

Ironischerweise kamen China als »Werkbank der Welt« einige Errungenschaften der Mao-Ära zugute, beispielsweise die Durchsetzung der allgemeinen Schulpflicht und der Aufbau einer ländlichen Gesundheitsversorgung. Auch auf Disziplin und Arbeitsethos konnte in der neuen Situation zurückgegriffen werden. Die Einparteienherrschaft der KPCh sorgte für gesellschaftliche Stabilität und konnte auch ohne Rechtsstaat nach westlichem Vorbild den ausländischen Investoren und Investorinnen vermitteln, dass Enteignungen nicht zu befürchten waren.

Der Aufstieg Chinas hat in den kapitalistischen Zentren der Verhandlungsmacht der Gewerkschaften geschadet, unterstützt aber bis heute die Stabilisierung des Konsums. Die Produktion günstiger Kleidung und Elektronikwaren im Globalen Süden trägt dazu bei, dass trotz stagnierender Reallöhne und Kürzungen im Sozialbereich weiterhin breite Massen im Norden Teil der Konsum- und Wegwerfgesellschaft bleiben können. Im Fall der USA ist der Preis dafür allerdings ein riesiges Handelsdefizit im Verhältnis zu China. Die Regierung unter Donald Trump will das nicht mehr hinnehmen. Der US-Präsident führt das Ungleichgewicht allerdings nicht auf die hierarchische Arbeitsteilung im Weltsystem zurück, sondern auf Betrug und Manipulation der Wechselkurse durch die chinesische Regierung.

Kontrolle der Kommandohöhen

Im Unterschied zu vielen Ländern des Globalen Südens ist es dem chinesischen Staat gelungen, trotz der Öffnung für ausländisches Kapital die faktische Souveränität des Landes zu erhalten. Das liegt zum einen daran, dass die KPCh trotz Befürwortung von Freihandel und Marktwirtschaft die Lehre des Neoliberalismus nie komplett übernommen hat. Viele unrentable, kleinere Staatsunternehmen wurden zwar geschlossen, die strategisch wichtigen aber durch eine Teilkapitalisierung für den globalen Wettbewerb fitgemacht.

Eine beherrschende Stellung besitzen Staatsunternehmen in den Branchen Stahl, Petrochemie, Energie, Telekommunikation, öffentliche Versorgung sowie im Finanzsektor. In der Automobil- und

Chemieindustrie versucht die Regierung, über gemischte Eigentumsformen wie Joint Ventures ihren Einfluss aufrechtzuerhalten. Die aufsteigende IT-Branche ist dagegen weitgehend in privater Hand, profitiert aber enorm von Aufträgen der Staatsunternehmen. Nicht zuletzt kommt China auch die Größe des eigenen Marktes zugute.

Bezogen auf Wirtschaftswachstum und internationalen Einfluss gehört China zu den größten Gewinnern der Neuordnung des Weltsystems unter Führung der USA seit der Auflösung des sozialistischen Lagers. Aus diesem Grund sind jene Gruppierungen in den USA stark geworden, die eine Abkehr vom Status quo des globalen Kapitalismus durchsetzen wollen, während die KPCh ihn verteidigt.

konkret 9/2018

Chinamericas Ende

Die chinesische Führung plant schon seit 1978, dass sich die Volksrepublik China durch »industrielle Aufwertung« in globalen Produktionsketten nach oben arbeiten soll. Bis 2049, zum 100. Jahrestag der Gründung der Volksrepublik, soll China eine führende Industrienation werden. In den letzten Jahren konnten chinesische Firmen wie Huawei, Alibaba oder Tencent Hochtechnologieprodukte auf westlichen Märkten etablieren. Die US-Regierung unter Donald Trump sieht in der wirtschaftlichen Abhängigkeit beider Staaten eine große »Asymmetrie« zuungunsten der USA. Im Mai 2020 behauptete Trump in einer Grundsatzrede: »China hat unsere Fabriken überfallen, unsere Jobs ausgelagert, unsere Industrien ausgeweidet, unser geistiges Eigentum gestohlen und seine Verpflichtungen in der Welthandelsorganisation verletzt.« Seit Amtsantritt propagiert Trump eine »Entkopplung« der USA von China und hat einen Wirtschaftskrieg entfacht. Ins Visier werden besonders die auf dem amerikanischen Markt erfolgreichen chinesischen IT-Firmen genommen. Deren Zugriff auf Daten in sozialen Medien wird als »Bedrohung für die nationale Sicherheit« dargestellt. Im Juli erklärte US-Außenminister Mike Pompeo schließlich, Nixons Version, China durch Zusammenarbeit zu einem vertrauenswürdigen Partner zu machen, sei gescheitert. Leider habe die Politik seiner VorgängerInnen einen »Frankenstein« geschaffen.

»Wandel durch Annäherung«

Ähnlich argumentieren neue Publikationen, die vor Chinas Aufstieg warnen. Der Westen sei naiv gewesen, an einen »Wandel durch Annäherung« zu glauben. Die Volksrepublik habe sich trotz Integration in die Weltwirtschaft nicht in Richtung Demokratie, Rechtsstaat und liberale Marktwirtschaft entwickelt.

Ein Beispiel ist das Buch »Die lautlose Eroberung: Wie China westliche Demokratien unterwandert und die Welt neu ordnet« (2020) von Chris Hamilton, Professor für allgemeine Ethik in Australien, und Mareike Ohlberg, promovierte Sinologin sowie Senior Fellow des German Marshall Funds of the United States. Sie drehen die These vom »Wandel durch Annäherung« einfach um: Ein scheinbar unwandelbarer »leninistischer Staat« infiltriert laut Hamilton und Ohlberg heimlich die Systeme westlicher Demokratien. Gutgläubige politische und wirtschaftliche Eliten würden in Europa, Nordamerika und Australien auf die Tricks der »lautlosen Eroberung« der Kommunistischen Partei Chinas (KPCh) hereinfallen. Als Methoden der »Unterwanderung« werden zum Beispiel genannt: Lobbyarbeit, Gründung von freundlich gesinnten Wirtschaftsvereinen, Denkfabriken, Mediengruppen und Instituten, Parteispenden, Erzeugung von politischem Druck durch einflussreiche Unternehmen oder »Schuldendiplomatie«, Spionage, Wirtschaftssanktionen gegen kleinere Staaten oder Korrumpierung von Forschern und Forscherinnen durch die Vergabe von Drittmitteln. In Fallbeispielen von Ländern reihen Hamilton und Ohlberg als Belege zahlreiche Anekdoten aneinander, die zumeist aus der jeweiligen Tagespresse entnommen wurden. In Großbritannien und Australien versuchen etwa Peking-treue Politiker chinesischer Abstammung, Karriere zu machen. In Deutschland wurde das Netzwerk »China-Brücke« nach dem Vorbild der »Atlantik-Brücke« gegründet, die eine Lobbyorganisation für die North Atlantic Treaty Organization (NATO) darstellt.

Zynische LeserInnen könnten anmerken, dass sich die chinesische Regierung nicht nur wirtschaftlich integriert hat, sondern gerade das Einmaleins lernt, wie man in westlichen Demokratien Politik macht. Hamilton und Ohlberg behaupten nicht, dass die KPCh wie in den 1960er Jahren in anderen Ländern revolutionäre Bewegungen unterstützt und die »Diktatur des Proletariats« in Europa errichten will. Es ginge vielmehr darum, wirtschaftliche Interessen durchzusetzen, negative Darstellungen von China zu unterbinden und letztlich ungleiche Partnerländer zu dominieren. Das Buch behandelt die politische Einflussnahme durch China quasi im luftleeren Raum, da das Ausmaß und die Methoden der Einflussnahme anderer Staaten nicht erwähnt werden. Nur durch Vergleiche hätte das Ausmaß von Einfluss messbar gemacht werden können. Unklar bleibt auch, warum die chinesische Regierung die Welt »neu ordnen« will, wenn sie doch am meisten vom Status quo profitiert.

Hamilton und Ohlberg gehen offensichtlich von der Annahme aus, dass westliche PolitikerInnen und Unternehmen, die etwas Positives über China sagen, entweder naiv oder gekauft sind. Allein die Aussage, dass das Projekt »Neue Seidenstraße« auch für das eigene Land Vorteile bringen kann, reicht schon aus, um als chinesischer »Strohmann« zu gelten. Darüber hinaus wird behauptet, dass schweizerische und US-amerikanische Großunternehmen gezielt Söhne und Töchter der chinesischen Parteielite angestellt und damit der KPCh Einblicke in die Geschäftsgeheimnisse der westlichen Konzernzentralen verschafft hätten. Haben diese Unternehmen im Gegenzug sich nicht vielleicht einen privilegierten Zugang zum chinesischen Markt erhofft und auch bekommen? In der Realität ist es immer umkämpft, welche Personengruppen, Unternehmen oder Staaten von Zusammenarbeit am meisten profitieren können. Im Buch »Die lautlose Eroberung« ist der Vorteil hingegen automatisch auf der chinesischen Seite.

Bedrohung durch »Auslandschinesen«

Als besondere Waffe der »Unterwanderung« sehen Hamilton und Ohlberg die Einheitsfrontpolitik der KPCh. Unter »Einheitsfront« versteht die Partei innerhalb des eigenen Landes Bündnispolitik mit nicht-kommunistischen Kräften wie privaten Unternehmern, Vertretern von Religionen oder ethnischen Minderheiten sowie »Patrioten« in Taiwan und Hongkong. Außerhalb Chinas richtet sich die Einheitsfrontpolitik vor allem an »Auslandschinesen«. Nach offiziellen Angaben gab es 2018 mehr als 6 Millionen Staatsangehörige, die im Ausland lebten (ohne Studierende), und über 50 Millionen »Chinesen mit ausländischer Staatsbürgerschaft«. Hinzu kommt, dass chinesische Studierende etwa in Australien, Nordamerika oder Großbritannien an Universitäten sehr präsent sind. Ihre Studiengebühren sind ein wichtiger Faktor im Geschäftsmodell der unternehmerischen Hochschulen.

Chinesische Botschaften unterstützen, vor allem in westlichen Ländern, loyale auslandschinesische Verbände von Studierenden, Wissenschaftlern und Wissenschaftlerinnen, Unternehmern und Unternehmerinnen, Frauen sowie chinesischsprachige Zeitungen. Diese Tatsachen sind jedem bekannt, der sich näher mit der Volksrepublik beschäftigt. Hier gibt es keine Verschwörung aufzudecken. Hamilton und Ohlberg behaupten nicht, dass alle »Auslandchinesen« die »fünfte Kolonne« Pekings sind. Dennoch meinen sie, dass von den Verbänden eine Bedrohung der Unterwanderung ausgeht.

Hamilton rief in Australien durch sein Buch »Silent Invasion: China's Influence in Australia« (2018) eine Kontroverse hervor. Die wirtschaftliche Verflechtung Australiens war damals besonders wegen der chinesischen Nachfrage nach Rohstoffen enorm. 2019 gingen circa ein Drittel aller australischen Exporte nach China. Außerdem sollen über fünf Prozent der australischen Bevölkerung chinesische Vorfahren haben. Gemessen an der Gesamtbevölkerung gebe es in Australien fünfmal so viele chinesische Studierende wie in den USA, so Hamilton. Im Schlussteil seines Buches stellt Hamilton Spekulationen an, wie viel Prozent der Menschen chinesischer Abstammung loyal gegenüber der KPCh oder gegenüber Australien seien. Als verdächtig gilt schon die Meinung, dass Tibet und Taiwan Teil der Volksrepublik China sind. KritikerInnen warfen Hamilton vor, dass er mit solchen Spekulationen generell Angst vor Menschen chinesischer Abstammung schüre. Außerdem sei seine Definition von »Pro-Peking-Aktivismus«, den er unterbinden will, extrem weit gefasst.

Es wirkt darüber hinaus so, dass die Argumente für das Bedrohungsszenario durch »Auslandschinesen« und offizielle Verbände, die Hamilton zunächst nur für Australien entwickelte, in dem mit Ohlberg verfassten Buch »Die lautlose Eroberung« einfach auf Europa übertragen wurden. In vielen Ländern unterscheidet sich die Lage jedoch deutlich von Australien. In Deutschland und Österreich sind zum Beispiel auslandschinesische Verbände mit »Pro-Peking-Aktivismus« in der Öffentlichkeit nur selten in Erscheinung getreten.

Trumper als Trump

Während in »Die lautlose Eroberung« viele europäische PolitikerInnen und US-Demokraten und -Demokratinnen als unbedarfte Deppen dargestellt werden, loben Hamilton und Ohlberg mehrfach Trump, zum Beispiel für seinen »entschlossenen Widerstand gegen die Ausweitung der chinesischen Wirtschaftsmacht«. Sie werfen ihm lediglich vor, seine Maßnahmen gegen China nicht konsequent genug umgesetzt und die europäischen und asiatischen Verbündeten zu wenig eingebunden zu haben. Hamilton und Ohlberg bestätigen Trumps Behauptung, »globalistische Milliardäre« von der Wall Street hätten die Verhängung von Sanktionen gegen China behindert. Nach dieser Logik geschah dies natürlich nicht, weil das Finanzkapital den Industrieprotektionismus von Trump aus eigenen Profitinteressen ablehnt, sondern weil sich Unternehmen wie Goldman Sachs von der KPCh einspannen ließen. Hamilton und Ohlberg plädieren im Prinzip für eine geschlossene Front aller westlichen Regierungen mit dem Ziel einer konsequenten Umsetzung von Trumps Wirtschaftskrieg gegen China und seiner Maßnahmen gegen die Einflussnahme durch »Auslandschinesen« sowie chinesische Investoren und Investorinnen. Dabei sind ihnen gute Beziehungen zwischen europäischen

Staaten und der Volksrepublik besonders hinderlich und müssen deshalb skandalisiert werden.

Unabhängig davon, ob man den wachsenden politischen Einfluss Chinas positiv oder negativ bewertet, er wird in der Bedrohungsliteratur maßlos überschätzt. Die USA unterhalten weltweit über 500 Militärbasen in über 70 Ländern. NATO-Truppen stehen heute nicht mehr an der innerdeutschen, sondern an der russischen Grenze. Auch in den letzten 20 Jahren sind die USA permanent in internationale Kriege, Bürgerkriege und selbst in Putschversuche in Südamerika verwickelt. China hat bisher nur eine ausländische Militärbasis in dem afrikanischen Kleinstaat Dschibuti. In der Geschichte war der Aufstieg neuer Mächte meist mit Kriegen verbunden. Zum Beispiel versuchte das japanische Kaiserreich in den 1930er Jahren, den kriegerischen Kolonialismus der europäischen Mächte in Asien zu imitieren. Ironischerweise wird heute China der friedliche Aufstieg zum Vorwurf gemacht, indem von »lautloser Eroberung« gesprochen wird. Der globale Einfluss von chinesischen Medien, Universitäten oder Wissenschaftsjournalen ist jedoch, verglichen mit *CNN*, *Reuters* oder Harvard, gering.

Revolutionäre Bewegungen im Westen, die sich positiv auf China beziehen, sind im Unterschied zu den 1960er Jahren nicht vorhanden. Auch die These von einem neuen Kalten Krieg hinkt. Der Frieden in Europa während des Kalten Krieges beruhte auf dem »Gleichgewicht des Schreckens«, sprich der Gleichwertigkeit des atomaren Vernichtungspotenzials von USA und Sowjetunion. In Asien nahm der »kalte« Krieg in Vietnam, Korea, Kambodscha, Indonesien oder Afghanistan ohnehin »heiße« Formen an, mit Millionen von Toten. Von einem militärischen Gleichgewicht zwischen USA und China kann heute überhaupt keine Rede sein, stattdessen aber von einer unangefochtenen Überlegenheit des amerikanischen Vernichtungspotenzials.

Eine gegenseitige wirtschaftliche Abhängigkeit wie in der Gegenwart gab es im Zeitalter des Kalten Krieges jedoch nicht. Was Angst macht, ist gerade die enge Verflechtung. Die Attacken von Trump und seinen Verbündeten auf China wirken hilflos, weil bisher kein

Land im Globalen Süden in Sicht ist, das die »Werkbank der Welt« ersetzen könnte. Auch Pläne für eine Reindustrialisierung der USA sind bisher nicht vorangekommen. Daher wird sich zeigen, wie stark der Wirtschaftskrieg gegen China den USA selbst schaden wird. Zu hoffen bleibt, dass die BefürworterInnen dieser Politik in Europa eine Minderheit bleiben.

Clive Hamilton und Mareike Ohlberg. *Die lautlose Eroberung: Wie China westliche Demokratien unterwandert und die Welt neu ordnet.* München: Deutsche Verlags-Anstalt, 2020, 496 Seiten.
Clive Hamilton. *Silent Invasion: China's Influence in Australia.* Richmond, Victoria: Hardie Grant Books, 2018, 356 Seiten.

TAGEBUCH 10/2020

Die Panzer saßen am Runden Tisch

Die Proteste in Peking begannen Mitte April 1989 als Sympathiekundgebungen von Studierenden der Eliteuniversitäten in Reaktion auf den Tod des früheren Generalsekretärs der KPCh Hu Yaobang. Hu war 1987 von Deng Xiaoping abgesetzt worden, weil er mit Studierendenprotesten sympathisiert hatte. Im Mai 1989 gingen immer mehr Menschen auf die Straßen. Die Massenproteste waren eine diffuse Mischung aus Unmut über Korruption innerhalb der Partei und über die sozialen Folgen der Inflationskrise von 1988 durch die Preisliberalisierung. Die hohe Inflation war eine Nebenwirkung der Wirtschaftsreformen in Richtung »Marktsozialismus«.

Die Besetzung des Platzes durch die Bevölkerung war nur möglich, weil die Regierung gespalten war, wie sie mit den Demonstrationen umgehen sollte. Forderungen nach mehr Demokratie aus der Studierendenschaft waren vage. Protestierende ArbeiterInnen kritisierten mit einer sozialistischen Rhetorik die Regierung wegen Korruption und Vetternwirtschaft. In Peking demonstrierten zeitweise eine Million Menschen, auch in 80 weiteren Städten kam es zu Protesten.

Ein Großteil der Protestierenden glaubte, die Geschichte auf ihrer Seite zu haben, während die Hardliner in der Parteiführung eine »Konterrevolution« fürchteten. Diese Entwicklungen lassen sich vor dem Hintergrund der Krise des sozialistischen Lagers in Mittel- und Osteuropa besser verstehen.

Das Ende der Breschnew-Doktrin

In Osteuropa hatte die Politik von Gorbatschow indirekt zur Stärkung von Oppositionsbewegungen und Reformkräften innerhalb der regierenden Parteien geführt. Die sowjetische Regierung hatte 1988 die sogenannte Breschnew-Doktrin von der beschränkten Souveränität der anderen sozialistischen Länder des Blocks aufgehoben. Jede Nation sollte das Recht auf ihren eigenen Entwicklungsweg ohne Einmischung von außen haben. Es war damals zwar nicht sicher, aber viele Oppositionelle in Osteuropa gingen davon aus, dass die sowjetische Armee nicht wie 1953, 1956 und 1968 intervenieren würde. In Polen setzte sich im Februar 1989 die Idee eines »runden Tischs« von Regierung und Oppositionsbewegungen durch, was zum Modell eines ausgehandelten und schrittweisen Regimewechsels zu liberaler bürgerlicher Demokratie und Kapitalismus werden sollte.

Gegenüber China hatte Gorbatschow eine Wiederannäherung verfolgt. Zu diesem Zeitpunkt wollte sich auch die KPCh geostrategisch nicht allein von den USA abhängig machen. Sie begann eine Versöhnung mit der Sowjetunion und den osteuropäischen »Bruderparteien«. Als Gorbatschow als erstes sowjetisches Staatsoberhaupt seit 1959 im Mai 1989 China besuchte, war der Platz des Himmlischen Friedens von Demonstrierenden besetzt. Das stellte für die chinesische Führung einen großen Gesichtsverlust dar.

Die Führung der KPCh reagierte auf die Proteste mit Unverständnis, da sie die »Reform und Öffnung« seit 1978 für erfolgreich hielt. Die Hardliner setzten mit Hilfe von Deng schließlich den Militäreinsatz durch. Sie sahen keinen Grund, mit Studierenden Anfang zwanzig einen Regimewechsel auszuhandeln. Nach Verhängung des Kriegsrechts schoss sich die Armee die Straßen zum Tian'anmen-Platz frei, der dann mit Panzern geräumt wurde. Schätzungen der

Zahl der Todesopfer variieren von einigen Hundert bis über Zehntausend. Nach damaligen offiziellen Angaben kamen auch 23 Soldaten und Mitglieder der Bewaffneten Volkspolizei ums Leben. Es folgte eine Welle von Verhaftungen und Hinrichtungen im ganzen Land.

Dass in Mittel- und Osteuropa, außer in Rumänien, die Regimewechsel im Herbst 1989 friedlich vonstattengingen, kann auch auf die Ereignisse in China zurückgeführt werden. Die Niederschlagung der Proteste und die heftigen internationalen Reaktionen schreckten die regierenden Parteien in den Ländern des Warschauer Paktes von der »chinesischen Lösung« ab. Die Führung der Sozialistischen Einheitspartei Deutschlands (SED), die sich in den 1970er Jahren an der sowjetischen Propagandakampagne gegen China beteiligt hatte, ließ am 5. Juni im Parteiorgan *Neues Deutschland* (ND) die Niederschlagung des »konterrevolutionären Aufruhrs« in Peking zwar begrüßen. Sie entschied aber, bei den Massenprotesten im Herbst 1989 in der DDR selbst keine militärische Gewalt gegen Demonstrierende auszuüben. Das Modell des »runden Tischs« wurde schließlich auch in Ungarn, der Tschechoslowakischen Sozialistischen Republik (ČSSR) und der DDR angewandt.

Revolution oder Implosion?

Die verbreitete Ansicht, 1989 habe »die Zivilgesellschaft« die autoritären Regime in »friedlichen Revolutionen« zu Fall gebracht, ist zu pauschal. Einige WissenschaftlerInnen sind sogar der Meinung, dass in den autoritären Gesellschaften gar keine Zivilgesellschaft entstehen konnte. Der Zusammenbruch sei vielmehr durch eine Implosion der kommunistischen Parteien von innen heraus ausgelöst worden. In Polen spielten 1989 Streiks und Proteste keine große Rolle mehr, da die Opposition durch den »runden Tisch« in Verhandlungen mit der Regierung eingebunden war.

Auch in Ungarn wurde der Wandel von oben angestoßen. Als die ungarische Regierung im Sommer 1989 beschloss, die Grenze zu Österreich zu öffnen, beschleunigte die darauffolgende Massenflucht von DDR-Bürgern und -Bürgerinnen über Ungarn in den Westen den Legitimitätsverlust der SED. Die größten Massenproteste im sowjetischen Lager fanden im November 1989 in der DDR statt. Auch in der ČSSR gab es Demonstrationen im ganzen Land. In anderen Ländern blieben die Proteste »der Zivilgesellschaft« überschaubar.

Für Rumänien hingegen trifft das Schlagwort der »friedlichen Revolution« überhaupt nicht zu. Dort kam es im Dezember 1989 nach der gewaltsamen Niederschlagung lokaler Proteste durch die Geheimpolizei zu einem Militärputsch gegen die Regierung. Präsident Nicolae Ceauşescu und seine Frau Elena wurden verhaftet und nach einem kurzen Schauprozess vor laufenden Kameras erschossen. Die eiserne Sparpolitik Ceauşescus hatte zur Verarmung der Bevölkerung und seiner eigenen Unbeliebtheit geführt, während Polen, die DDR oder Jugoslawien versucht hatten, durch ausufernde Verschuldung im westlichen Ausland sozialen Frieden zu erkaufen.

Doch auch deren ausgehandelte Regimewechsel waren nur möglich, weil die Machthaber den Wind der Geschichte gegen sich wussten. Zum Teil hatten sie selbst den Glauben an die Überlegenheit des Sozialismus verloren. Zudem schätzten die politischen Eliten der zweiten Reihe richtig ein, dass sie durch einen Gewaltverzicht nach dem Regimewechsel weitgehend straffrei ausgehen würden. Nach der Namensänderung der Parteien in »sozialistisch« oder »sozialdemokratisch« sollten sie auch in einem parlamentarischen System einen Platz haben und konnten sich in den meisten Ländern langfristig in die neuen politischen Eliten integrieren.

Die chinesische Führung zog aus dem Zusammenbruch des Staatssozialismus in Mittel- und Osteuropa die Lehre, dass das Machtmonopol der Partei auf keinen Fall aufgegeben werden dürfe. Neue Legitimation sollten ihr vor allem der wirtschaftliche Aufschwung sowie die Steigerung des Wohlstandes von großen Teilen der Bevölkerung verschaffen. Mit dieser Kombination konnte bis heute ein Regimewechsel verhindert werden.

neues deutschland, 1.6.2019

Kapitel 4

Schatten der Vergangenheit: Lehren aus der Geschichte und Kampf um die Erinnerungen

Keine Ruhe nach dem Sturm

Es gibt zwei Arten von Chinesen: Die einen, die zur Kulturrevolution (1966–1976) schweigen wollen, und die anderen, die von dem Thema besessen sind und gar nicht mehr aufhören können, darüber zu reden oder im Internet zu schreiben. Die Parteiführung versucht, offene Debatten zum 50. Jahrestag des Beginns der Kulturrevolution zu unterdrücken. 1981 verurteilte die Kommunistische Partei Chinas (KPCh) die Kulturrevolution als »zehn Jahre Chaos« sowie »große Katastrophe für Volk und Partei« und wollte damit einen Schlussstrich ziehen. Auch viele einfache BürgerInnen unterstützen den »Schweigepakt«, da sie befürchten, alte Wunden wieder aufzureißen. Viele Familien waren während der Kulturrevolution in verfeindete Fraktionen gespalten. Auch Kader, die immer noch an der Macht sind, weigern sich aus Loyalität zur Partei häufig, über Erfahrungen ihrer Jugend zu sprechen.

Die Bewertung der Kulturrevolution ist auch deshalb so kontrovers, weil die Bewegung radikale Wendungen nahm und dadurch GewinnerInnen VerliererInnen sowie TäterInnen Opfer wurden. Die Ereignisse der Kulturrevolution kann man grob in vier Phasen einteilen. In der ersten Phase bildeten sich im Sommer 1966 Gruppen von Rotgardisten und Rotgardistinnen, die mit Maos Billigung »akademische Autoritäten« und Kulturschaffende angriffen. In der zweiten Phase ab Herbst entwickelte sich eine neue Bewegung gegen die »Machthaber auf dem kapitalistischen Weg innerhalb der Partei«. Nun revoltierten auch ArbeiterInnen und große Teile der Stadtbevölkerung in Rebellengruppen gegen die lokalen Parteiapparate. In der dritten Phase, im Januar 1967, erfolgte in Shanghai die erste »Machtergreifung der Linken«, sprich durch Rebellen und Rebellinnen. Fraktionskämpfe eskalierten gewaltsam im ganzen Land und Mao versuchte, mit Hilfe der Armee die Ordnung wiederherzustellen. 1968 übernahm die Armee in einer vierten Phase fast in allen Provinzen die Macht und alle unabhängigen Massenorganisationen wurden aufgelöst. Mit dem 9. Parteitag der KPCh 1969 begann die Restauration des Parteiapparats, dessen Kontrolle über die gesamte Gesellschaft Anfang der 1970er Jahre wiederhergestellt werden konnte.

Dass der Kampf um die Bewertung immer noch weitergeht, hat auch damit zu tun, dass die offizielle, bis heute gültige Version der Geschichte wenig überzeugend ist. Ihr zufolge inszenierte Mao die Kulturrevolution nicht in böser Absicht, schätzte aber die Lage falsch ein, indem er behauptete, in der Partei gebe es »Machthaber auf dem kapitalistischen Weg«. Die »konterrevolutionären Cliquen« um Maos Frau Jiang Qing und Verteidigungsminister Lin Biao sollen Maos Vertrauen ausgenutzt haben, um hinter seinem Rücken Verbrechen gegen Volk und Partei zu begehen. Mit der Reform- und Öffnungspolitik unter Deng Xiaoping nach 1978 habe die Partei das Unrecht korrigiert und China wieder auf den richtigen Weg gebracht. Nach offiziellen Angaben wurden ca. 3,5 Millionen Fehlurteile der Kulturrevolution und anderer Kampagnen der Mao-Ära revidiert, darunter fast alle gegen führende Parteifunktionäre und Intellektuelle. In einem Schauprozess wurden 1981 die »Viererbande« um Maos Frau sowie die Generäle um Lin Biao zu hohen Haftstrafen verurteilt. Bis Mitte der 1980er Jahre wurden zugleich systematisch die AufsteigerInnen aus der Zeit der Kulturrevolution und AnhängerInnen der radikalen Fraktion, die Rebellen und Rebellinnen, aus der Partei ausgeschlossen.

Heutzutage ist sowohl die offizielle Version der Geschichte als auch die juristische Aufarbeitung der Kulturrevolution heftig umstritten. Insgesamt lassen sich vier Hauptströmungen ausmachen: Traditionalisten, Liberale, Neomaoisten und Neue Linke.

Traditionalisten: Zivilisationsbruch

Weit verbreitet ist die Ansicht, die Kulturrevolution habe die konfuzianisch geprägte chinesische Kultur und die menschlichen Beziehungen nachhaltig zerstört. Auch heutzutage hätten Gier, Korruption und Sittenverfall ihren Ursprung im »Zivilisationsbruch« der Kulturrevolution, als Mao Studierende und ArbeiterInnen zur Rebellion gegen Autoritäten aufrief. Als Beispiele des damaligen »Wahnsinns« gelten, dass im August 1966 SchülerInnen ihre LehrerInnen zu Tode prügelten und Teile von Chinas kulturellem Erbe in Stücke schlugen. Mao sei es nur um seine Macht gegangen und er habe die Jugendlichen missbraucht. Nie wieder dürfe sich so etwas wiederholen. Die Wahrung der Stabilität sei deshalb für China von zentraler Bedeutung.

Die Darstellung der Kulturrevolution als zentraler Zivilisationsbruch ignoriert, dass das Land seit 1840 von einer regelrechten Gewaltgeschichte geprägt war, von ausländischen Interventionen, Kriegen, Bürgerkriegen, Hungersnöten und politischen Kampagnen. Außerdem gab es unter chinesischen Intellektuellen besonders seit der 4. Mai-Bewegung von 1919 eine starke Strömung, die mit der traditionellen Kultur hart ins Gericht ging und sie als Haupthindernis der Modernisierung ansah. Zu glauben, die chinesische Gesellschaft habe noch im Mai 1966 auf friedlichen und harmonischen Beziehungen beruht, ist eine naive Projektion. Die Tatsache, dass Chinesen und Chinesinnen sich gegenseitig furchtbare Grausamkeiten antaten, steht aber im Widerspruch zur Selbstwahrnehmung als große antike Zivilisation und Kulturnation. Daher gibt es in der Strömung der Traditionalisten die Tendenz, die Kulturrevolution als eine Art »Betriebsunfall« abzutun, der eine unvergleichliche Ausnahmesituation dargestellt habe.

Liberale: Denkanstoß mit Nebenwirkungen

Eine einflussreiche Strömung liberaler Intellektueller sieht die Kulturrevolution generell negativ. Als ungeplanter Nebeneffekt habe der zeitweilige Zusammenbruch des Parteiapparats jedoch vielen die Augen geöffnet und kritisches Denken gefördert. In der »Volkskulturrevolution« von Herbst 1966 bis Januar 1967 hätten politisch und sozial marginalisierte Gruppen ihre Interessen kurzzeitig artikulieren können. Aus enttäuschten Rebellen und Rebellinnen entstanden schließlich kritische Strömungen, die zunächst im Untergrund libertäre Ideen diskutierten und die bürokratische Diktatur der Partei in Frage stellten. Der »Pekinger Frühling« Ende der 1970er sowie die Studierendenbewegung von 1989 hätten hier ihren geistigen Ursprung.

Das negative Erbe der Kulturrevolution sei aber, so die Liberalen, dass die Gründe für die Begeisterung von Millionen Chinesen und Chinesinnen für einen kommunistischen Fundamentalismus nicht aufgearbeitet wurden. Die Lockerung der Kontrolle durch die Partei und die Zulassung von Debatten in den Jahren 1966/67 hätten die meisten Akteure und Akteurinnen nur genutzt, um sich gegenseitig zu bekämpfen und zu denunzieren. Eine wirkliche Demokratie könne es in China daher nur geben, wenn zivilgesellschaftliche Werte gestärkt und die Wiederkehr der »großen Demokratie« der Kulturrevolution in Form eines kommunistischen Fundamentalismus verhindert werde. Einige liberale Intellektuelle argumentieren, dass nur die Anerkennung einer pluralistischen Diskussionskultur, die unterschiedliche Auffassungen zur Kulturrevolution toleriert, eine Deeskalation bewirken kann.

Neomaoisten: Wunsch nach Wiederholung

Sowohl unter den liberalen Intellektuellen als auch unter den Neomaoisten befinden sich viele ehemalige Rebellen und Rebellinnen. Die Schlussfolgerungen, die sie aus ihren Erfahrungen ziehen, sind grundsätzlich verschieden. Eine Fraktion der Neomaoisten glaubt, dass die Entwicklung nach 1978 die Notwendigkeit der Kulturrevolution bestätigt habe. Mao habe das Volk gegen die korrupte »bürokratische Klasse« mobilisiert, um zu verhindern, dass China kapitalistisch werde. Diese Neomaoisten bedauern, dass durch das Scheitern der Kulturrevolution diese »bürokratische Klasse« bis heute Arbeiter, Arbeiterinnen, Bauern und Bäuerinnen ausplündere. Sie sehen eine neue Kulturrevolution, eine Revolte des Volks gegen die »Machthaber auf dem kapitalistischen Weg«, als einzige Möglichkeit, China zu retten.

Mit der offiziellen Version ist diese Strömung extrem unzufrieden, weil viele der Rebellen und Rebellinnen, die in Maos Namen kämpften, nach 1978 als »Konterrevolutionäre« und »Konterrevolutionärinnen« aus der Partei ausgeschlossen wurden. Die Neomaoisten argumentieren außerdem, dass die Morde an Lehrkräften und die Zerstörung der Kulturgüter auf die Frühphase der Kulturrevolution im Juni und August 1966 fallen, als hohe Kaderkinder die Roten Garden dominierten und die Rebellenbewegung gegen den Parteiapparat noch gar nicht in Gang gekommen war. Die Parteiführung unter Deng hat in den 1980er Jahren die Rotgardisten und Rotgardistinnen der ersten Phase an den Mittelschulen weitgehend vor Strafverfolgung geschützt und stattdessen die Rebellen und Rebellinnen als Sündenböcke präsentiert. Mit dieser Strategie hätten die »Machthaber auf dem kapitalistischen Weg« die Parteikarrieren ihrer eigenen Kinder gesichert, während die wahren AnhängerInnen Maos marginalisiert worden seien.

Über ihre eigenen Gewalttaten gegen gestürzte Kader oder AnhängerInnen gegnerischer Fraktionen sprechen die Neomaoisten, die selbst an der Kulturrevolution teilnahmen, dagegen selten. Sie inszenieren sich als die eigentlichen Opfer. Für die verfolgten Menschen während der kurzen Periode, als Rebellen und Rebellinnen an der Macht waren, also von 1967 bis 1969, empfinden neomaoistische Kreise in der Regel kein Mitleid. Viele Linke, die Maos Aufruf zur Rebellion folgten, endeten im Gefängnis, als die Armee 1968/69 wieder Ordnung herstellte. Die meisten ehemaligen Rebellen und Rebellinnen werfen diese Repression allerdings nicht Mao selbst vor, weil ohne die Unterstützung des Großen Vorsitzenden die Rebellion von 1966/67 überhaupt keine Legitimation gehabt hätte.

Neue Linke: Bezugspunkt gegen Neoliberalismus

Die akademisch dominierte Neue Linke wünscht sich keine Wiederkehr der Mao-Ära. Ihre Vertreter glauben jedoch, dass die »totale Verneinung« der Kulturrevolution in den 1980er Jahren zur Kritikunfähigkeit der Intellektuellen gegenüber Neoliberalismus und globalem Kapitalismus beigetragen habe. Sie befürworten eine kritische Wiederaneignung von positiven Aspekten, wie etwa die Arbeiterbeteiligung am Management – zum Beispiel gemäß der »Verfassung von Angang« –, das hohe Maß der Politisierung der Bevölkerung oder die soziale Ausrichtung von Gesundheits- und Bildungspolitik. Während der Kulturrevolution wurde der elitäre Charakter des Bildungs- und Gesundheitssystems, wie er vor 1966 vorherrschte, ständig kritisiert und es fand eine gewisse Ressourcenverschiebung von der privilegierten städtischen Bevölkerung auf die Dörfer statt. Auffällig ist, dass Vertreter der Neuen Linken sich zwar häufig auf einzelne Aspekte beziehen, aber selten empirische Forschung zur Kulturrevolution betreiben und ins Detail gehen. Die Debatte hat daher oft einen oberflächlichen Charakter und wenig Bezug zu geschichtlichen Entwicklungen.

Dunkle Flecken

Trotz aller heftigen Diskussionen gibt es auch sensible Themen, die selten angesprochen werden. Dazu gehört die Rolle der Volksbefreiungsarmee. Laut offizieller Version leistete die Armee ab 1967 einen wichtigen Beitrag zur Stabilisierung des Landes. Während es zum »roten Terror« vom Sommer 1966 viele Zeitzeugenberichte gibt, bleibt der »grüne Terror« von 1968 bis 1971 weitgehend ein Tabuthema. In einer ersten wissenschaftlichen Studie zur Zahl der landesweiten Todesopfer der Kulturrevolution schätzte Andrew Walder, Soziologieprofessor an der Stanford-Universität, im Jahr 2014 die Zahl auf 1,1 bis 1,6 Millionen Menschen. Die Mehrzahl wurde getötet, nachdem die Armee 1968 die Ordnung wiederhergestellt hatte, in Säuberungsaktion von oben und nicht während der Periode des Chaos und der Rebellion. Außerdem fanden mehrfach Massaker an unbewaffneten Zivilisten und Zivilistinnen statt. Die Zeitzeugen und

Zeitzeuginnen wissen, dass sie beim Thema »Armee« eine Grenze der staatlichen Toleranz überschreiten.

Erbe der Fraktionskämpfe

Die Sprengkraft der Kulturrevolution zwischen 1966 und 1968 bestand vor allem darin, dass sich ein Machtkampf in der Parteielite mit sozialen Konflikten in der Gesellschaft verband. Während an der Spitze der Parteivorsitzende Mao gegen den Staatspräsidenten Liu Shaoqi vorging, bildeten sich in Universitäten und Fabriken verfeindete Fraktionen, die sich erbittert und teilweise sogar mit Waffen bekämpften. Schaut man sich die heutigen Debatten im Internet an, braucht man nicht viel Phantasie, um sich vorzustellen, dass GegnerInnen und BefürworterInnen der alten beziehungsweise einer neuen Kulturrevolution aufeinander losgehen könnten. Die Wortgewandtheit, mit der die jeweiligen GegnerInnen diffamiert werden, steht der Rhetorik der Rotgardisten und Rotgardistinnen in nichts nach. Selbst die liberalen Intellektuellen beklagen, dass ihre Sprache noch von der Kulturrevolution geprägt sei.

Es sind nicht mehr nur die Zeitzeugen und Zeitzeuginnen, die ihre alten Konflikte austragen. Liberale und linke KritikerInnen der Partei suchen in der Vergangenheit nach Ansätzen zur Systemkritik der Gegenwart. Die meisten beziehen sich positiv auf die antibürokratische Agenda der Kulturrevolution, während nur wenige die damaligen Angriffe auf Lehrkräfte oder Kulturgüter verteidigen. Neu ist, dass vor allem die neomaoistische Strömung unter Jugendlichen und Studierenden AnhängerInnen findet und nicht nur unter entlassenen Staatsarbeitern und -arbeiterinnen, ehemaligen Rebellen und Rebellinnen sowie pensionierten Kadern. Diese jungen Menschen wissen oft wenig über die historischen Ereignisse und die Kulturrevolution dient als Gegenmodell zur kapitalistischen Gegenwart. Im Unterschied zu den westlichen Idealen der liberalen Intellektuellen kann sich der Neomaoismus als chinesische Alternative zur Krise verkaufen.

Die Führungselite unter dem derzeitigen Staatspräsidenten und Parteivorsitzenden Xi Jinping kommt hauptsächlich aus Familien, die Opfer des von Mao geleiteten Angriffs auf die Parteibürokratie wurden und nach 1978 die Reformpolitik unterstützten. Mittlerweile haben nicht mehr nur die Kinder dieser Familien einflussreiche Netzwerke in Politik und Wirtschaft aufgebaut, sondern sogar die Enkel. Xi versucht, bestimmte Aspekte von Maos Politik, wie dessen populistische Rhetorik, für seine Antikorruptionskampagne zu instrumentalisieren. Er verbreitet auch einen staatlichen Personenkult, um sich selbst als charismatischen Führer zu etablieren. In diesem Ausmaß hat das noch kein Parteivorsitzender seit 1978 versucht. Unter den Neomaoisten gibt es auch eine Fraktion, die die Parteiführung von Xi unterstützt. Ihre Mitglieder hoffen, Xi werde China wieder auf einen sozialistischeren und nationalistischeren Weg führen als seine Vorgänger. Diese Neomaoisten lehnen daher eine neue Kulturrevolution ab und wollen sich bei der Parteiführung beliebt machen, indem sie Liberale im Internet ununterbrochen als »Vaterlandsverräter« angreifen und teilweise sogar deren Strafverfolgung fordern. Eine Wiederkehr der Kulturrevolution droht jedoch nicht, da die Führung um Xi eine selbständige Organisation der Massen gegen den lokalen Parteiapparat wie 1966/67 fürchtet. Die Parteiführung weiß, dass neben dem Wirtschaftswachstum die Garantie von Stabilität die wichtigste Quelle ihrer Legitimation ist. Die gegenwärtige Antikorruptionskampagne gleicht daher einer stalinistischen Säuberung von oben.

Die Heftigkeit der Auseinandersetzung um die Bedeutung von Maos letzter Revolution zeigt jedoch, dass die Geister, die er mit der Parole »Rebellion ist gerechtfertigt« 1966 rief, noch lange nicht zur Ruhe gekommen sind. Das zentrale Problem, die unkontrollierte Herrschaft der »bürokratischen Klasse« über die Gesellschaft, ist nicht gelöst. Die derzeitige Korruption und der Machtmissbrauch durch Kader und Lehrkräfte übertreffen die Vorwürfe der Rebellen und Rebellinnen gegen die »Machthaber auf dem kapitalistischen Weg« von 1966 um Längen. Geldsummen in Höhe von Milliarden US-Dollar haben Angehörige der politischen Elite nach Panama und anderswo transferiert. Es ist in dieser Hinsicht schlimmer gekommen, als es sich Mao und seine radikalsten AnhängerInnen 1966 vorstellen konnten. Sollte es ihr um eine ernsthafte Aufarbeitung ihrer Vergangenheit gehen, wird es die chinesische Gesellschaft nicht unterlassen können, auch Ungerechtigkeiten der Gegenwart zu thematisieren.

Jungle World 19/2016 (12.5.2016)

Aufstand der kleinen Affen

Zu Beginn der Kulturrevolution schrieb Mao Zedong im Sommer 1966 an seine Frau Jiang Qing: »In mir ist sowohl etwas vom Geist des Tigers als auch von dem des Affen. Der Geist des Tigers dominiert jedoch, der des Affen ist untergeordnet.« In China stehen der freche Affe für die Rebellion und der Tiger für die Herrschaft. In seinem Buch »Die andere Kulturrevolution, 1966–1969: Der Anfang vom Ende des chinesischen Sozialismus« beschäftigt sich Wu Yiching, Professor für chinesische Geschichte an der Universität Toronto, mit den »kleinen Affen«, die Maos Aufruf zur Rebellion gegen die »Machthaber auf dem kapitalistischen Weg innerhalb der Partei« nicht nur ernst nahmen, sondern weit darüber hinausgingen. Es entstand eine rebellische Massenbewegung von unten. Deren radikale Kräfte forderten sogar die Zerschlagung des bürokratischen Staatsapparats und die Errichtung von Kommunen.

Dass die Kulturrevolution auch ein Machtkampf an der Parteispitze war, ist hinreichend bekannt. Wu zeigt in seinem Buch, dass viele einfache Chinesen die Massenbewegung nutzten, um ihre eigenen Forderungen zu stellen. Zwischen Herbst 1966 und Sommer 1968 erlaubte die Parteiführung »den Massen«, eigene Organisationen zu bilden und Zeitungen herauszugeben. Die neuen Freiräume wurden jedoch nicht immer im Sinne der Parteiführung genutzt. Wu analysiert wichtige Bewegungen an den Rändern der Gesellschaft: Anfang 1967 fand die Kritik an der Diskriminierung Jugendlicher mit »schlechtem Familienhintergrund«, die eine Rebellengruppe um den Studierendenführer Yu Luoke in Peking vorbrachte, landesweit Resonanz. Die Gruppe wollte erreichen, dass alle Jugendlichen gleichberechtigt an der Kulturrevolution teilnehmen können, auch wenn deren Eltern vor 1949 »Kapitalisten« oder »Großgrundbesitzer« gewesen waren. Als die wahren GegnerInnen galten ihr die Parteibonzen, die sich und ihren Kindern weitreichende Privilegien im Verteilungs- und Bildungssystem gesichert hatten.

In Shanghai rebellierten im Winter 1966 prekär beschäftigte ArbeiterInnen, die von den Lohn- und Arbeitsplatzgarantien der Kernbelegschaft in den Staatsbetrieben, der sogenannten »Eisernen Reisschüssel«, ausgeschlossen waren. Sie nutzten die Kulturrevolution, um eine Festanstellung und ein Bleiberecht in der Stadt zu fordern.

In der Provinz Hunan bildete sich eine breite soziale und politische Rebellenallianz. Die Opfer staatlicher Kampagnen forderten ihre Rehabilitierung, die zur »Umerziehung« auf das Land verschickten Jugendlichen verlangten, in die Städte zurückkehren zu dürfen. Während Mao nur einzelne »revisionistische« Bürokraten und Bürokratinnen attackieren wollte, sprachen die Hunaner Rebellen und Rebellinnen von der Herrschaft einer neuen bürokratischen Klasse, die durch eine neue Volksrevolution gestürzt werden müsse.

Mao und die Linke in der Parteiführung nutzten zunächst den Schwung dieser Bewegungen, um den Angriff auf die lokalen Parteibürokratien zu forcieren. Doch bereits zu Beginn des Jahres 1967 gingen ihnen das Chaos und die Rebellion von unten zu weit. Mit dem Einsatz der Volksbefreiungsarmee sollte die Ordnung wiederhergestellt werden. Widerspenstige Rebellengruppen wurden unterdrückt, Yu Luoke wurde 1970 vor etwa 100.000 Zuschauern und Zuschauerinnen im Arbeiterstadion in Peking hingerichtet.

Wu argumentiert, dass die maoistische Linke mit der Verfolgung der Rebellen und Rebellinnen »die eigenen Kinder gefressen« und damit die vormals explosive Energie der Massenbewegung verbraucht habe. Die logische Folge war die Restauration der Herrschaft des Parteiapparats. Das Projekt, den chinesischen Sozialismus zu erneuern, war gescheitert. Darum sieht Wu nicht nur in der Machtübernahme von Deng Xiaoping 1978 einen entscheidenden Wendepunkt, sondern schon in der Niederschlagung der Rebellion 1967/68.

Die Kritik der Rebellen und Rebellinnen an der »neuen Klasse« und die Forderungen nach der Mitsprache der Massen griff die Demokratiebewegung von 1979–1981 wieder auf. Auch diese Bewegung wurde von der Partei unterdrückt, die der autoritären kapitalistischen Entwicklung den Weg bereitete. Wu versteht sein Buch sowohl als Beitrag zur Staats- als auch zur Kapitalismuskritik, als Einspruch gegen die »Logik der ökonomischen Akkumulation und der bürokratischen Macht«. Die kritische Auseinandersetzung mit der Kulturrevolution sei wichtig, so Wu Yiching, um zu verstehen, warum der bürokratische Staatssozialismus nicht der »Totengräber«, sondern »der Geburtshelfer der kapitalistischen Entwicklung« in China gewesen sei.

Wu Yiching hat eine Studie vorgelegt, die wissenschaftlich fundiert argumentiert, sich aber dennoch auch für Laien spannend liest. Ohne Zweifel ist es das bisher beste Werk zur Kulturrevolution, das im Westen zugänglich ist. Das Buch legt die subversiven und emanzipatorischen Elemente der »anderen Kulturrevolution« frei, ohne in Nostalgie zu schwelgen oder die Geschehnisse zu verharmlosen. Wu erkennt den fragmentarischen und provisorischen Charakter der Rebellenbewegung und der von ihr vorgebrachten Kritik. Ihre Mitglieder wollten und konnten damals nicht über ein maoistisches Framing ihrer Forderungen hinauskommen.

Kritisch ist anzumerken, dass Wu in linkskommunistischer Manier zu stark zwischen der »guten« sozialen Bewegung und dem »bösen« Staat unterscheidet. Richtig ist, dass Mao viele Rebellen und Rebellinnen enttäuschte, als er sich im Namen der Ordnung gegen die Bewegung wandte. Andererseits zeigte sich aber auch der »Große Vorsitzende« tief enttäuscht, dass sich die rebellische Bewegung vielerorts in endlose, zum Teil sinnlose Fraktionskämpfe verzettelt hatte, die in extremen Fällen in einen regelrechten Bürgerkrieg mündeten. Wu wählt für sein Buch vor allem Beispiele von Rebellen und Rebellinnen, die vom Staat nach 1967 unterdrückt und verfolgt wurden. Durch die Etablierung einer neuen staatlichen Ordnung in Form der Revolutionskomitees integrierte die Parteiführung aber auch viele AnführerInnen der Bewegung als »VertreterInnen der Massen« in den Staatsapparat. Von den Studierenden und ihren Fraktionskämpfen desillusioniert, förderte die Führung um Mao ab 1968 besonders die Parteieintritte von Arbeiterrebellen und -rebellinnen, um den Apparat zu erneuern.

Deutlich zeigt sich aber auch, dass es für die Etablierung basisdemokratischer Institutionen nach Vorbild der Pariser Kommune von 1871 im China des Jahres 1967 keine breite Basis gab. Alle politischen Kräfte sahen ihre Kontrahenten und Kontrahentinnen als Feinde, die vernichtet werden müssten. Konflikte zwischen Gruppen wurden schnell mit Gewalt ausgetragen, zunächst mit Fäusten und dann auch mit Gewehren. Die kämpfenden Fraktionen beklagten immer nur die Toten und Folteropfer der eigenen Seite. Schockiert von den Geistern, die er selbst gerufen hatte, sah Mao in der zeitweiligen Machtübernahme durch die Armee die einzige Möglichkeit, sein politisches Projekt des Sozialismus noch zu retten. Am Beispiel Shanghais wird deutlich, dass die These vom »Verrat« der maoistischen Führung an der »anderen Kulturrevolution« zu kurz greift. Zwar ließ die neue Lokalregierung nach der »Machtergreifung der Linken« im Januar 1967 die unabhängigen Rebellengruppen der prekär beschäftigten ArbeiterInnen auflösen. Eine wichtige Forderung der »verratenen Revolution« erfüllte die Staatsführung jedoch einige Jahre später. 1971 wurde die Möglichkeit temporärer Beschäftigung in der Industrie stark eingeschränkt und Millionen VertragsarbeiterInnen wurden zu Festangestellten. Wie Wu beschreibt, war es erst die Führung um Deng, die ab 1978 die Landwirtschaft und Teile der Industrie privatisierte. Die Arbeitskraft wurde wieder zu einer frei handelbaren Ware, die Gesellschaft wurde nach kommerziellen Interessen ausgerichtet.

In den USA ist »Die andere Kulturrevolution« im renommierten Verlag Harvard University Press erschienen. Die deutsche Übersetzung des Buchs erscheint in dem Wiener Verlag Mandelbaum. Sie wurde von Ralf Ruckus besorgt, der bereits eine Reihe wissenschaftlicher Publikationen linker US-amerikanischer Wissenschaftler zu China herausgeben hat. Es wäre wünschenswert, dass die großen Kämpfe in China auch in der deutschsprachigen Linken stärker wahrgenommen werden als bisher. Wie oberflächlich die Beschäftigung mit der Geschichte der chinesischen Kulturrevolution hierzulande ausfällt, ist insbesondere vor dem Hintergrund der Popularität der maoistischen Bewegung im »roten Jahrzehnt« (1967–1977) in Westdeutschland überaus erschreckend.

Wu Yiching. *Die andere Kulturrevolution, 1966–1969: Der Anfang vom Ende des chinesischen Sozialismus.* Aus dem amerikanischen Englisch übersetzt und herausgegeben von Ralf Ruckus. Wien: Mandelbaum, 2019, 354 Seiten.

Jungle World 43/2019 (24.10.2019)

Wessen Geschichte?

Am 4. Juni 1989 setzte die chinesische Regierung die Armee ein, um die Besetzung des Platzes des Himmlischen Friedens (Tian'anmen) in Peking gewaltsam zu beenden. Zum 20. Jahrestag des Ereignisses 2009 verordnet die Kommunistische Partei Chinas (KPCh) eisernes Schweigen. Viele junge Chinesen haben von dem Massaker nie etwas gehört. Oppositionsgruppen sowie Dissidenten und Dissidentinnen im Ausland, die Gedenkfeiern organisieren, haben in China längst an Einfluss verloren. Für Aufsehen sorgen zu der Zeit die in Hongkong veröffentlichten Erinnerungen Zhao Ziyangs, der sich 1989, damals Generalsekretär der KPCh, gegen die Verhängung des Kriegsrechts aussprach. Als Folge verlor er sein Amt und verbrachte die 16 Jahre bis zu seinem Tod 2005 in Peking unter Hausarrest. In dem posthum erschienenen und in englischer Übersetzung unter dem Titel »The Prisoner of the State« veröffentlichten Buch greift Zhao die Hardliner in der Partei an und fordert politische Reformen hin zu einer parlamentarischen Demokratie.

Die Krise der Reformen

Doch waren dies die Ziele, für die damals demonstriert wurde? Die Krise von 1989 stand eher im Zusammenhang mit enttäuschten Hoffnungen großer Teile der Stadtbevölkerung. Die Industriereform hatte seit 1985 zur Kapitalisierung der Gesellschaft geführt. Besonders das duale Preissystem, nach welchem die Preise für Konsumgüter vom

Markt, aber die Preise für Industriegüter noch vom Staat festgelegt wurden, führte zu Korruption und Machtmissbrauch durch Kader des staatlichen Sektors.

Die »Eiserne Reisschüssel«, der lebenslang sichere Arbeitsplatz für die Kernbelegschaften der Staatsbetriebe, wurde durch die Reformen in Frage gestellt. Auch die Studierenden und AkademikerInnen waren besorgt. Die Stipendien der Studierenden reichten immer weniger zum Leben aus. Die Löhne der LehrerInnen und AkademikerInnen waren im Vergleich zu denen der Angestellten in der Privatwirtschaft sehr niedrig. Der Satz »Mit dem Verkauf von ›Tee-Eiern‹ verdient man mehr als mit der Erforschung der Atombombe« wurde zum geflügelten Wort. Dieses Sprichwort drückt auch den Statusverlust gegenüber PrivatunternehmerIn und HändlerIn aus.

Mitte der 1980er Jahre formierte sich der Widerstand gegen Korruption und politische Repressionen. 1986/87 kam es in Städten wie Shanghai, Wuhan und Peking zu Studierendendemonstrationen mit einigen Tausend Teilnehmern und Teilnehmerinnen. 1988 war das Jahr einer schweren Krise der Reformpolitik. Die Subventionierung der Staatsbetriebe belastete den Haushalt so sehr, dass in einigen Gegenden der Staat den Bauern und Bäuerinnen nur noch Schuldscheine statt Bargeld für ihr Getreide zahlen konnte. Inflation und Korruption in nie gekanntem Ausmaß belasteten das Leben der Menschen in den Städten. Ende 1988 schnellte die Inflationsrate dort auf 26 Prozent hoch, was zu einem dramatischen Rückgang des Lebensstandards führte. Obwohl das Bruttosozialprodukt Chinas in diesem Jahr um elf Prozent stieg, glaubten viele, dass sich eine kleine korrupte Elite auf Kosten der Allgemeinheit an diesem Wachstum bereicherte. Im April 1989 kulminierte die Frustration in einer Legitimitätskrise der KPCh und die Bewegung vom Tian'anmen-Platz entstand.

Vom Elite-Protest zur Massenbewegung

Der konkrete Auslöser der Bewegung in Peking war der Tod des früheren Parteivorsitzenden Hu Yaobang, der sich 1987 auf die Seite protestierender Studierender gestellt hatte und dafür abgesetzt worden war. Am 17. April 1989 zogen rund 2.000 Studierende der Elitehochschule Peking-Universität auf den Platz des Himmlischen Friedens, um die Rehabilitierung von Hu zu fordern. Drei Tage später führte ein Zusammenstoß zwischen Studierenden und der Polizei zur Radikalisierung der Bewegung. Der Platz wurde daraufhin besetzt und unabhängige Studierendenverbände wurden gegründet. Am 19. April entstand auch die unabhängige »Autonome ArbeiterInnenföderation«, die bis zum Massaker 20.000 registrierte Mitglieder in Peking gewinnen konnte. Proteste gegen die Verurteilung der Proteste als »konterrevolutionären Aufruhr« durch das Zentralorgan der KPCh, die *Volkszeitung*, sowie ein Hungerstreik auf dem Platz führten dazu, dass sich Hunderttausende der Bewegung der Studierenden anschlossen. Verhandlungen zwischen der Regierung und Studierendenvertretern und -vertreterinnen scheiterten mehrfach. Besonders die drohenden Repressionen führten zur Solidarisierung von Arbeitern und Arbeiterinnen und der Stadtbevölkerung mit den Studierenden.

Am 17. Mai gingen schließlich über eine Million Pekinger BürgerInnen auf die Straße. Als zwei Tage später das Kriegsrecht verhängt wurde, ignorierten es Hunderttausende einfach. Die Menschen blockierten die Straßen, so dass die Armee, die noch keinen Schießbefehl hatte, nicht in das Zentrum der Stadt vordringen konnte. Studierende und Jugendliche aus ganz China kamen nach Peking, um den Platz zu verteidigen. In vielen Provinzhauptstädten brachen Unruhen gegen den Ausnahmezustand aus. Erst zwei Wochen später entschied sich die Regierung für das militärische Vorgehen. Über 2.000 Menschen wurden auf den Straßen Pekings getötet und der Platz wurde am 4. Juni geräumt. Die meisten Toten gab es jedoch nicht auf dem Platz, sondern auf den großen Zufahrtsstraßen. Durch Repression im ganzen Land gelang es der KPCh schließlich, die Ordnung wiederherzustellen und die Bewegung zu zerschlagen.

Linke Aneignungsversuche

1989 präsentierten die meisten westlichen Medien die Tian'anmen-Platz-Bewegung noch als Revolte gegen den Kommunismus. Heute sind es interessanterweise eher Linke im Westen und in China, die sich positiv auf sie beziehen.

Wang Hui (siehe auch Artikel »Chinas Neue Linke« in diesem Buch), bis 2007 Mitherausgeber der Zeitschrift *Dushu* (*Lesen*), der als wichtiger Kopf der Neuen Linken in China gilt, glaubt, dass die Niederschlagung der Tian'anmen-Platz-Bewegung die Voraussetzung für die Durchsetzung des Kapitalismus in China war. Nach 1989 wurden die Liberalisierung und Kapitalisierung der Gesellschaft in einem Tempo fortgesetzt, das niemand für möglich gehalten hatte. Die Bewegung vom Platz des Himmlischen Friedens ist für ihn in erster Linie eine soziale Bewegung, die sich gegen die Korruption und Bereicherung der Kader richtete. Die fehlende demokratische Kontrolle der Kader sei der Grund dafür gewesen, dass die Privatisierung der Industrie und die Liberalisierung des Marktes zu Korruption führten. Die Themen Demokratie und soziale Gerechtigkeit seien daher eng miteinander verbunden. In Wirklichkeit seien die Proteste von 1989 ein Vorbote der Antiglobalisierungsbewegung gewesen, die 1999 mit den Protesten in Seattle gegen den Internationalen Währungsfonds (IWF) erstmals öffentlich in Erscheinung trat. Für Wang hatten die Proteste nicht das Ende des Staatssozialismus zum Ziel, sondern waren der Beginn der globalen »Bewegung der Bewegungen« und daher ihrer Zeit voraus.

Besondere Aufmerksamkeit schenken der Tian'anmen-Platz-Bewegung linke Theoretiker, die versuchen, revolutionäre Subjekte »neu zu denken«. Viele BeobachterInnen kritisierten damals den Mangel an Führung, klaren Konzepten und einheitlichem Vorgehen bei den Verhandlungen mit Regierungsvertretern. Keiner der Gruppen gelang es, Verbände zu gründen, die von allen als repräsentativ anerkannt wurden. Gerade das Diffuse und die Heterogenität der Bewegung werden heute jedoch von einigen linken Theoretikern als besonders positiv und zukunftsweisend bewertet. Sowohl Antonio Negri als auch Giorgio Agamben sind auf der Suche nach revolutionären Subjekten, die nicht durch repräsentative Formen von Politik immer wieder vom Staat vereinnahmt werden können. Negri und Michael Hardt stellten in »Empire«, ihrem internationalen Bestseller, die »Multitude«, eine heterogene Menge, dem globalen Empire der kapitalistischen Souveränität gegenüber. Die »Multitude« braucht nach Ansicht der Autoren kein hierarchisches Programm, keine klare Identität oder Repräsentation von Parteien, sondern agiert direkt gegen »das Empire«, global, jedoch nicht vereinheitlicht. Negri und Hardt verorteten sie bei der ersten palästinensischen Intifada Ende 1987, auf dem Platz des Himmlischen Friedens 1989 sowie bei den Unruhen in Los Angeles 1992.

Agamben versuchte in »Mittel ohne Zweck: Noten zur Politik«, die unklaren und vielfältigen Identitäten und das Fehlen einer Repräsentation als positive Form einer Massenbewegung theoretisch zu fassen: »Auf dem Tiananmen-Platz sah der Staat sich dem gegenüber, was weder repräsentiert werden kann noch will und was sich trotzdem als eine Gemeinschaft und als gemeinsames Leben präsentiert [...]. Wo immer diese Singularitäten friedlich ihr gemeinsames Sein bekunden werden, dort wird Tiananmen sein und früher oder später werden die Panzer auffahren.« Da die Bewegung weder klare Forderungen stellte noch klare Identitäten repräsentierte und keine Formen der Repräsentation hervorbrachte, die sich kanalisieren ließen, scheiterten alle Versuche der Regierung, mit Vertretern und Vertreterinnen Kompromisse auszuhandeln oder die Bewegung zu spalten. Als Ausweg boten sich die Verhängung des Kriegsrechts und das Massaker an. Agamben betrachtet das Massaker nicht nur als Teil der Geschichte des Sozialismus, sondern auch als Teil der Geschichte der Staatsgewalt, alle unrepräsentierbaren Formen von Widerstand zu vernichten, notfalls mit Hilfe des Ausnahmezustands, der das geltende Recht außer Kraft setzt und trotzdem zu fast jeder staatlichen Rechtsordnung gehört.

Nicht-staatliche Kollektivität

Übersehen wird bei all diesen Interpretationen, dass die Studierenden als VertreterInnen einer Elite auftraten und sich als moralisches Gewissen Chinas im Namen der Bevölkerung an die Regierung wandten. Schon auf dem Platz brachen heftige Fraktionskämpfe unter ihnen aus. Die Studierenden versuchten erst gar nicht, sich mit der entstehenden ArbeiterInnenbewegung zu verbünden, und lehnten einen Aufruf zum Generalstreik zu lange ab. Dass es der Regierung nicht gelang, durch Kompromisse Teile der Bewegung zu vereinnahmen, lag nicht zuletzt an der Spaltung der Parteiführung selbst.

Im Unterschied zu heutigen Protesten, die in der Regel lokal begrenzt sind, wandten sich 1989 Millionen Menschen aus unterschiedlichen Klassen gegen die bewaffnete Staatsmacht, indem sie den verhängten Ausnahmezustand einfach ignorierten. Während der Besetzung des Tian'anmen-Platzes im Herzen der Hauptstadt entstanden während sechs Wochen zeitweise neue Formen von nicht-staatlicher Kollektivität. Das Gedenken an die Bewegung vom Tian'anmen-Platz kann daher utopisches Potenzial bieten, das über die tagespolitischen Einzelkämpfe in China und anderswo hinausgeht.

Jungle World 22/2009 (28.5.2009)

Grenzen des »Marktsozialismus«

Vor dem Hintergrund der Klimakrise und neuer technologischer Möglichkeiten durch die Digitalisierung ist es zumindest in linken Debatten wieder salonfähig geworden, über Planwirtschaft als Modell für die Zukunft zu diskutieren. Ein zentrales Problem bleibt in diesem Zusammenhang allerdings das Scheitern der zentralistischen Planwirtschaft im »Realsozialismus«. Einige glauben, dass eine Verbindung von Sozialismus mit Marktmechanismen eine Alternative sei. Es lohnt, sich wieder in die Debatten um »Marktsozialismus« im 20. Jahrhundert einzulesen.

Den Befürwortern und Befürworterinnen eines »Marktsozialismus« gilt bis heute die sowjetische »Neue Ökonomische Politik« (NÖP; 1921–1928) als wichtiger Bezugspunkt. In den Auseinandersetzungen zwischen Josef Stalin und der sogenannten »rechten Opposition« um Nikolai Bucharin von 1928 fielen viele Argumente, die auch in Debatten später wiederkehrten. Bucharin trat für die NÖP als langfristiges Modell für den Aufbau des Sozialismus ein. Er argumentierte, dass der Staatssektor in der Industrie auf dem Markt mit privatem Handel und der riesigen Masse der kleinbäuerlichen Produzierenden in Konkurrenz treten solle. Zwar solle die Regierung den Staatssektor und einen freiwilligen Zusammenschluss zu ländlichen Produktionsgenossenschaften fördern. Diese sozialistischen Elemente könnten sich allerdings nicht durch Zwangsmaßnahmen, sondern nur durch den Beweis ihrer höheren Produktivität gegen den privaten Sektor durchsetzen. Die Erhöhung der Einkommen der bäuerlichen Kleinproduzierenden könne eine Nachfrage nach Produkten der Leichtindustrie und damit einen Anschub für ihre Entwicklung schaffen. Bucharin sprach nicht von »Marktsozialismus«. Er ließ keinen Zweifel daran, dass er die NÖP als Klassenkampf mit dem Ziel verstand, die Warenproduktion und »Ausbeuterklassen« schließlich verschwinden zu lassen. Unbestreitbar war, dass seine Konzeption beinhaltete, für einen längeren Zeitraum größere Einkommensunterschiede als unvermeidbares Übel hinzunehmen.

Als sich Stalin vor dem Hintergrund einer urbanen Versorgungskrise 1928 faktisch gegen die NÖP wandte, argumentierte er, dass diese Strategie zur Klassenspaltung auf dem Land geführt hätte und die »Kulaken« faktisch die Macht in vielen Dörfern erlangt hätten. Bei Bucharins Modell könne man nur warten, bis die Landbevölkerung im »Schneckentempo« in den Sozialismus friedlich hineinwachse. Der Vorschlag Bucharins, die urbane Versorgungskrise durch Getreideimporte aus dem kapitalistischen Ausland zu entschärfen, führe zur weiteren Verlangsamung des Tempos bei der Industrialisierung, da dann die Devisen für den Import industrieller Technologie fehlen würden. Angesichts der imperialistischen Bedrohung müsse die Entwicklung der Schwerindustrie Vorrang haben und durch einen »Tribut« der Landwirtschaft finanziert werden, so Stalin.

Die Abkehr von der NÖP war nicht allein Resultat von Stalins Willkür. Die urbane Versorgungskrise, hohe Arbeitslosigkeit und der neue Reichtum der »NÖP-Leute«, privater HändlerInnen, hatten 1928 zu großem Unmut in der Stadtbevölkerung und Partei geführt. Als ersten Schritt zur Überwindung der Versorgungskrise leitete Stalin Zwangsmaßnahmen zur Beschlagnahmung von Getreide in Sibirien ein. Schließlich löste sich eine Dynamik aus, die in der gewaltsamen

Kollektivierung der Landwirtschaft und sogenannten »Liquidierung der Kulaken als Klasse« mündete. Der Kampf um das Getreide führte zu einer großen ländlichen Hungersnot (1931–1933) mit Millionen Toten und bürgerkriegsähnlichen Auseinandersetzungen in der Ukraine. Mitte der 1930er war aus dieser »Feuertaufe« das »klassische Modell« geboren, das sich durch zentralistische Planwirtschaft mit staatlicher Festlegung fast aller Produktionsziele, Investitionen, Preise und Löhne auszeichnete. Neben der staatlichen Großindustrie und der kollektiven Landwirtschaft gestand der Staat der Landbevölkerung noch Hofland zur Selbstversorgung zu.

Nach dem Zweiten Weltkrieg orientierten sich die »Volksdemokratien« in Osteuropa und die staatssozialistischen Länder in Asien am sowjetischen Modell. In der ersten Phase der »Neuen Demokratie« oder »antifaschistischen Grundordnung« ließen die Regierungen »antifeudale Bodenreformen« durchführen und schufen Wirtschaftsordnungen, die an die NÖP erinnerten. Fast in allen Ländern gab es BefürworterInnen eines langwierigen graduellen Wandels zum »klassischen Model« und radikalere Kräfte, die sich an Stalins »sozialistischer Offensive« von 1928/29 orientierten. Angesichts einer urbanen Versorgungskrise in China 1953 befürwortete zum Beispiel Mao Zedong eine forcierte Kollektivierung der Landwirtschaft mit fast den gleichen Argumenten wie Stalin 1928. Liu Shaoqi trat hingegen für die langfristige Fortführung der »neodemokratischen« Wirtschaftsordnung ein, ohne sich allerdings auf den verfemten Bucharin zu beziehen.

Zunächst schien der schnelle Übergang zum »klassischen Modell« in Osteuropa und China erfolgversprechend. In den 1950er Jahren gelang es vielen staatssozialistischen Ländern, Schwerindustrien aufzubauen und beeindruckendes Wirtschaftswachstum zu erzeugen. Die Regierungen der Agrarstaaten Osteuropas und Asiens hofften außerdem, die periphere Stellung der Zwischenkriegszeit überwinden zu können, indem sie selbst eine industrielle Basis aufbauten.

Das »klassische Modell« erlebte nach Stalins Tod mit den Aufständen in der DDR 1953 sowie Polen und Ungarn 1956 eine erste Legitimationskrise. Neben Unmut über die erdrückende Dominanz der Sowjetunion wollten Teile der ArbeiterInnenklasse das entbehrungsreiche Akkumulationsregime des Konsumverzichts und der Normenerhöhung für die Entwicklung der Schwerindustrie nicht mehr mittragen. In einer »ersten Reformwelle« (1953–1957) begannen Kader und Ökonomen Debatten, wie man ein Gleichgewicht in der Entwicklung von Schwer- und Leichtindustrie sowie Landwirtschaft herstellen könnte. Jugoslawien und Polen ließen eine weitgehend private Landwirtschaft zu. Eine Dezentralisierung der Planung sowie mehr Autonomie für die Betriebe sollten zum Beispiel in Polen dazu beitragen, eine flexiblere Anpassung an die Bedürfnisse der KäuferInnen aber auch an technische Herausforderungen vornehmen zu können. Anstatt von Reformen wurde zunächst vorsichtig von einer »Perfektionierung des Plans« gesprochen.

Ein großes Problem bestand zum Beispiel darin, dass Betriebe Materialien und Arbeitskräfte horteten, zum Teil auch versteckt vor den Behörden, um Mangel in der Zukunft ausgleichen zu können. Konsumierende handelten ähnlich, indem sie Waren horteten, wenn sie gerade in den Läden verfügbar waren, und verstärkten dadurch den Mangel beim Angebot. Die Festlegung von Planzielen nach überwiegend quantitativen Kriterien (die berühmt-berüchtigte »Tonnenideologie«) führte zu Qualitätsmängeln und großer Verschwendung von Ressourcen. Die Arbeitsmoral in den Belegschaften ließ zu wünschen übrig, da es besonders unter den begehrten Fachkräften keine Angst vor Arbeitslosigkeit gab. Sie konnten leicht für einen Arbeitsplatzwechsel kündigen, aber von den Betrieben nur schwer entlassen werden. Der Enthusiasmus der Aufbruchsjahre war weitgehend verflogen. Zumindest in Osteuropa wollten und konnten die Parteiführungen nicht mehr drakonische Strafen wie in der Stalin-Ära anwenden, um Arbeits-, Ablieferungs- und Plandisziplin durchzusetzen. In den meisten staatssozialistischen Ländern des sowjetischen Blocks wurden 1957 die Reformversuche abgebrochen und die entsprechenden Ideen als »Revisionismus« verworfen.

Nach den kurzen ersten Reformversuchen folgte in der ersten Hälfte der 1960er Jahre eine weiterreichende »zweite Welle«. Im Vergleich zu den Nachkriegsjahren nahm das Wirtschaftswachstum in vielen Ländern Osteuropas in diesem Zeitraum deutlich ab. Es kam zu ernsthaften Versorgungsschwierigkeiten bei Konsumgütern des täglichen Bedarfs, zum Beispiel in der Tschechoslowakei. In China hatte das Nachahmen von Stalins »sozialistischer Offensive« im Rahmen des »Großen Sprungs nach vorn« zwischen 1959 und 1961 sogar zu einer Hungersnot mit zwischen 15 und 40 Millionen Toten geführt. Nur eine radikale neue »Ausrichtung« der Wirtschaft und Getreideimporte konnten die Katastrophe beenden.

Vor dem Hintergrund des »goldenen Zeitalters« des westlichen Kapitalismus in den Zentren mehrten sich im Wettkampf der Systeme die Zweifel an der »Überlegenheit« der zentralistischen Planwirtschaft in Osteuropa. In der Sowjetunion strebte der Parteiführer Nikita Chruschtschow 1962 im Zuge der sogenannten Liberman-Debatte eine stärkere Gewinnorientierung und Autonomie von Staatsbetrieben an, um die wirtschaftliche Effizienz zu steigern. 1965 beschloss die Parteiführung der Kommunistischen Partei der Sowjetunion (KPdSU) die sogenannten Kossygin-Reformen, benannt nach dem damaligen Premierminister. Die Entwicklung in der Sowjetunion eröffnete auch den »Bruderstaaten« neue Freiräume. Besonders ambitioniert kamen in der DDR ab 1963 das »Neue Ökonomische System der Planung und Lenkung« (NÖSPL; ab 1967 »Ökonomisches System des Sozialismus« genannt) in Gang und der neue »Ökonomische Mechanismus« in Ungarn (1968–1973). In der Tschechoslowakei verband die Parteiführung unter Alexander Dubček im »Prager Frühling« 1968 ökonomische Reformen mit politischer Liberalisierung. Die jugoslawische Regierung unter Tito stärkte die Autonomie der Betriebe und den Wettbewerb im Rahmen der »ArbeiterInnenselbstverwaltung«.

Der Begriff »Marktsozialismus« wurde in der Regel in den meisten Ländern vermieden, um nicht den Eindruck zu erwecken, die Planwirtschaft sei gescheitert und es gebe ein Zurück zum Kapitalismus. Statt von Märkten sprachen Reformkräfte oft von der »Anwendung des Wertgesetzes«, »sozialistischer Warenproduktion«, »wirtschaftlicher Rechnungsführung« oder »Lenkung durch ökonomische Hebel«. Natürlich verliefen Debatten und Reformen während der zweiten Welle nicht in allen Ländern gleich, trotzdem gab es Gemeinsamkeiten: Betriebe sollten durch Gewinnorientierung und höhere Prämien für Management und Belegschaft zur Steigerung der Produktivität animiert werden. Gewinn und Verlust könnten nur realistisch abgebildet werden, wenn nicht mehr alle Preise politisch festgelegt würden, sondern sich stattdessen am »Wert« der Produkte orientierten, so die Reformkräfte. Besonders die hohen Subventionen für Grundnahrungsmittel stellten eine schwere Belastung für die Staatshaushalte dar. Dieses Problem hatte sich nach dem Ende der Stalin-Ära noch dadurch verschärft, dass in den meisten staatssozialistischen Ländern Ankaufspreise zugunsten der Bauern und Bäuerinnen erhöht worden waren, aber nicht die Verkaufspreise in den Läden. Im Rahmen der Reformagenda wurde nun die Anzahl der Produkte in den zentralen Planvorgaben in der Regel deutlich reduziert. Neben den Unternehmens- und Preisreformen sollten die Stärkung des kollektiven Sektors und die Anerkennung eines kleinen privaten Sektors Mängel in der Versorgung ausgleichen und zu mehr Wettbewerb führen. Die Reformkräfte versuchten, die Bevölkerung von ihrem Vorhaben zu überzeugen, indem sie ein deutlich höheres Konsumniveau versprachen. In der Regel gingen die Wirtschaftsreformen einher mit der Aufwertung von Spezialisten, Spezialistinnen, Intellektuellen, Facharbeitern und Facharbeiterinnen in Form von materieller Besserstellung und Gewährung von mehr Freiräumen.

Im sowjetischen Einflussbereich ließ Moskau Anfang der 1970er Jahre die ökonomischen Reformen weitgehend stoppen und konnte sich dabei auf die konservativen Flügel innerhalb der kommunistischen Parteien stützen. In der historischen Forschung wurde auch darauf hingewiesen, dass zum Beispiel in der DDR und Tschechoslowakei egalitäre Vorstellungen aus der Zwischenkriegszeit in der ArbeiterInnenschaft noch verankert waren, was teilweise zur Ablehnung größerer Einkommensunterschiede innerhalb der Betriebe führte. In China beendete schon der Beginn der Kulturrevolution 1966 die »Ausrichtung« der Wirtschaft.

Die Wirtschaftsreformen hatten viele Erwartungen ohnehin nicht erfüllen können. Besonders heikel waren Preisreformen, da sie zunächst zur Verteuerung der zuvor hochsubventionierten Grundnahrungsmittel und zu Inflation führten. Zum Beispiel hatten Ankündigungen der Erhöhung von Lebensmittelpreisen in der Sowjetunion 1962 sowie in Polen 1976 und 1981 zu ArbeiterInnenprotesten geführt. Auch die »zweite Lohntüte« in Form der kostenlos oder zu symbolischen Preisen vom Staat zur Verfügung gestellten Gesundheitsversorgung, Bildung, Wohnung oder Kulturangeboten wollten die meisten Reformkräfte nicht antasten. Der tschechische Ökonom und Vize-Premier während des »Prager Frühlings« Ota Šik hatte schon 1965 die Möglichkeit von Betriebsschließungen und Entlassungen als notwendiges Element der wirtschaftlichen Anreizstruktur gefordert. Die Einführung eines Arbeitsmarktes sowie die Hinnahme von Arbeitslosigkeit größeren Ausmaßes standen in den »realsozialistischen Ländern« (mit Ausnahme von Jugoslawien) für die große Mehrheit von Partei und Bevölkerung im Gegensatz zu den »Errungenschaften des Sozialismus«. In fast allen Ländern Osteuropas konnten Sozialleistungen und Subventionen in den 1970er Jahren immer weniger durch das Produktivitätsniveau getragen werden. Hohe Auslandsverschuldung zögerte die finale Krise noch ein Jahrzehnt hinaus.

Der ungarische Ökonom János Kornai hielt »Marktsozialismus« wie im Ungarn der späten 1960er Jahre für ein ineffizientes Zwittermodell. Trotz aller Anreize durch Prämien verhielte sich das Management der Staatsbetriebe wie ein Teil der Bürokratie anstatt wie UnternehmerInnen. Da sie nicht mit Entlassungen drohen konnten, hätten die Betriebsleitungen versucht, die Belegschaft durch paternalistische Zugeständnisse ruhig zu stellen. Faktisch konnten die Betriebe weiter mit »weichen Budgets« wirtschaften und brauchten auch bei Verlusten nicht mit schmerzhaften Konsequenzen zu rechnen. Die administrative Durchsetzung von Disziplin bei Arbeitsleistung und Planerfüllungen hatte Dezentralisierung und mehr Autonomie für die Betriebe geschwächt. Preis- und Betriebsreformen führten jedoch nicht zur Herstellung einer neuen Disziplin durch ökonomische Anreize, so Kornai. Er zog daraus den Schluss, dass nur eine vollständige Privatisierung und Kommodifizierung der Arbeitskraft dieses Dilemma lösen könne.

Die Parteiführungen in Osteuropa waren dazu nicht bereit und es waren die Regimewechsel nach 1989 nötig, um diese Transformation einzuleiten. In der Volksrepublik China ging die Regierung viel weiter als die osteuropäischen »Genossen«. Zwischen 1998 und 2002 ließ sie große Teile der Staatsbetriebe schließen, über 40 Millionen Beschäftigte entlassen und schließlich die Arbeitskraft vollständig kommodifizieren. Wohnungen wurden privatisiert sowie Gesundheitsversorgung, Bildung und Kulturangebot stark kommerzialisiert. Damit überschritt die Kommunistische Partei Chinas die Grenzen des »Marktsozialismus« der »zweiten Welle«. Ob das chinesische Modell noch etwas mit Sozialismus zu tun hat, ist daher äußerst zweifelhaft.

OXI 4/2021

Kapitel 5

China als Vielvölkerstaat: Ethnische Minderheiten und Konflikte

Die andere Einheitsfront

Offiziell spricht Xi Jinping, der chinesische Staatspräsident und Generalsekretär der Kommunistischen Partei Chinas (KPCh), von der »Diversität in Einheit« der chinesischen Bevölkerung. Darunter werden die größte Bevölkerungsgruppe des Landes, die Han-Chinesen, und 55 staatlich anerkannte »Minderheitennationalitäten« gefasst. Wie seine Vorgänger kritisiert Xi in seinen Reden sowohl den »Han-Chauvinismus« als auch den »lokalen Nationalismus« von Minderheiten.

Die chinesische Verfassung garantiert Minderheiten formal Selbstverwaltung in ihren Siedlungsgebieten sowie den Schutz ihrer Sprachen. Ethnische Minderheiten bilden zwar nicht mehr als acht Prozent der Bevölkerung Chinas. Die autonomen Regionen Xinjiang, Tibet, Innere Mongolei, Guangxi und Ningxia, in denen viele ihrer Angehörigen leben, umfassen aber einen großen Teil des Staatsgebiets und fast alle geostrategisch wichtigen Grenzregionen.

Sonderregelungen für als Ethnien definierte Gruppen gehen auf das chinesische Kaiserreich und auf die Übernahme der sowjetischen Nationalitätenpolitik nach der Gründung der Volksrepublik China 1949 zurück. Die Herrscher der letzten Dynastie des Kaiserreichs, die mandschurischen Qing (1644–1911), hatten das Reich weit nach Zentralasien ausgedehnt. Die Kaiser sprachen schließlich von Mandschuren, Han, Mongolen, Tibetern und Hui-Muslimen als ihren Untertanen und Untertaninnen.

Viele Regierungsdokumente wurden mehrsprachig verfasst. Die Verwaltung des Reichs ließ den Bevölkerungsgruppen in der Peripherie große Freiräume bei der Ausübung ihrer Gebräuche, Sprachen und Religionen. Lokale Führungsgruppen konnten selbst Macht ausüben; natürlich nur, solange sie sich dem Kaiserhof in Peking loyal zeigten. Man sollte das Qing-Reich jedoch nicht als harmonischen Vielvölkerstaat verklären. Es expandierte militärisch nach Westen, dies und die Niederschlagung von Aufständen verliefen teilweise sehr blutig, wie zum Beispiel im Fall der Rebellion der Miao (1854–1873), eines von Angehörigen der Bevölkerungsgruppe der Miao angeführten Aufstands in der südwestchinesischen Provinz Guizhou.

Die Republik und ihre »fünf Rassen«

Als 1911 Revolutionäre und Revolutionärinnen um Sun Yat-sen, den Gründer der späteren Nationalen Volkspartei Chinas, der Guomindang (GMD), die Qing-Dynastie stürzten, mobilisierten sie zunächst auf Grundlage eines antimandschurischen Nationalismus gegen die Herrscher. Sie stellten die Qing-Dynastie als »Fremdherrschaft« der mandschurischen »Rasse« über die Han-Chinesen dar. Damals hatten viele chinesische Intellektuelle bereits Kategorien des Sozialdarwinismus und der Rassentheorie aus dem Westen übernommen.

Doch die Revolutionäre und Revolutionärinnen erkannten, dass sie die Peripherie des Reichs verlieren könnten, wenn sie die Republik China (1912–1949) als rein Han-chinesischen Nationalstaat definierten. Im Zuge der Revolution erklärte die Äußere Mongolei 1911 ihre Unabhängigkeit, Tibet tat dies 1913.

Die Republik unterteilte ihre Bevölkerung schließlich in Angehörige der »fünf Rassen« der Han, Mongolen, Tibeter, Mandschuren und Hui. Als Hui galten alle Muslime und Muslimas, da die Uiguren noch nicht als Ethnie anerkannt wurden. Die Zentralregierungen der Republik waren zwar schwach, gaben den Anspruch, das gesamte Staatsgebiet des ehemaligen Qing-Reichs zu beherrschen, aber nie auf. Insbesondere die GMD, die 1928 in der neuen Hauptstadt Nanjing an die Macht kam, unterstützte die Ansiedlung von Han-Chinesen in Grenzgebieten und propagierte die Assimilation von Minderheiten.

Bereits in der Ära der Republik entwickelten die Zentralregierungen eine Furcht vor der Kollaboration von Nationalisten in bestimmten Regionen mit ausländischen Feinden. Ausländische Mächte nutzten die Schwäche des Zentralstaats in der Peripherie, um ihren Einfluss in China auszudehnen. Der japanische Imperialismus förderte den mongolischen und den mandschurischen Nationalismus. Großbritannien konnte exterritoriale Rechte in Tibet durchsetzen. Die Sowjetunion verwandelte Xinjiang mit Hilfe des Warlords Sheng Shicai von 1934 bis 1942 de facto in einen Satellitenstaat. Eine formale Abspaltung vom chinesischen Staatsgebiet erfolgte jedoch nicht.

Die KPCh positionierte sich in den 1930er Jahren gegen den »Han-Chauvinismus« der GMD und kritisierte die Unterdrückung ethnischer Minderheiten. In der Nationalitätenpolitik orientierte sie sich zunächst stark am sowjetischen Vorbild. Sie propagierte die Gründung einer chinesischen Sowjetunion mit Xinjiang, Tibet und der Inneren Mongolei als eigenen Unionsrepubliken. Sie sollten sogar das Recht auf Lostrennung vom Staatsverband haben.

Doch nach der Machtübernahme 1949 nahm die Partei von diesem Verständnis von Selbstbestimmung Abstand. Sie sah die Wiederherstellung der staatlichen Einheit als Errungenschaft des antiimperialistischen Kampfs. Ethnische Minderheiten sollten ein Recht auf Autonomie, jedoch nicht auf Lostrennung bekommen. Unionsrepubliken nach dem Vorbild der Sowjetunion wurden daher nicht gegründet.

Die Partei schickt Han-SiedlerInnen

Die KPCh forcierte eine »antifeudale« und »antiimperialistische« Umwälzung des Landes. Zugleich bezog die Zentralregierung Legitimation daraus, dass sie die Kontrolle über fast das gesamte Territorium des Qing-Reichs errang. Die Regierung ließ die Hauptstadt von Nanjing wieder in das alte Zentrum der imperialen Macht verlegen, nach Peking. Mao Zedong, der Vorsitzende der KPCh, proklamierte 1949, symbolisch bewusst gewählt, am Tor zur Verbotenen Stadt, dem ehemaligen Kaiserpalast, die Volksrepublik China.

Xinjiang und Tibet wurden, offiziell durch eine »friedliche Befreiung«, wieder in den Staat eingebunden. Nur die Unabhängigkeit der Äußeren Mongolei mussten Mao und seine Genossen und Genossinnen auf starken Druck der sowjetischen Regierung widerwillig anerkennen. Auf dem chinesischen Festland gaben ausländische Regierungen schließlich alle exterritorialen Sonderrechte auf, mit Ausnahme der portugiesischen Besitzung Macau.

An Tibet und Xinjiang wird deutlich, dass die Politik der KPCh nicht nur vom sowjetischen Vorbild, sondern auch von den imperialen Traditionen der Qing geprägt war. Das Bündnis der Zentralregierung mit loyalen Führungsgruppen in der Peripherie hieß nun im leninistischen Jargon »Einheitsfront«. Da es in Tibet weder Han-chinesische SiedlerInnen noch lokale kommunistische Parteiorganisationen gab, bildete die KPCh 1951 eine Einheitsfront mit den »patriotischen« Teilen des Klerus. Die Theokratie um den jungen 14. Dalai Lama wurde in die Lokalregierung eingebunden, die Klöster konnten zunächst ihre riesigen Landgüter behalten. Im Gegenzug musste die Lokalregierung in Lhasa, der Hauptstadt Tibets, die Zugehörigkeit zu China anerkennen.

Der Dalai Lama wurde zum stellvertretenden Vorsitzenden des Chinesischen Volkskongresses ernannt. Erst 1959 zerbrach diese Allianz, als der Dalai Lama im Zuge eines tibetischen Aufstands nach Indien floh. Die KPCh nahm dies zum Anlass, auch in Tibet eine »antifeudale« Bodenreform vorzunehmen. Die wirtschaftliche Grundlage der Theokratie und der Klöster wurde so gebrochen. Die Partei begann in großem Stil, einfache Tibeter als Mitglieder aufzunehmen und als Kader auszubilden.

In Xinjiang gab es bereits vor 1949 kommunistische Parteizellen. Zudem gelang es der KPCh hier, linke uigurisch-nationalistische Intellektuelle einzubinden. Angehörige dieser Gruppe hatten bereits in der kurzlebigen Republik Ostturkestan (1944–1949) Regierungsämter innegehabt; die Sowjetunion hatte die kleine Republik im Norden von Xinjiang unterstützt.

Die Einheitsfront mit diesen Verbündeten reichte aber nicht aus, um eine effektive staatliche Kontrolle in Xinjiang zu etablieren. Daher besann sich die Zentralregierung auf eine alte Strategie aus der Zeit der Qing-Dynastie: die Ansiedlung sogenannter Wehrbauern. Hunderttausende Han-Chinesen aus dem Inland meldeten sich für die Produktions- und Aufbaukorps, die nach Xinjiang entsandt wurden. Sie errichteten dort neben Militärstützpunkten und landwirtschaftlichen Betrieben sogar ganze Städte. Im Zuge dieser Strategie stieg der Anteil der Han-Chinesen an der Bevölkerung Xinjiangs von rund fünf Prozent im Jahr 1949 auf 31 Prozent im Jahr 1964.

Kulturrevolution und Assimilierung

Spätestens mit dem Beginn der Kulturrevolution 1966 endete die Einheitsfrontpolitik in den Minderheitengebieten faktisch. Die KPCh versuchte verstärkt, ArbeiterInnen, Bauern und Bäuerinnen gegen lokale Führungsgruppen zu mobilisieren, die nun als »Ausbeuterklassen« bezeichnet wurden. Die meisten der führenden Vertreter der Einheitsfrontpolitik in Peking sowie unter den lokalen Führungsgruppen der autonomen Regionen verloren ihre Ämter oder landeten im Gefängnis.

Rote Garden griffen traditionelle Kultur und religiöse Praktiken an. In Tibet und Xinjiang wurden viele Klöster und Moscheen zerstört oder geschlossen. Han-Chinesen übernahmen dabei die Führung, aber es beteiligten sich auch Jugendliche der Minderheiten an den Zerstörungen. Mönche, Nonnen und Imame sollten durch Zwangsarbeit in das »arbeitende Volk« eingegliedert werden.

In der Inneren Mongolei nahm die lokale Führung von 1967 bis 1969 eine äußerst blutige »Parteisäuberung« vor, der vor allem Mongolen zum Opfer fielen. Generell übte die Regierung während der Kulturrevolution großen Druck auf Minderheiten aus, sich kulturell zu assimilieren, ihre Religion aufzugeben und die chinesische Sprache zu lernen. Die Kulturrevolution schadete den Beziehungen zwischen Minderheiten und Han-Chinesen langfristig und hinterließ tiefe Spuren im kollektiven Gedächtnis Ersterer.

Mit Beginn der Politik der »Reform und Öffnung« 1978 versuchte die neue Führung um Deng Xiaoping, die Konflikte beizulegen. Sie knüpfte wieder an die Einheitsfrontpolitik der 1950er Jahre an und ließ viele Vertreter der Einheitsfrontpolitik rehabilitieren. Die meisten Klöster und Moscheen wurden wiederaufgebaut. Die staatliche Religionsbehörde sorgte dafür, dass nur »patriotische« Geistliche Führungspositionen erhielten.

Die Partei verstärkte in den autonomen Regionen ihre Bemühungen, ortsfremde Han-chinesische Kader die lokalen Sprachen lernen zu lassen. Bei der Vergabe von Ämtern im Staatsdienst und Studienplätzen sollten Angehörige der ethnischen Minderheiten besonders gefördert werden. Die Regierung nahm Minderheiten in der Regel von der strengen Ein-Kind-Politik aus.

Nicht zuletzt war geplant, die Peripherie wirtschaftlich zu befrieden. Neben großzügigen Subventionen sollten Wirtschaftsreformen den Lebensstandard im besonders armen Westen des Landes steigern. Die Entwicklung eines landesweiten Arbeitsmarkts verstärkte jedoch auch die Migration Han-chinesischer WanderarbeiterInnen und Geschäftsleute in die Peripherie. Das zog einige neue Konflikte mit der örtlichen Bevölkerung nach sich.

Die Einheitsfrontpolitik geriet 1989 in eine schwere Krise, als es in Tibet zu einem Aufstand kam. Da westliche Regierungen und Medien den damals amtierenden 14. Dalai Lama wie einen globalen Popstar hofierten, fürchtete die KPCh, dass antichinesische Kräfte im Ausland den tibetischen Separatismus förderten. Nach dem Zusammenbruch der Sowjetunion breiteten sich in Xinjiang Panturkismus und Islamismus stärker aus als zuvor. In den zwei folgenden Jahrzehnten verübten uigurische Separatisten und Separatistinnen immer wieder Terroranschläge.

Unruhen in Ürümqi

Mit dem großen Investitionsprogramm zur Entwicklung des chinesischen Westens in der ersten Hälfte der 2000er Jahre unternahm die Zentralregierung einen erneuten Versuch, Xinjiang und Tibet durch Wirtschaftswachstum zu befrieden und sich die Loyalität der ethnischen Minderheiten zu erkaufen. Das Scheitern dieses Versuchs wurde überdeutlich, als es im März 2008 in Tibet und am 5. Juli 2009 in

Ürümqi, der Hauptstadt von Xinjiang, zu Unruhen gegen Han-Chinesen kam, die Tote forderten. In beiden Fällen ließ die Regierung die Unruhen niederschlagen.

In Ürümqi forderten Tausende Han-Chinesen bei Demonstrationen die Absetzung des Parteisekretärs der Provinz, Wang Lequan, da er ihre Sicherheit nicht garantiert habe, und verlangten ein härteres Vorgehen gegen uigurische »UnruhestifterInnen«. Auch in sozialen Medien drückten viele Han-Chinesen ihre Frustration über die »Undankbarkeit« der Tibeter und Uiguren aus. Die Zentralregierung unter Hu Jintao kam der Forderung der Demonstrierenden nach.

Die HardlinerInnen in der KPCh sahen die Ursache der Unruhen in der moderaten Einheitsfrontpolitik, die letztlich dem Aufstieg der lokalen Nationalismen genutzt habe. Der Zuwachs an Autonomie für die Regionen habe Wünsche nach Unabhängigkeit genährt. Bei der Einsetzung örtlicher Kader solle künftig Loyalität zur Parteiführung Vorrang haben, nicht Nationalität. Religiöse Einrichtungen müssten wieder enger an die Kandare genommen und »separatistische Aktivitäten« konsequenter verfolgt werden.

Die zentrale Parteiführung setzte 2011 Chen Quanguo als Parteisekretär in Tibet ein, um die Region mit einer »Politik der harten Hand«, wie zum Beispiel stärkerer Militärpräsenz in der Öffentlichkeit, zu befrieden. Nachdem die Zentralregierung Chens Politik als erfolgreich bewertet hatte, übernahm dieser 2016 das gleiche Amt in Xinjiang. Unter seiner Führung wurde Xinjiang zu einem Versuchslabor für eine umfassende Überwachung der Bevölkerung mit digitaler Technologie. Die Zentralregierung unter Xi Jinping erhöhte deutlich die Mittel für die Expansion der Produktions- und Aufbaukorps. Sie sind auch heutzutage die Hauptstütze der Regierung in der Region.

Der jüngsten Volkszählung zufolge machen Uiguren 43 Prozent und Han-Chinesen 40 Prozent der Bevölkerung Xinjiangs aus. Ein ambitioniertes Urbanisierungsprogramm soll dafür sorgen, dass sich die Ethnien weiter mischen. Massenhochzeiten zwischen Han-chinesischen und uigurischen Partnern und Partnerinnen werden als »patriotischer« Beitrag zur Völkerverständigung inszeniert. Die Partei schickte Zehntausende Kader nach Xinjiang, die zeitweise in uigurischen Familien wohnten, offiziell, um deren »Patriotismus« zu stärken.

Mit Billigung der zentralen Parteiführung unter Xi begann 2017 die massenhafte Internierung der uigurischen und kasachischen Bevölkerung in Umerziehungslagern. 2019 von der *New York Times* veröffentlichte Geheimdokumente der chinesischen Regierung legen nahe, dass die Insassen und Insassinnen dort ohne Gerichtsurteile und ohne Vorwürfe konkreter Straftaten zwangsweise festgehalten werden. Der chinesischen Regierung zufolge werden sie unterrichtet, damit sie ihre Kenntnisse der chinesischen Sprache und in Staatsbürgerkunde verbessern sowie berufliche Qualifikationen erwerben. Die Regierung verkauft ihr sogenanntes Deradikalisierungsprogramm inzwischen als Erfolg, da es in den vergangenen Jahren zu keinen schwereren Anschlägen oder Unruhen in Xinjiang gekommen sei.

Sonderregelungen für Minderheiten werden vermehrt aufgehoben. 2017 wurde die Geburtenplanung für alle Ethnien in Xinjiang angeglichen. In den Städten darf jedes verheiratete Paar maximal zwei und auf den Dörfern drei Kinder bekommen. Unter dem Label der »bilingualen Erziehung« wurde der Anteil des Schulunterrichts in den Minderheitensprachen in Tibet und Xinjiang deutlich reduziert.

Proteste in der Mongolei

Im August 2020 folgten ähnliche Schritte in der Inneren Mongolei. Zwar wurde die mongolische Sprache nicht verboten, wie einige mongolische Nationalisten und Nationalistinnen in den sozialen Medien behaupteten. In den Fächern Moralunterricht, Staatsbürgerkunde und Geschichte sollen aber die mongolischsprachigen Lehrbücher durch chinesische ersetzt werden. Kinder sind ohnehin quasi gezwungen, Chinesisch zu lernen, wenn sie auf dem landesweiten Arbeitsmarkt gute Chancen haben wollen.

Die Ankündigung der Maßnahmen führte zu Massenprotesten von Eltern, Schülern und Schülerinnen. Mongolen galten der Regierung bisher als vorbildliche Minderheit, die im Gegensatz zu Tibetern und Uiguren wenig anfällig für »Separatismus« sei. Bemerkenswerterweise solidarisierten sich in sozialen Medien auch einige Han-Chinesen, die als Jugendliche während der Kulturrevolution in die Innere Mongolei verschickt worden waren, mit den Protesten. Sie forderten Xi auf, die Maßnahmen zurückzunehmen. Die Parteiführung der Inneren Mongolei rügte lokale Kader, die Bevölkerung ungenügend informiert zu haben, hält aber an den Beschlüssen fest.

Die Führung unter Xi hat sich offiziell nicht von der Einheitsfrontpolitik gegenüber Minderheiten losgesagt. Seit Jahren fordern jedoch einflussreiche Intellektuelle wie der Wirtschaftswissenschaftler Hu Angang und der Soziologe Ma Rong offen eine Abkehr von dieser Politik. Sie weisen auf die Auflösung der Sowjetunion 1991 hin, bei der die nationalen Unionsrepubliken unabhängige Staaten wurden. Das sowjetische Modell habe lokale ethnische Identitäten politisiert und damit faktisch gefördert. Die ethnische Klassifizierung der chinesischen StaatsbürgerInnen als Han-Chinesen oder Angehörige einer der 55 Minderheiten solle abgeschafft werden und mit ihr auch Sonderregelungen bei Sprache sowie beim Zugang zu Ämtern oder Studienplätzen. Den lokalen Nationalismen komme der Staat am besten bei, wenn die Gesetzgebung alle BürgerInnen nur noch als Chinesen definiere. Diese Forderungen werden auch damit begründet, dass sich die Lebensverhältnisse in China angeglichen hätten und nicht alle Angehörigen ethnischer Minderheiten in Armut lebten.

In den offiziellen Reden von Xi ist erkennbar, dass sich das Verhältnis von Diversität und Einheit deutlich zugunsten der Einheit verschoben hat. Er benutzt häufig die Metapher, die Nationalitäten Chinas seien so eng verbunden wie die Kerne eines Granatapfels. Eine wichtige offizielle Sprachregelung besagt, dass »alle Nationalitäten sich kontaktieren, austauschen und vermischen sollen, um das gemeinsame Bewusstsein des chinesischen Volkes zu festigen«.

Doch die Lager in Xinjiang zeigen, dass mit diesem Projekt auch eine repressive ideologische Umerziehung verbunden ist. Nicht ausgeschlossen, dass Xis Verständnis von »Diversität in Einheit« Kulturen und Sprachen der Minderheiten zunehmend auf Folklore reduziert.

Jungle World 50/2020 (10.12.2020)

Die Xinjiang-Frage

Seit Jahren steht die Region Xinjiang im Mittelpunkt des westlichen Medieninteresses. Davon, dass die chinesischen Behörden über eine Million Uiguren und andere ethnische Minderheiten in Umerziehungslagern inhaftiert hätten, ist die Rede. Und von einem, nicht zuletzt durch gewaltsame Geburtenplanung und Assimilierungsmaßnahmen betriebenen, »kulturellen Genozid« an der uigurischen Bevölkerung. Die chinesische Regierung spricht demgegenüber von Maßnahmen zur Bekämpfung von »Terrorismus« und »Separatismus«.

Tatsächlich hat Xinjiang eine zentrale Bedeutung für den chinesischen Staat. Das Uigurische Autonome Gebiet, wie es offiziell heißt, macht über 17 Prozent der Fläche der Volksrepublik aus, hier leben über 25 Millionen Menschen. Durch seinen Grenzverlauf, zu den zentralasiatischen Nachbarstaaten genauso wie zu Afghanistan und Indien, ist die Region auch in Fragen der nationalen Sicherheit wichtig. Dazu kommt: In Xinjiang kommen die größten Reserven von Öl, Gas und Kohle in China vor. In dem Gebiet werden außerdem 90 Prozent der chinesischen Baumwolle produziert, rund 20 Prozent der weltweiten Produktion.

Die Bevölkerung des Uigurischen Autonomen Gebiets wiederum ist ethnisch gemischt. Mit rund 45 Prozent dominieren Uiguren, gefolgt von etwa 40 Prozent Han-Chinesen, der Mehrheitsbevölkerung der Volksrepublik. Die restlichen 15 Prozent verteilen sich auf kleinere »Nationalitäten«, von denen es offiziellen Angaben zufolge in Summe ganze 19 gibt.

Während die uigurische Bevölkerung im ärmeren und agrarischen Südwesten Xinjiangs konzentriert ist, dominieren die Han den stärker urbanisierten und industriell geprägten Osten. Im Norden leben kasachische Nomaden und Nomadinnen im Grenzgebiet zu Kasachstan.

Historische Entwicklung

Die Uiguren sind ein Turkvolk, das überwiegend muslimischen Glaubens ist. Der Exil-uigurischen Geschichtsschreibung zufolge war »Ostturkestan« schon immer Heimat der Uiguren. Auf dieses Narrativ geht auch die zentrale Forderung des Uigurischen Weltkongresses und anderer Exil-Organisationen zurück, nämlich die nach staatlicher Unabhängigkeit »Ostturkestans« in den Grenzen Xinjiangs. Der Begriff »Xinjiang« wird dabei kritisch gesehen, schließlich bedeutet er auf Chinesisch »neue Grenze«. Die Qing-Dynastie gab Xinjiang erst 1884 offiziell den Status einer Provinz.

Die heutige chinesische Regierung betont demgegenüber den multiethnischen Charakter Xinjiangs, so zum Beispiel im offiziellen Weißbuch des Staatsrats über historische Fragen aus dem Jahr 2019. Han-Chinesen und andere Nationalitäten diverser Religionszugehörigkeiten hätten, heißt es da, schon »seit dem Altertum« zusammen in der Region gelebt und eine gewaltsame Islamisierung der Bevölkerung im Süden hätte erst im zehnten Jahrhundert stattgefunden. Überhaupt sei Xinjiang historisch und kulturell unzertrennlich mit China verbunden.

Im chinesischen Kaiserreich, das bis 1911 bestand, gab es keine umfassende ethnische Klassifizierung der Bevölkerung. Die folgende Republik China (1912–1949) definierte dagegen »fünf Rassen« (Han, Mandschuren, Tibeter, Mongolen und Hui) als Staatsvolk. Eine offizielle staatliche Anerkennung der Uiguren erfolgte erst unter der Herrschaft des Warlords Sheng Shicai, der Xinjiang zwischen 1933 und 1945 regierte. Sheng war zeitweise geheimes Mitglied der Kommunistischen Partei der Sowjetunion und eng mit Moskau verbündet. Die schwache chinesische Zentralregion übte damals de facto keine Kontrolle über Xinjiang aus. Sheng führte nach sowjetischem Vorbild eine multiethnische Klassifizierung der Bevölkerung ein.

In die Republik-Zeit fielen auch die ersten Versuche moderner uigurischer Staatlichkeit. Im Zuge eines Aufstands im Jahr 1933 wurde in der Region um Kaxgar im Süden die Islamische Republik Ostturkestan ausgerufen, die eine islamistische und panturkische Agenda verfolgte. Sie hatte allerdings nur sechs Monate Bestand und der Aufstand wurde mit militärischer Unterstützung durch sowjetische Einheiten niedergeschlagen. 1944 wechselte Sheng Shicai die Seiten und unterstützte die Zentralregierung der nationalchinesischen Guomindang. Die Sowjetunion förderte daraufhin die Ili-Rebellion, auch Drei-Bezirke-Revolution, welche zur Gründung der Zweiten Republik Ostturkestan (1944–1949) in drei Distrikten im Norden Xinjiangs führte. In diesem sowjetischen Satellitenstaat erhielten allerdings nicht nur Uiguren Regierungsposten, sondern auch Kasachen und andere, darunter einige Kommunisten. Die heutige Exil-uigurische Darstellung will vom sowjetischen Einfluss auf die Herausbildung der modernen uigurischen Identität und auf diese frühen Versuche einer Staatsbildung freilich wenig wissen.

Seit der Gründung der Volksrepublik im Jahr 1949 besteht China offiziell aus 56 anerkannten Nationalitäten, den Han und 55 »ethnischen Minderheiten«. In Xinjiang stellte die uigurische Bevölkerung 1949 allerdings die große Mehrheit. Den sechs Prozent Han-Chinesen standen ganze 75 Prozent mit muslimischer Konfession gegenüber. Eine gezielte Siedlungspolitik der chinesischen Regierung sorgte in der Folge dafür, dass die Han-Bevölkerung rapide zunahm. Eine zentrale Rolle spielen dabei bis heute die Produktions- und Aufbaukorps Xinjiangs, die ein Netzwerk aus Farmen, Straßen, ganzen Städten bis hin zu Industriezweigen errichteten. Sie verfügen über eigene bewaffnete Einheiten und bestehen in der großen Mehrheit aus Han. Den letzten verfügbaren offiziellen Angaben aus dem Jahr 2019 zufolge zählen diese Korps rund 3,2 Millionen Angehörige.

Die staatliche Politik gegenüber Uiguren und anderen »ethnischen Minderheiten« war seit 1949 freilich nicht konstant. Phasen von relativer Toleranz gegenüber kulturellen, sprachlichen und religiösen Eigenheiten wie in den frühen 1950er und 1980er Jahren wurden von Perioden unterbrochen, in denen Assimilierung erzwungen und Klöster und Moscheen gezielt zerstört wurden, etwa während der Kulturrevolution von 1966 bis 1976. Die HardlinerInnen in der Kommunistischen Partei Chinas (KPCh) argumentieren dabei stets, dass eine zu »weiche« Linie den »lokalen Nationalismus« fördern würde. Die moderaten Kräfte machen hingegen in Unterdrückung und Zwang den Grund für »lokalen Nationalismus« aus.

Anschläge und Unruhen

Der uigurische Nationalismus bzw. »Separatismus«, wie es die chinesische Regierung nennt, wurde erst nach dem Zerfall der Sowjetunion in den 1990er Jahren zu einer ernsthaften Herausforderung für die KPCh. Neben einer generellen Wiederbelebung des Islams breiteten sich panturkische und jihadistische Ideologien auch in Xinjiang aus. Zudem weckte die Unabhängigkeit der ehemaligen zentralasiatischen Sowjetrepubliken Hoffnungen für ein »Ostturkestan«. Nationalistische und islamistische Gruppen führten in den 1990er und 2000er Jahren mehrere Serien von Anschlägen auf Regierungseinrichtungen durch, töteten »Kollaborateure« wie »rote Imame« und zum Teil auch Zivilisten und Zivilistinnen. Umstritten ist die Behauptung der chinesischen Regierung, dass dabei globale Terrornetzwerke wie Al Kaida und der »Islamische Staat« eine Rolle spielten. Generell legt man in Peking den Begriff des »Terrorismus« sehr weit aus – er umfasst auch Ereignisse, die eher als Gewaltausbrüche bei Demonstrationen verstanden werden können.

Ein in diesem Zusammenhang traumatisches Ereignis waren die blutigen Zusammenstöße zwischen Uiguren und Han in der Provinzhauptstadt Ürümqi 2009. 197 Menschen, überwiegend Han-Chinesen, starben während der tagelangen Unruhen nach offiziellen Angaben. In Folge der Unruhen kam es in Ürümqi zu einer Han-chinesischen Massendemonstration, auf der offen die Absetzung des Parteisekretärs von Xinjiang gefordert wurde. Viele Han fühlten sich vom Staat nicht ausreichend geschützt und forderten härtere Maßnahmen gegen den uigurischen »Terrorismus«. Großen Einfluss auf die öffentliche Meinung in ganz China hatte auch das Massaker im Bahnhof der südchinesischen Stadt Kunming am 1. März 2014. Eine Gruppe von mutmaßlich sieben uigurischen Männern und zwei Frauen tötete wahllos in kurzer Zeit 29 Menschen mit Messern und Macheten. 143 Menschen wurden verletzt, zum Teil schwer. Im selben Jahr wurde bei einem Besuch von Präsident Xi Jinping in Xinjiang ein Terroranschlag verübt. Schließlich erklärte Xi einen »Volkskrieg« gegen »Terrorismus« und »Separatismus«, der radikale Veränderungen der Politik gegenüber der Bevölkerung Xinjiangs mit sich brachte.

Eine der zentralen Maßnahmen stellt seither die massenhafte Internierung von Uiguren in Umerziehungslagern dar. Zunächst bestritt man seitens der chinesischen Regierung noch die Existenz dieser Lager. Mittlerweile nennt man sie euphemistisch »Deradikalisierungszentren« oder »Zentren zur beruflichen und technischen Weiterbildung«. Im Weißbuch des Staatsrats von 2019 wird ausgeführt, dass jene Menschen interniert würden, die sich an terroristischen oder extremistischen Aktivitäten beteiligen, deren Vergehen jedoch strafrechtlich nicht geahndet werden könnten. Darüber hinaus sei die »Umerziehung« für verurteilte StraftäterInnen vorgesehen, für die mildernde Umstände geltend gemacht werden könnten oder die trotz verbüßter Haft nach wie vor eine »Gefahr für die öffentliche Sicherheit« darstellen würden. Überhaupt führe die Umerziehung zur Verbesserung der chinesischen Sprachkenntnisse; patriotische Staatsbürgerkunde und berufliche Weiterbildung sollen angeblich die Gedanken »reinigen« und gleichzeitig zu besseren Chancen auf dem Arbeitsmarkt führen. Mehrere Leaks von regierungsinternen Dokumenten belegen, dass die Zentren wie Gefängnisse bewacht und verwaltet werden. Der einflussreiche Anthropologe Adrian Zenz von der Victims of Communism Memorial Foundation in Washington, D.C. schätzt die Zahl der Insassen und Insassinnen auf bis zu 1,8 Millionen. Das ist allerdings bestenfalls eine Spekulation, die sich nicht empirisch absichern lässt.

Geburtenpolitik und Zwangsarbeit

Für Konflikte in Xinjiang sorgt seit einigen Jahren auch die Aufhebung von Ausnahmen für Minderheiten bei der Geburtenplanung. Nach allgemeiner Einführung der Zwei-Kind-Politik wurde 2017 das Planziel für alle Nationalitäten in Xinjiang auf zwei Kinder pro verheiratetes Paar in der Stadt und drei Kinder auf dem Dorf angeglichen. Zuvor waren ausschließlich Han von der Ein-Kind-Politik, inklusive Zwangssterilisationen, Zwangsabtreibungen und hohen Geldstrafen für außerplanmäßige Geburten, betroffen gewesen. Von offizieller Seite hieß es, die Angleichung der Geburtenplanung solle eine »ausgewogene demografische Entwicklung« fördern – was den

Eindruck erweckte, die Regierung wolle vor allem die Geburtenraten der muslimischen Bevölkerung senken.

Die allermeisten Vorwürfe gegen die chinesische Regierung lassen sich nicht unabhängig überprüfen. Das gilt auch für die Arbeitswelt. Lange Jahre waren es Han-WanderarbeiterInnen aus dem Inland, die die Baumwollernte auf Xinjiangs Feldern einholten. In den letzten Jahren mobilisierte die Regierung dagegen uigurische BaumwollpflückerInnen. Ein Bericht der Vereinten Nationen vom August 2022 dazu fällt ambivalent aus und bleibt im Konjunktiv. So hält es der Menschenrechtsexperte der Vereinten Nationen für Sklaverei, Tomoya Obokata, zwar für möglich, dass die Programme des chinesischen Staates neue Beschäftigungsmöglichkeiten für Minderheiten eröffnen. Zugleich hält er aber auch »die Schlussfolgerung für angemessen, dass Zwangsarbeit unter uigurischen, kasachischen und anderen ethnischen Minderheiten [...] in Xinjiang« vorgekommen ist.

In den USA hat sich in der Xinjiang-Frage eine Querfront gebildet, die von republikanischen Hardlinern bis zu Linken reicht. Sie fordert im Wesentlichen weitere Sanktionen gegen China wegen des »Genozids« in Xinjiang – eine umstrittene Einordnung. Tatsächlich hat bislang niemand behauptet, die chinesische Regierung beabsichtige, die uigurische Bevölkerung teilweise oder ganz physisch auszulöschen. Selbst die abgeschwächte Rede vom »kulturellen Genozid« ist wenig stichhaltig. Bislang wurde weder die ethnische Klassifikation aufgehoben noch die darauf basierende »positive Diskriminierung« von Minderheiten beim Zugang zu den sehr selektiven Hochschulen. In den lokalen staatlichen Fernseh- und Radiosendern sowie bei den Verlagen wird die uigurische Sprache weiterverwendet.

Wahr ist aber auch, dass die chinesische Regierung seit einigen Jahren auf Zwang, Gewalt und Überwachung setzt. Ihren »Volkskrieg« gegen den Terrorismus kann sie dabei als erfolgreich darstellen, schließlich soll es seit 2017 in Xinjiang keine Anschläge mehr gegeben haben. Ob die massenhafte Inhaftierung in Umerziehungslagern tatsächlich »Patrioten« und »Patriotinnen« in großer Zahl hervorbringen wird, darf indes bezweifelt werden. Sollten sich eines Tages in der KPCh wieder die moderaten Kräfte durchsetzen, werden sie es nicht leicht haben, eine Versöhnung zwischen den verschiedenen Nationalitäten Xinjiangs einzuleiten. Die Führung unter Xi Jinping jedenfalls hat die Idee einer auf Zustimmung basierenden Integration der uigurischen Bevölkerung aufgegeben.

TAGEBUCH 11/2022/11

Tabula Lhasa

Die chinesische Regierung hatte am Wochenende das Ende der Unruhen in Tibet und den angrenzenden Regionen verkündet. Doch exiltibetische Organisationen berichteten, dass in den Provinzen Gansu und Qinghai auch am Wochenende und am Montag mehrere Hundert Tibeter demonstrierten. Da sich kaum Journalisten und Journalistinnen in der Region aufhalten, ist die Berichterstattung erschwert. Sicher ist jedenfalls, dass Mönche den 49. Jahrestag des tibetischen Aufstandes am 10. März zu einer Demonstration nutzten, die nach Auseinandersetzungen mit der Polizei zu heftigen Unruhen in Lhasa und anderen von Tibetern bewohnten Gebieten führte. Nach Auskunft der tibetischen Exilregierung sollen über 140 Menschen bei den Auseinandersetzungen ums Leben gekommen sein, die Regierung der »autonomen« Region Tibet spricht von nur 22 Toten. Außerdem hat es viele Festnahmen gegeben.

Der Aufstand von 1959 spielt im Gedächtnis der Tibeter eine zentrale Rolle. Durch ihn wurde das Abkommen hinfällig, das die Kommunistische Partei Chinas (KPCh) und der Dalai Lama 1951 geschlossen hatten: Anerkennung der Oberhoheit Chinas über Tibet als Preis für den Erhalt der Priesterherrschaft. Nach chinesischen Angaben wurden während des Aufstandes und seiner Niederschlagung durch die chinesische Armee über 5.000 Menschen getötet, verwundet oder verhaftet. Angaben exiltibetischer Organisationen zufolge starben über 65.000 Menschen. Der Dalai Lama floh nach Indien und gründete die tibetische Exilregierung.

Wie bei den Kämpfen in Tibet 1987 und 1989 spielten auch dieses Mal die Mönche eine zentrale Rolle. Nachdem während der Kulturrevolution (1966–1976) fast alle 2.500 Klöster zerstört wurden, gibt es nach offiziellen Angaben aus dem Jahr 2000 wieder über 46.000 Mönche und Nonnen sowie über 1.700 Stätten für buddhistische Aktivitäten. Die chinesische Regierung versucht, die Klöster durch die staatlichen Religionsvereinigungen und die Staatssicherheit zu kontrollieren – offensichtlich erfolglos.

Die Kämpfe in Lhasa richteten sich in erster Linie gegen Geschäfte der Han-Chinesen und der muslimischen Hui-Minderheit, die traditionell im Westen Chinas eine wichtige Rolle im Handel spielt. Aufständische erklärten westlichen Journalisten und Journalistinnen, was Organisationen der Exiltibeter schon seit Jahren verbreiten: Die Hanchinesischen SiedlerInnen würden Tibet überschwemmen, die Wirtschaft kontrollieren und die Einheimischen in die Arbeitslosigkeit drängen. Der Bau der höchsten Eisenbahn der Welt von Golmud nach Lhasa sowie das Programm der chinesischen Regierung zur Entwicklung des Westens seien nur Strategien der kolonialen Unterwerfung. Trotz hoher Wachstumsraten gehört Tibet immer noch zu den ärmsten Provinzen Chinas. Für die UnterstützerInnen sind die Auseinandersetzungen ein antikolonialer Aufstand gegen ökonomische Unterwerfung, für die chinesische Regierung separatistische Pogrome.

Die Realität ist jedoch wie immer komplexer. Der Volkszählung von 2000 zufolge leben über 2,4 Millionen Tibeter in der »autonomen« Region Tibet sowie über 2,8 Millionen in den Provinzen Sichuan, Yunnan, Qinghai und Gansu. Nach offiziellen Angaben liegt der Anteil der Han-Bevölkerung in der »autonomen« Region Tibet nur bei etwa sechs Prozent. Die Tibeter machen über 92 Prozent der Bevölkerung aus. Die vielen Tausend Han-chinesischen HändlerInnen und WanderarbeiterInnen, die sich nur temporär in Tibet aufhalten, werden dabei ebenso wenig mitgezählt wie die stationierten Soldaten und Soldatinnen der chinesischen Armee.

Bei der Han-chinesischen Migration ist zwischen zwei Gruppen zu unterscheiden. Einerseits gibt es die Kader, TechnikerInnen, Universitätsabsolventen und -absolventinnen sowie Ingenieure und Ingenieurinnen, die vom Staat für einige Jahre nach Tibet geschickt werden, um bei der »Entwicklung« zu helfen. Sie bekommen großzügige Lohnzuschläge für ihre Bereitschaft, in eine rückständige Region im Hinterland zu gehen. Die HändlerInnen und WanderarbeiterInnen hingegen strömen auf eigene Faust in die tibetischen Städte, um ihr Glück zu suchen. Lukrative Arbeitsplätze in der Staatsindustrie oder im Verwaltungsapparat sind für diese Han-Chinesen ohne permanente Aufenthaltsgenehmigung nicht zugänglich.

In Lhasa machen die Han wahrscheinlich die Mehrheit der Bevölkerung aus und kontrollieren große Teile des Handels und des Baugewerbes. Geschäfte werden sowohl von Tibetern als auch von den Han bevorzugt mit den Angehörigen der eigenen Bevölkerungsgruppe abgewickelt. Auch im Tourismusgewerbe existieren ethnische Trennlinien. 2005 besuchten 100.000 ausländische Touristen und Touristinnen Tibet, von denen viele tibetische Unterkünfte und Reiseführer bevorzugten. Das Geschäft mit den 900.000 Han-chinesischen Touristen und Touristinnen machten dagegen in erster Linie chinesische Hotels und Agenturen. Auch in China lässt sich Tibet als Ort der Begegnung mit »edlen Wilden« oder der spirituellen Erleuchtung für gelangweilte Angehörige der urbanen Mittelschicht vermarkten.

Die meisten Tibeter arbeiten immer noch als Bauern und Bäuerinnen oder Hirten und Hirtinnen in der Landwirtschaft, die sich im Vergleich zu den Städten nur langsam entwickelt. Da es in China kein Privateigentum an Grund und Boden gibt, kann von einer Landnahme durch Han-»SiedlerInnen« keine Rede sein. Allerdings verpachten tibetische Bauern und Bäuerinnen in der Gegend um Lhasa das Nutzungsrecht für ihr Land an Han. In den Städten bildet sich langsam eine tibetische Mittelschicht heraus, nicht zuletzt dank des Staatssektors. Noch 2000 standen zwei Drittel aller StadtbewohnerInnen, inklusive der Tibeter, auf staatlichen Gehaltslisten. Soziale Unterschiede zwischen Han und Tibetern sind deshalb auch ein Stadt-Land-Problem.

In den Industriebetrieben sind die Tibeter unterrepräsentiert, was auch an ihrem niedrigeren Bildungsniveau liegt. Da die Tibeter im Gegensatz zu den Han von der Ein-Kind-Regel weitgehend befreit sind, hat Tibet die höchste Geburtenrate Chinas. Die tibetische Bevölkerung hat sich in den letzten 50 Jahren verdoppelt. Diese Zahlen zeigen, wie absurd der Vorwurf des »demografischen Genozids« ist, der von Exiltibetern erhoben wird. In den Städten gibt es eine hohe Jugendarbeitslosigkeit unter den Tibetern, da viele nach dem Besuch der Schule nicht mehr in die Dörfer zurückgehen wollen. Obwohl in den Schulen Tibetisch und Chinesisch unterrichtet wird, bleibt Chinesisch für viele Tibeter eine Fremdsprache, wodurch sie auf dem Arbeitsmarkt benachteiligt sind. Der Eindruck, dass Han-Chinesen von der Arbeitslosigkeit nicht betroffen seien, entsteht auch dadurch, dass WanderarbeiterInnen der Han im Fall einer Entlassung Tibet wieder verlassen.

Auch wenn die Unruhen durch das Eingreifen der Polizei ausgelöst wurden, so ist es doch auffällig, dass sich zumindest in Lhasa die Wut in erster Linie gegen Geschäfte und nicht gegen Einrichtungen des Staates richtete. In der Stadt verlaufen die Fronten nicht so eindeutig zwischen Han und Tibetern. Der Anteil der Minderheiten unter den Staatskadern in der »autonomen« Region liegt bei über 70 Prozent, derjenige der Tibeter unter Richtern und Richterinnen bei über 96 Prozent und auch die Mehrheit der Polizisten und Polizistinnen sind Tibeter. Mit diesem Staatsapparat kann die KPCh die Unruhen offensichtlich nicht in den Griff bekommen. Nach inoffiziellen Angaben sollen 300.000 bewaffnete Kräfte aus der Nachbarprovinz Qinghai nach Tibet abkommandiert worden sein. Die KPCh ist zwar seit Anfang der 1980er Jahre bemüht, den Staatsapparat zu »tibetisieren«, doch kann sie sich der Loyalität der tibetischen Kader nie sicher sein. Erst im Herbst des Jahres 2007 startete die Partei eine Loyalitätskampagne, um Kader zu erziehen, nur der Partei, aber nicht dem Dalai Lama ergeben zu sein.

Die Unruhen zeigen auch, dass die Strategie, Tibet durch ökonomische Entwicklung und die Förderung der Klöster bei gleichzeitiger staatlicher Kontrolle zu befrieden, nicht aufgeht. Zu tief sind die Wunden der kulturrevolutionären Vergangenheit. Auch aufgrund des staatlichen Entwicklungschauvinismus, der Minderheiten als folkloristische »kleine Brüder und Schwestern« der Han-Chinesen wahrnimmt, kann die chinesische Regierung die »Undankbarkeit« der Tibeter nicht verstehen. Schon die wohl liberalste Phase der Tibetpolitik ab 1981 unter Parteichef Hu Yaobang endete mit schweren Auseinandersetzungen im Jahr 1987. Damals wie heute befürworten die HardlinerInnen, die Klöster wieder einer stärkeren Kontrolle zu unterwerfen.

Kurz vor den Unruhen von 1987 startete die US-Regierung zusammen mit dem Dalai Lama eine internationale Pro-Tibet-Kampagne. Auch 2008 kommt der Aufstand zur rechten Zeit, um China angesichts der hohen internationalen Aufmerksamkeit wegen der Olympischen Spiele unter Druck zu setzen. Mögen die Anschuldigungen der chinesischen Regierung, dass die »Dalai-Lama-Clique« hinter den Ausschreitungen stecke, auch haltlos sein, so ist es doch beachtlich, wie sich der Aufstand innerhalb weniger Tage von Lhasa auf die tibetischen Gebiete in den Nachbarprovinzen ausdehnte. Während Streiks und Bauernunruhen in der Regel lokal isoliert sind, scheinen die tibetischen Aufständischen über bessere Kommunikationsstrukturen zu verfügen. Dieses Mal gelang es der chinesischen Regierung nicht, zu verhindern, dass Bilder der Kämpfe um die ganze Welt gingen. Zu viele Touristen, Touristinnen und Menschen mit Handykameras hielten sich in Lhasa auf. Die Bilder der Gewalt geben den Exiltibetern Auftrieb, die die Politik des Dalai Lama ablehnen, friedlich für »weitgehende Autonomie« zu kämpfen, und die stattdessen den bewaffneten Kampf für die Unabhängigkeit propagieren.

Gefangen in ihrer eigenen nationalistischen Ideologie, geht es für die KPCh in Tibet tatsächlich um sehr viel. Die Regierung glaubt, dass sie ihre Legitimation nur bewahren kann, wenn die Einheit dessen, was sie als die chinesische Nation definiert, gesichert wird. Zur Niederwerfung der Kämpfe setzt die KPCh jetzt auf gewaltsame staatliche Repression. Es ist jedoch zu erwarten, dass nach der Herstellung von »Ruhe und Ordnung« die Politik des Einschüchterns, Einbindens, Überzeugens und Bestechens der tibetischen Bevölkerung fortgesetzt wird. Trotzdem: Nach den Unruhen kann jederzeit vor den Unruhen sein.

Jungle World 13/2008 (27.3.2008)

Kapitel 6

Projektionsfläche? Die westliche Linke und China

Solidarität mit wem?

In großen westlichen Medien wird die Debatte über China gegenwärtig emotional geführt und ist von politischen Bekenntnissen zum »Kampf der Demokratien gegen Autokratien« geprägt. Die Wahrnehmung hat sich von Chancen auf dem »Markt der Zukunft« zu Sorgen um wirtschaftliche Abhängigkeit von der Volksrepublik verschoben. Bei Linken gehen die Positionen beim Thema China weit auseinander. Für Linke wie auch für die bürgerliche Nationalökonomie passt der rasante Aufstieg eines Mischsystems aus leninistischer Parteibürokratie und Marktelementen nicht ins ursprüngliche Weltbild. Im Unterschied zum Englischen oder Spanischen gibt es eine hohe Sprachbarriere, da in Deutschland nur wenige – zumeist Sinologen und Sinologinnen – chinesischsprachige Debatten verfolgen können.

Einige Linke versuchen, sowohl an den geostrategischen Ambitionen der USA als auch am »chinesischen Kapitalismus« Kritik zu üben. Seit Jahren dokumentiert zum Beispiel die Website Gongchao.org Streiks und soziale Kämpfe in China und solidarisiert sich mit diesen. Der Kreis um Ralf Ruckus hat zahlreiche Bücher von kritischen chinesischen Wissenschaftlern, Wissenschaftlerinnen, Aktivisten und Aktivistinnen ins Deutsche übersetzt. Die Themen variieren: Es gibt Interviews mit jungen Fabrikarbeiterinnen, Berichte von Streiks beim iPhone-Produzenten Foxconn und historische Studien zu linkskommunistischen Strömungen in der Kulturrevolution (siehe auch Artikel »Aufstand der kleinen Affen« in diesem Buch). Auch das »Forum Arbeitswelten« organisiert seit Jahren einen solidarischen Austausch und Kontakte von kritischen Gewerkschaftern, Gewerkschafterinnen, Aktivisten und Aktivistinnen aus Deutschland und China.

Der Wunschtraum hat sich nicht erfüllt

Nach einer großen landesweiten Streikwelle im Jahr 2010 (siehe auch Artikel »Rebellion ist gerechtfertigt« in diesem Buch) hegten diese Linken die Hoffnung, dass China zum neuen globalen Zentrum für Arbeitskämpfe werde und das kapitalistische Weltsystem ins Wanken gerate. Die damaligen Streiks waren selbstorganisiert und nicht von den staatlichen Gewerkschaften unterstützt. Unabhängige Gewerkschaften sind in China nicht zugelassen. Der Wunschtraum von 2010 hat sich nicht erfüllt. Dennoch finden auch unter der verschärften Repression seit dem Machtantritt Xi Jinpings 2012 weiterhin Arbeitskämpfe statt. Im Dezember 2022 organisierten die Rosa-Luxemburg-Stiftung und das »Kritische China-Forum« eine Konferenz zu »Arbeitskämpfen in der Plattformökonomie am Beispiel von Essenskurieren in China und Deutschland«, an der auch Aktivisten und Aktivistinnen aus der Volksrepublik teilnahmen.

Das »Kritische China-Forum« wurde Anfang 2021 ins Leben gerufen, um eine linke Debatte anzuregen und Expertise zu bündeln. Es möchte Herrschaftsverhältnisse, kapitalistische Ausbeutung und Naturzerstörung in China thematisieren. Dennoch will man gegen schlichtes Schwarz-Weiß-Denken, Chauvinismus und militärische Eskalationslogik im westlichen Mainstream Stellung beziehen. In diesem Forum engagieren sich Mitarbeitende verschiedener Universitäten, der Rosa-Luxemburg-Stiftung, der Nichtregierungsorganisation Power Shift sowie Mitglieder von Gongchao, des Forums Arbeitswelten, der Industriegewerkschaft Metall (IG Metall), der Industriegewerkschaft Bergbau, Chemie, Energie (IG BCE) und der Gewerkschaft Erziehung und Wissenschaft (GEW).

Ursprünglich war geplant, dass das Forum eine kontroverse Debatte mit allen linken Strömungen führen solle. Interesse der UnterstützerInnen des »Sozialismus mit chinesischen Besonderheiten« blieb jedoch weitgehend aus. Als Folge sind im Forum Menschen vertreten, die die Volksrepublik als »kapitalistisch« oder »staatskapitalistisch« einordnen. Als Argumente für diese Einschätzung werden genannt: die große Privatisierungswelle und die Massenentlassungen der späten 1990er Jahre, die Umwandlung vieler Staatsbetriebe in Aktiengesellschaften, der nur schwach regulierte Arbeitsmarkt, die mangelhafte Implementierung von Arbeitsrechten und Arbeitsschutz sowie der Landnutzungsrechte und die starke Kommerzialisierung des Wohnungsmarktes sowie des Bildungs- und Gesundheitssystems.

Kontroversen im Forum gibt es zum Beispiel bei der Frage der Bewertung der Protestbewegung in Hongkong (2019/20). Einige bewerten die Proteste gegen die autoritäre Regierung überwiegend positiv und stehen im Austausch mit dem linken Flügel der Demokratiebewegung. Andere sehen diese Bewegung wegen der geopolitischen Instrumentalisierung durch die US-Regierung hingegen überwiegend kritisch.

Vor dem Hintergrund der Verschärfung des sino-amerikanischen Konflikts gibt es eine Strömung innerhalb der Linken, deren Haltung zur Volksrepublik in erster Linie von geopolitischen Überlegungen bestimmt wird. Ihr prominentester Vertreter ist wohl der Journalist Jörg Kronauer, der regelmäßig in *konkret* und *junge Welt* veröffentlicht. Er behauptet nicht, dass in der Volksrepublik der Sozialismus aufgebaut werde. Kronauer sieht Chinas emanzipatorisches Potenzial vielmehr im Versuch, das wirtschaftlich-technisch abgesicherte Wohlstandsmonopol westlicher Mächte global zu brechen.

Soziale Kämpfe und politische Auseinandersetzungen innerhalb Chinas kommen in seinen Artikeln so gut wie gar nicht vor. Die rasante Aufrüstung der Volksbefreiungsarmee und den aggressiveren Umgang der chinesischen Regierung mit kleineren Nachbarstaaten sieht Kronauer in erster Linie nur als Reaktion auf die militärische und wirtschaftliche Eindämmungspolitik der USA in Asien. Eine eigene chinesische imperialistische Agenda will Kronauer nicht erkennen.

Von Anti-Mao zu Pro-Xi

Für eine internationale Solidarität mit der Kommunistischen Partei Chinas (KPCh) und dem chinesischen Modell tritt eine Gruppe um den letzten Vorsitzenden des Ministerrats der DDR und langjährigen Vorsitzenden des Ältestenrats der Partei »Die Linke«, Hans Modrow, ein. Modrow, der im Alter von 95 Jahren am 11. Februar 2023 verstorben ist, besuchte schon 1959 die Volksrepublik als Leiter einer Delegation der Freien Deutschen Jugend.

2021 erschien das Buch »Chinas Jahrhundert: Werkstattgespräch« (Herausgeber Michael Geiger), in dem eine Reihe von in der DDR sozialisierten ehemaligen Funktionären und Wissenschaftlern über ihre Erfahrungen reflektieren. Im Rahmen des sino-sowjetischen Konflikts nach 1963 hatte die Sozialistische Einheitspartei Deutschlands (SED) den Maoismus ideologisch bekämpft. Als sich ab 1984 die Beziehungen zwischen der Sowjetunion und China wieder verbesserten, entwickelte sich auch ein reger politischer und wissenschaftlicher Austausch zwischen der DDR und der Volksrepublik.

Der Tenor dieser Strömung ist, dass die westliche Linke das Projekt des »chinesischen Sozialismus« ernst nehmen sollte. Die KPCh habe wichtige Lehren aus dem Scheitern der traditionellen Plan- und Staatswirtschaft sowjetischen Typs gezogen. Mit einer Mischung aus verschiedenen Eigentumsformen sowie Markt- und Planelementen sei es der KPCh gelungen, sowohl Wachstum und Wohlstand zu schaffen als auch den Primat der Politik über die Ökonomie zu wahren.

Modrow selbst hatte 1989 vergeblich versucht, die DDR mit marktorientierten Reformen zu retten. Neben den Lehren, die aus dem gescheiterten Maoismus gezogen worden seien, sei der chinesische Weg auch von den eigenen kulturellen Traditionen des Landes wie der des Konfuzianismus geprägt. Viele westliche Linke hätten einen »eurozentrischen« Blick und würden schematisch veraltete Vorstellungen von Sozialismus versus Kapitalismus bei der Bewertung Chinas anwenden.

Der Ökonom Uwe Behrens, der im DDR-Verkehrswesen tätig war und nach 1990 für verschiedene Logistikunternehmen in China arbeitete, sieht die »Neue Seidenstraße« als ein Menschheitsprojekt und Alternative zur US-dominierten Weltordnung. Berichte in westlichen Medien über schwere Menschenrechtsverletzungen in Xinjiang oder Hongkong tut diese Strömung in der Regel als »China-Bashing« oder »Propaganda des US-Imperialismus« ab.

Berechtigte Skepsis gegenüber der Berichterstattung westlicher Mainstream-Medien scheint von keiner kritischen Auseinandersetzung mit offiziellen chinesischen Darstellungen begleitet zu werden. Im Gegenteil sind Behrens und andere Vertreter dieser Strömung gerngesehene Interviewpartner der chinesischen Staatsmedien, die sich ihre Version der Geschehnisse von »Ausländern« bestätigen lassen.

Die Deutsche Kommunistische Partei (DKP), die sich eng an die Sowjetunion angelehnt hatte, soll einem Antrag des Parteivorstands zufolge auf dem Parteitag im März 2023 die Einschätzung beschließen, die KPCh in China baue den Sozialismus auf. Die chinesischen Genossen und Genossinnen hätten souverän verhindert, dass sich eine neue Bourgeoisie als Klasse entwickelt habe. Die Partei behalte die Kommandohöhen der Wirtschaft und die Macht im Staat.

Unumstritten ist diese Position allerdings nicht. In der Parteizeitung *Unsere Zeit* vertrat Inge Humburg Ende Januar 2023 mit Verweis auf Josef Stalin die Position, die Warenproduktion, sprich Marktelemente, sei ein »Muttermal des Kapitalismus«. Mit der Weiterentwicklung zum Kommunismus müsse die Warenproduktion durch umfassende staatliche Planung ersetzt werden. Der Parteivorstand der DKP habe sich mit der positiven Haltung zur »sozialistischen Marktwirtschaft« der KPCh von seinen kommunistischen Wurzeln entfernt.

Sympathien jenseits dogmatischer Debatten

Jenseits solcher dogmatischen Debatten führen auch die Fähigkeiten des chinesischen Staats, in großem Stil Infrastruktur zu errichten, zu Sympathien. So stellt zum Beispiel der Bremer Professor für Volkswirtschaftslehre Wolfram Elsner diese Handlungsfähigkeit einem sich angeblich im Niedergang befindlichen westlichen Kapitalismus gegenüber. Der Neoliberalismus habe durch Deregulierung, Privatisierung und Unterfinanzierung die Fähigkeit des Staats zur Intervention stark geschwächt. In China habe der Staat die Handlungsfähigkeit dagegen bewahrt und den Willen, einen grundlegenden ökologischen Umbau im Kampf gegen die Klimakatastrophe zu gestalten. Ähnlich argumentieren auch einige AnhängerInnen keynesianischer Wirtschaftspolitik. Sie hoffen, durch die Konkurrenz des erfolgreichen chinesischen Modells könne im Westen die industriepolitische Steuerung von Märkten wiederbelebt werden.

Die »Handlungsfähigkeit« des chinesischen Staats zeigt sich jedoch auch in dem Aufbau umfassender digitaler Überwachung, der Wiedereinführung des Systems von »Umerziehungslagern« außerhalb des offiziellen Justizwesens und der Gängelung von Wissenschaft und Kultur in exorbitantem Ausmaß. Ob ein ökologischer Umbau durch den Staat von oben, ohne entsprechenden gesellschaftlichen Bewusstseinswandel, gelingen kann, wird sich zeigen. Bisher orientieren sich chinesische Superreiche und die Mittelschicht am Konsumstandard der »imperialen Lebensweise« (Brand/Wissen).

In der Partei »Die Linke« und der ihr nahestehenden Rosa-Luxemburg-Stiftung werden Stimmen laut, das Verhältnis zu China endlich zu klären. Da alle hier umrissenen Positionen in Partei und Stiftung vorhanden sind, besteht wohl keine Aussicht auf einen Konsens.

Jungle World 10/2023 (9.3.2023)

100 Jahre Kommunistische Partei Chinas und die westliche Linke

Schon bei ihrer Gründung im Jahr 1921 war die KPCh Teil der kommunistischen Weltbewegung. Als sich eine kleine Gruppe chinesischer Intellektueller und Studierender in Shanghai traf, waren auch zwei Vertreter der Kommunistischen Internationalen (Komintern) anwesend. Der Niederländer Henk Sneevliet war schon vorher im antikolonialen Kampf in Niederländisch-Ostindien, heute Indonesien, aktiv gewesen. Die Komintern schickte ihn nach China, um aus den losen marxistischen Zirkeln eine revolutionäre Kaderpartei zu formen. Außerdem sollte Sneevliet die chinesischen Genossen und Genossinnen von der Strategie einer breiten antiimperialistischen Einheitsfront überzeugen. Als »Halbkolonie« spielte China in der Strategie der Komintern eine wichtige Rolle, um den revolutionären Kampf des Proletariats der Industrieländer durch Aufstände der »unterdrückten Massen des Ostens« zu ergänzen. Sneevliet sollte 1942 in den Niederlanden im antifaschistischen Widerstand als Mitorganisator des Februarstreiks von der deutschen Besatzungsmacht hingerichtet werden. Heute sind in Amsterdam eine Straße und eine U-Bahn-Station nach ihm benannt.

Frühe Solidarität

In Europa entstand in den 1920er Jahren eine Solidaritätsbewegung mit der chinesischen Revolution, die von der »Liga gegen Imperialismus und für nationale Unabhängigkeit« und den kommunistischen Parteien organisiert wurde. Der junge Bertolt Brecht ließ sich zum Beispiel von den Ereignissen in China zu den Theaterstücken »Die Maßnahme« und »Der gute Mensch von Sezuan« inspirieren. Ihn faszinierte aber nicht nur die revolutionäre Gegenwart, sondern auch die klassische chinesische Philosophie. Bei einigen seiner besten Weisheiten bediente sich Brecht kreativ bei konfuzianischen und daoistischen Klassikern.

Die kommunistische Bewegung in China stand mehrfach am Rande der vollständigen Vernichtung. Nach einigen Jahren der erfolgreichen antiimperialistischen Einheitsfront mit der Guomindang (GMD) ließ deren neuer Führer, Chiang Kai-shek, 1927 nach der Einnahme von Shanghai die urbane ArbeiterInnenbewegung massakrieren. Die Kommunisten und Kommunistinnen mussten sich in Folge für fast zwei Jahrzehnte auf das Land zurückziehen. 1934 gelang es der GMD-Regierung schließlich, die chinesische Sowjetrepublik im Süden militärisch zu zerschlagen. Mao Zedong und seine Genossen und Genossinnen mussten sich auf den Langen Marsch begeben.

Interessanterweise machte die chinesische Parteiführung für diese katastrophale Niederlage den deutschen Militärberater der chinesischen Roten Armee, Otto Braun, verantwortlich, den die Komintern entsandt hatte. Braun wurde vorgeworfen, er habe durchgesetzt, die erfolgreiche defensive Guerillataktik Maos durch eine desaströse Offensivstrategie abzulösen. Nach der Teilnahme am Langen Marsch in das Stützpunktgebiet in Yan'an im Norden Chinas kehrte Braun schließlich in die Sowjetunion zurück. Er siedelte 1954 in die DDR über und diente zeitweise als Sekretär des staatlichen Schriftstellerverbands. Nach dem sino-sowjetischen Bruch 1960 sollten sein Insiderwissen und sein Buch »Chinesische Aufzeichnungen (1932–1939)« (1973) eine wichtige Rolle im Propagandakrieg der DDR gegen den »nationalistischen« und »kleinbürgerlichen« Maoismus spielen.

Komintern und KPCh

In China kam es nach dem VII. Weltkongress der Komintern 1935 und vor dem Hintergrund der japanischen Invasion 1937 zur Bildung einer zweiten nationalen Einheitsfront zwischen GMD und KPCh. Für die sowjetische Regierung war es wichtig, angesichts der deutschen Bedrohung im Westen das Entstehen einer zweiten Kriegsfront durch einen japanischen Angriff auf Sibirien zu verhindern. Mao wurde einer breiten Weltöffentlichkeit erst durch den Bestseller »Roter Stern über China« (US-Ausgabe 1937) des US-amerikanischen linken Journalisten Edgar Snow bekannt. Darin porträtierte Snow Mao als bescheidenen und sympathischen Anführer einer ländlichen Revolution in den Höhlen von Yan'an. Die KPCh stellte er als die entscheidende patriotische Kraft im Widerstandskrieg gegen Japan dar. Nach dem Eintritt in den pazifischen Krieg im Zuge des japanischen Angriffs auf Pearl Harbor unterstützte die US-Regierung sowohl die GMD-Regierung als auch die KPCh gegen den gemeinsamen Feind.

Es gehört übrigens zu den Legenden, dass die KPCh seit Anfang der 1930er Jahre unabhängig von Moskau operierte und damals schon einen eigenen chinesischen Weg ging. Durch die Öffnung der sowjetischen Archive in den 1990er Jahren wurde bekannt, dass die chinesische Führung und auch Mao bis zu Stalins Tod wichtige strategische Entscheidungen mit dem sowjetischen Parteiführer bzw. mit Georgi Dimitroff, dem Vorsitzenden der Komintern, koordinierten. Der Held des deutschen Reichstagsbrand-Prozesses von 1933 hatte übrigens eine Tochter von Wang Ming adoptiert, der ein wichtiger Parteiführer der KPCh war, bevor ihn Mao Mitte der 1930er Jahre kaltstellen ließ.

Die »Neue Linke« im »China-Fieber«

Nach dem Sieg der chinesischen Revolution und der Gründung der Volksrepublik China im Jahr 1949 gab es eine enge Zusammenarbeit mit dem sozialistischen Lager – bis zum Bruch mit der Sowjetunion im Jahr 1960. In der westlichen Linken sollte allerdings erst im Zuge von »1968« ein China-Fieber ausbrechen. Die »Neue Linke« nahm die Volksrepublik in erster Linie als Teil der Befreiungsbewegungen der »Dritten Welt« und als Alternative zur bipolaren Blockbildung des Kalten Krieges wahr. Nicht wenigen Teilnehmenden der antiautoritären Studierendenbewegung erschien die chinesische Kulturrevolution (1966–1976) als revolutionärer Aufstand der Massen gegen einen bürokratisch verkrusteten Parteiapparat.

Positiv wurden auch die maoistischen Versuche der Aufhebung einer Arbeitsteilung zwischen geistiger und körperlicher Arbeit gesehen. Die zeitweise Schließung von Schulen und Universitäten in China galt als radikalere Variante der eigenen Kritik an Bildungssystemen, die durch Selektion die gleichen Eliten immer wieder reproduzierten. Viele westliche Wahrnehmungen beruhten auf Unkenntnis des damals verschlossenen fernen Landes. Missverständnisse waren allerdings zum Teil auch produktiv, da sie etwa in Italien und Frankreich linken Dissidenten und Dissidentinnen der großen kommunistischen, schon längst reformistischen Parteien halfen, sich 1968/69 auf die Seite der revoltierenden Studierenden und ArbeiterInnen zu stellen.

Abflauender Maoismus

In China ließ Mao 1968 die Ordnung durch die Armee wieder restaurieren und die Massenbewegung demobilisieren. Über die Hinrichtung von Hunderttausenden durch die Armee war damals außerhalb

Chinas wenig bekannt. In vielen westlichen Ländern gründeten sich nach dem Abflauen der antiautoritären Bewegung neue Bünde und Parteien, die sich auf die KPCh als wahre Kraft des Marxismus-Leninismus im Kampf gegen »sowjetischen Revisionismus« bezogen. Sie hofften, eine proletarische Revolution in ihren eigenen Ländern in der Zukunft führen zu können. In Wien wurde zum Beispiel der »Kommunistische Bund Österreichs« (KBÖ) gegründet. Eine Welt brach für die prochinesischen Aktivisten und Aktivistinnen zusammen, als nach Maos Tod die Parteilinke in der Führung, die »Viererbande«, im Oktober 1976 verhaftet wurde und schließlich die KPCh selbst die Kulturrevolution als »große Katastrophe für Volk und Partei« verurteilte. Die Radikalisierung der westlichen ArbeiterInnenklasse war ohnehin ausgeblieben. Verwirrt oder bitter enttäuscht wandten sich in den folgenden Jahren viele westliche Linke vom Maoismus ab und verloren das Interesse an China.

Ab Mitte der 1980er Jahre versöhnte sich im Zuge der neuen sowjetischen Außenpolitik unter Michail Gorbatschow die KPCh-Führung wieder mit den kommunistischen Parteien Osteuropas. Im Juni 1989 begrüßte die Führung der Sozialistischen Einheitspartei Deutschlands (SED) sogar die blutige Niederschlagung der angeblich »konterrevolutionären« Bewegung auf dem Platz des Himmlischen Friedens in Peking. Ich habe den Eindruck, dass manche in der DDR sozialisierte ältere Linke und ehemalige Parteifunktionäre wie Egon Krenz die KPCh bis heute im Sinne der damaligen SED-Parteilinie verteidigen. Dies ist insofern eine gewisse Ironie der Geschichte, da die Moskau-orientierte Linke fast zwei Jahrzehnte die Welt mit undifferenzierter Propaganda gegen die KPCh überzog.

Neu erwachtes Interesse

Die deutschsprachige Linke hatte mehrheitlich lange Zeit das Interesse an China verloren, weil der rasante wirtschaftliche Aufstieg des Landes seit den 1990er Jahren überhaupt nicht in das eigene Weltbild passte. Eine Verbindung eines leninistisch-strukturierten Einparteienstaats mit Staatskapitalismus ist bisher wirtschaftlich das erfolgreichste Modell des Kapitalismus im 21. Jahrhundert. Die »Bürokratie« hatten viele linke Strömungen, besonders der Trotzkismus, immer nur als Problem und Hemmnis wahrgenommen, nicht als Maschinerie zur gigantischen Entfaltung von Produktivkräften. Der Einführung von Marktmechanismen, profitorientiertem Wettbewerb und der Öffnung zum Weltmarkt standen alle Strömungen der radikalen Linken sowieso skeptisch gegenüber.

Chinesisches Kapital, Arbeitskräfte und Waren sind mittlerweile auch in Europa so präsent, dass eine analytische Einordnung des Modells der Volksrepublik und seines globalen Einflusses nicht mehr als »exotistische« Marotte abgetan werden. Allein deshalb ist die große Anzahl von neuen Publikationen zu China zu begrüßen.

Volksstimme 9/2021

Größer als Che

»In unseren Händen müssen die Worte des Vorsitzenden Mao Waffen werden.« Ein als Rotgardist verkleideter Schauspieler reißt Seiten aus Mao Zedongs Rotem Buch, bastelt daraus einen spitzen Papierflieger und wirft ihn auf den persischen Schah. Die Botschaft dieses Kurzfilms von Harun Farocki, »Die Worte des Vorsitzenden Mao« aus dem Jahr 1967, ist deutlich: Schluss mit universitären Theoriespielchen, her mit der revolutionären Praxis. Die Kamera führte Holger Meins, später Mitglied der Roten Armee Fraktion (RAF).

Im gegenwärtigen Kulturkampf um die Bewertung von »68« in Form des medialen Spektakels spielt die chinesische Kulturrevolution kaum eine Rolle. Ohne die Befreiungsbewegungen in der »Dritten Welt« und die chinesische Kritik am sowjetischen Staatssozialismus hätte die Neue Linke in Westeuropa jedoch kaum Bezugspunkte für eine revolutionäre Politik konstruieren können. Die Revolte von Rotgardisten, Rotgardistinnen, Rebellen, Rebellinnen, jungen Arbeitern und Arbeiterinnen gegen den Parteiapparat in China 1966/67 wurde zu einem zentralen Bezugspunkt für Spontis, RAF und K-Gruppen.

In der ersten Phase der Studierendenbewegung, die man auf 1967 bis 1969 datieren kann, eigneten sich die Akteure und Akteurinnen Symbole und Ideen aus der chinesischen Kulturrevolution eher spielerisch an. Die maoistische Studierenden-Wohngemeinschaft in Jean-Luc Godards Film »Die Chinesin« von 1967 wirkt noch konfus und surreal. So diskutieren in dem Film die Protagonisten und Protagonistinnen darüber, ob man nicht Bomben an den Universitäten legen sollte, damit diese Institutionen geschlossen werden und die Studierenden aufs Land gehen können. Die Spontis und Antiautoritären der ersten Stunde der Bewegung in Westdeutschland bezogen sich auf Mao als erfolgreichen Partisanenführer und als »Anti-Autorität«. Gezielt wurde Mao denn auch als Bürgerschreck in den Auseinandersetzungen mit den bürgerlichen Medien eingesetzt. Mitglieder der »Kommune 1« verkleideten sich als Rotgardisten und Rotgardistinnen und warben mit »Karamellbonbons mit Gehirnwäschespurenelementen« für Besuche bei der chinesischen Botschaft in Ostberlin. Linke Zeitschriften wie *konkret* oder *Kursbuch* inszenierten die Kulturrevolution als authentische Jugendrevolte gegen Dogmatismus und verknöcherte Apparate.

Nach dem Scheitern der Studierendenbewegung und der Auflösung der »Kommune 1« und des Sozialistischen Deutschen Studentenbundes (SDS) 1969/70 wurde es ernster. Mit der Gründung diverser K-Gruppen wurde China nun als Vorbild für den Parteiaufbau herangezogen. Das wilde Durcheinander in der Theorie, vom jungen Marx über die Kritische Theorie und die Anarchisten bis hin zu Mao, wurde nun durch das systematische Studium der »Klassiker« des Marxismus-Leninismus sowie der *Peking-Rundschau* ersetzt. Nicht nur die K-Gruppen bezogen sich stark auf Mao, sondern auch die RAF tat das. Die grundlegenden Erklärungen »Das Konzept Stadtguerilla« und »Über den bewaffneten Kampf in Westeuropa« der »Marxisten-Leninisten mit Knarren« von 1971 sind von Mao-Zitaten durchzogen. »Dem Volke dienend« wollte die erste Generation der RAF den »Krieg der Weltdörfer gegen die Weltstädte« (Lin Biao) in die Metropolen tragen. Die chinesische »Sieg im Volkskrieg«-Rhetorik gehörte damals zum Common Sense der Antiimperialisten weltweit. Im Büro des Vorsitzenden der Volksfront für die Befreiung Palästinas (Popular Front for the Liberation of Palestine, PFLP), George Habash, hing ein Mao-Bild.

Die Neue Linke in Westeuropa und die Kommunistische Partei Chinas besaßen Anfang der 1970er Jahre einen gemeinsamen Ideenpool. Die Politik der »friedlichen Koexistenz« der Sowjetunion wurde abgelehnt. Die Verurteilung des Einmarsches des Warschauer Paktes in Prag 1968 stärkte Chinas Ruf als konsequente antiimperialistische Macht. Der »Papiertiger« Imperialismus (Mao) könne nur durch eine bewaffnete Revolution vernichtet werden. Während die RAF damit sofort beginnen wollte, wollten die K-Gruppen erst das Proletariat für die Revolution gewinnen. Wie die Guerilla-Bewegung in Lateinamerika, so stellten auch die Roten Garden, Rebellen und Rebellinnen in China die Selbstverständlichkeit der Führungsrolle der traditionellen Kommunistischen Partei in Frage. Wer die Avantgarde der Revolution sei, könne sich nur im Kampf herausstellen, so fasst Chris Marker den damaligen Konsens in der Neuen Linken in seinem Essay-Film »Le fond de l'air est rouge« (1977) zusammen. Deshalb ist es auch nicht verwunderlich, dass sich auch die Linkskommunisten, -kommunistinnen, KP-Dissidenten und -Dissidentinnen in Italien um *Il manifesto* trotz einiger Kritik stark auf Maos China bezogen.

Das junge, dynamische China schien die permanente Revolution zu verkörpern, in der die Massen selbst mit ihren Feinden abrechneten. Selbst Michel Foucault war 1972 von der Idee der spontanen Gewalt der Massen fasziniert und stellte die direkte Abrechnung der Massen mit ihren Unterdrückern einer institutionalisierten Volksjustiz durch Gerichte positiv gegenüber. Die Lynchjustiz in der Kulturrevolution meinte man rechtfertigen zu können, da eine Revolution schließlich kein Gastmahl sei (Mao), oder man tat sie als Propaganda der bürgerlichen Manipulationsmaschine ab. Bei allen Fraktionen der Neuen Linken in Westdeutschland herrschte außerdem das Bedürfnis, sich mit den Massen zu verbinden. Spontis, Maoisten und Maoistinnen gingen in die Fabriken. Seit dem Septemberstreik von 1969 glaubte man, dass der schlafende Riese, das Proletariat, langsam erwache. Die frühe RAF wollte auch das Bewusstsein der Massen wachrütteln. Nicht alle K-Gruppen verurteilten die RAF-Strategie scharf. Die Kommunistische Partei Deutschlands/Marxisten-Leninisten (KPD/ML) grenzte sich von den »Genossen« von der RAF erst deutlich ab, als diese 1977 »die Massen« in der Lufthansa-Maschine als Geiseln nahmen.

Die Gräben zwischen Spontis, K-Gruppen und RAF waren anfangs nicht so tief, wie sie später erschienen. In der Westberliner Szene-Zeitung *Agit 883* diskutierten zunächst alle Strömungen. China funktionierte wunderbar als Projektionsfläche für die eigenen Träume und Bedürfnisse. Die Ideen Mao Zedongs schienen, als seien sie aus einem Supermarkt der subversiven Symbole, in dem sich jeder bedienen konnte. Als TeilnehmerIn einer weltweiten Revolution mit Peking als Zentrum fühlte man sich wichtig. Dass Mao schon 1967 die Volksbefreiungsarmee einsetzte, um die Ordnung wiederherzustellen, und durch die Landverschickung von 15 Millionen Jugendlichen die Roten Garden und Rebellengruppen faktisch zerschlagen wurden, ignorierten die bewegten Linken im Westen. Erst als Mao 1972 Nixon in Peking empfing, jammerten etwa die »Ton, Steine, Scherben« auf der Beilage zur Platte »Keine Macht für niemand«: »Mao, Mao, warum hast du uns verlassen?«

Die Erzählung vom guten, undogmatischen »68« und von den bösen, dogmatischen 1970er Jahren lässt sich nicht aufrechterhalten. Viele Akteure und Akteurinnen konstruierten so ihre Vergangenheit, als sie sich Ende der 1970er Jahre den neuen sozialen Bewegungen zuwandten. Nach der erfolgreichen Befreiung vom »Mao-Männchen im Kopf« wurde man wieder undogmatisch, so glaubten es zumindest die Zeitzeugen und Zeitzeuginnen in Aussteiger-Literatur wie »Wir warn die stärkste der Partein…« (1977). K-Gruppen und RAF waren Produkte des Scheiterns der Studierendenbewegungen. Die Antiautoritären von 1968 und die Parteikader von 1971 waren häufig dieselben Personen. Manche hielten ihre eigene Revolte einfach nicht mehr aus. Angehörige der Kommunen bezeichneten mir gegenüber den Eintritt in die K-Gruppe als Befreiung, weil der Psychoterror und die Daueranalyse der Orgasmusschwierigkeiten ein Ende hatten. Andere ehemalige Kommunenmitglieder nannten die K-Gruppen hingegen Sekten, um sich von dieser Periode ihres Lebens abzugrenzen.

Trotz allem Dogmatismus spricht gegen die Sekten-These die hohe Fluktuation: 100.000 bis 150.000 Menschen sollen die K-Gruppen allein in Westdeutschland durchlaufen sowie deren Selbstauflösung zu Beginn der 1980er Jahre miterlebt haben. Statt das Jahr 1968 zu mystifizieren, ist es sinnvoller, vom »roten Jahrzehnt« (1967–1977) zu sprechen, das mit dem Tod von Benno Ohnesorg begann und mit der Todesnacht von Stammheim endete. Will man diesen Teil der Geschichte nicht als deutsches Psychodrama der Nazitäter-Kinder oder Provinzposse erzählen, dann kommt man nicht daran vorbei, den großen Einfluss der chinesischen Kulturrevolution auf die Neue Linke zu berücksichtigen.

Jungle World 7/2008 (14.2.2008)

Kapitel 7

Interviews

Neue »Kurze Geschichte der KP Chinas« zum Parteijubiläum

Aus einer kleinen Verschwörerclique, die sich im Juli 1921 in Shanghai – das genaue Datum ist nicht geklärt – zum 1. Parteitag der KPCh traf, ist 100 Jahre später mit mehr als 90 Millionen Mitgliedern die – nach der indischen BJP – größte politische Partei der Welt geworden, die die zweitgrößte Volkswirtschaft der Welt regiert. Die Partei hat sowohl den antikommunistischen Vernichtungsfeldzug der Guomindang-Truppen unter Chiang Kai-shek wie auch danach den Eroberungsfeldzug der Japaner im Zweiten Weltkrieg nicht nur überlebt, sondern ist daraus jeweils gestärkt hervorgegangen. Insofern steht das Heldenepos, als welches die Geschichte der KPCh offiziell geschildert wird, durchaus auf historischen Tatsachen, was die Zeit bis zur Gründung der Volksrepublik China 1949 betrifft.

Katastrophale Entscheidungen und Kurswechsel der Folgezeit wie der Versuch einer forcierten Industrialisierung (»Großer Sprung nach vorn«) oder die »Große Proletarische Kulturrevolution« sind schon schwerer in eine ununterbrochene Erfolgsgeschichte zu integrieren.

Anlässlich des 100. Jahrestages ihrer Gründung ist nun eine neue »Kurze Geschichte der Kommunistischen Partei Chinas« erschienen, herausgegeben von der Propagandaabteilung des Zentralkomitees der KPCh. Trotz der »Kürze« im Titel hat die gedruckte Version mehr als 500 Seiten. Die Deutsche Welle sprach mit dem Kölner Sinologen Felix Wemheuer über das, was darin steht und was nicht.

»Vereinheitlichung der Gedanken«

Deutsche Welle (DW): *An wen richtet sich die neue offizielle Geschichte der KP Chinas, auf welche Weise wird sie vermittelt?*

Felix Wemheuer: Parteigeschichtsschreibung spielt in der KP Chinas traditionell eine sehr wichtige Rolle. Auch Mao hat das Studium der Parteigeschichte schon benutzt, um »die Gedanken zu vereinheitlichen«. Zum einen sollen also die Parteikader sich die aktuelle Interpretation aneignen, und zum anderen die Bewerber um eine Parteimitgliedschaft. »Eine kurze Geschichte der Kommunistische Partei Chinas« soll auch Gegenstand der zentralen Aufnahmeprüfungen für die Hochschulen werden. Millionen Chinesen werden also standardisierte Fragen und Antworten, die auf dem Buch beruhen, auswendig lernen müssen.

Und natürlich wird das, was in dem Lehrbuch steht, auch in anderer Form dem Volk vermittelt. Kinder und Teenager stehen dabei besonders im Fokus. Die Partei ist offenbar zu der Erkenntnis gekommen, dass die ideologische Erziehung bei denen, die in den 80er und 90er Jahren geboren wurden, nicht sehr gut funktioniert hat und dass diese Gruppe zu stark von westlichen individualistischen Ideen beeinflusst ist. Diesen »Fehler« will man jetzt vermeiden und versucht, gerade auch sehr junge Menschen von der Parteiideologie zu überzeugen, wobei auch der Nationalismus eine sehr wichtige Rolle spielt.

Dazu dienen etwa Ausflugsaktivitäten von Schülern zu Revolutionsmuseen, oder eine Zeichentrick-Serie, die diese Inhalte der Parteigeschichte auch einem breiteren Publikum vermitteln soll. Und es werden verbindliche Interpretationen festgelegt, an die sich dann auch Kulturproduktionen wie Spielfilme oder Serien halten müssen.

Kontinuierliche Erfolgsgeschichte

DW: *Welches ist die Kernbotschaft der neuen Parteigeschichte?*

Wemheuer: Kurz gefasst lautet diese Botschaft: Auch wenn es Krisen, Probleme und Fehler in der Geschichte der Partei gegeben hat, war die Partei immer in der Lage, sich wieder neu aufzustellen und China auf den Weg zu Wohlstand und internationaler Anerkennung zu führen, und den Marxismus-Leninismus und die Mao-Zedong-Ideen den jeweiligen Anforderungen der Zeit anzupassen. Und sehr wichtig ist, dass die Kontinuität betont wird, also von der Gründung 1921 bis heute unter der Führung von Xi Jinping, mit dem das Buch endet und unter dessen Führung der chinesische Traum verwirklicht werden soll.

***DW:** Was ist neu oder anders an der neuen Parteigeschichte?*

Wemheuer: Die Parteigeschichte wurde schon immer so konstruiert, dass auch die Rückschläge ins Bild passen, weil es ja immer die Partei war und nur die Partei sein kann, die diese Fehlentwicklungen wieder korrigiert hat. Im Vergleich mit früheren Lehrbüchern fällt auf, dass in dem neuen die Teile über die Kulturrevolution und den »Großen Sprung nach vorn« wesentlich kürzer gehalten sind als früher, und es sind ihnen auch keine eigenen Kapitel mehr gewidmet. Nach der offiziellen Interpretation waren das ja die beiden großen Fehler Maos und der Partei. Beim »Großen Sprung nach vorn« wird jetzt in diesem neuen Lehrbuch nur von »wirtschaftlichen Schwierigkeiten« gesprochen, während in dem Lehrbuch zum 90. Jahrestag der Parteigründung noch die Wörter »Hungersnot« und »Hungertote« benutzt wurden. Das heißt, die Präsentation dieser Rückschläge und Fehlentwicklungen ist noch mal deutlich zurückgefahren worden.

***DW:** Welche Rolle spielt Tian'anmen 1989 in der neuen Parteigeschichte?*

Wemheuer: Das wird sehr kurz abgehandelt. Und zwar ohne weitere Differenzierung gemäß der Interpretation von 1989, dass es sich um einen konterrevolutionären Aufruhr gehandelt habe, der das sozialistische System abschaffen wollte und dann von der Regierung niedergeschlagen werden musste.

Parallelen zur Sowjetunion

DW: *Stichwort Revolution: Die Parteiführung hält ungeachtet des heutigen chinesischen wirtschaftlichen Systems, das in vielerlei Hinsicht kapitalistisch ist, an ihrer revolutionären Tradition fest. In diesem Zusammenhang wird auch der sogenannte »Kampf gegen den historischen Nihilismus« geführt. Was steckt dahinter?*

Wemheuer: Das ist eine Kampagne, die schon seit mehreren Jahren läuft. Als »historischer Nihilismus« werden Positionen angegriffen, die die Errungenschaften der Partei und der Revolution verneinen und negative Ereignisse angeblich übermäßig betonen. Insbesondere wird der sogenannte »Abschied von der Revolution« ins Visier genommen, also die Sicht mancher Historiker, dass die Idee, alles durch Revolution verändern zu wollen, China seit Anfang des 20. Jahrhunderts auf den Weg der Instabilität und des Chaos geführt habe. Bestandteil der Kampagne ist auch ein Gesetz, das die »Diffamierung der revolutionären Märtyrer« unter Strafe stellt.

Im Rahmen dieser Kampagne werden oft Parallelen zur Sowjetunion gezogen. Gorbatschow wird kritisiert, weil er Ende der 80er Jahre Debatten zugelassen habe, bei denen die Oktoberrevolution, Lenin, Stalin, die Partei, alles grundsätzlich in Frage gestellt werden konnte. Mit diesem »historischen Nihilismus« hätte Gorbatschow die Legitimationsgrundlage der Sowjetunion untergraben. Und das soll eben in China nicht passieren. In diesem Zusammenhang werden auch Zensurmaßnahmen verstärkt, indem zum Beispiel dazu aufgerufen wird, im Internet »nihilistische Meinungen« zu denunzieren, und entsprechende Beiträge gelöscht werden.

»Chinesischer Traum«

DW: *Welche Rolle spielt Xi Jinping in der neuen Parteigeschichte?*

Wemheuer: Eine sehr prominente. Es werden natürlich auch die Leistungen der Vorgänger erwähnt, auch bei der Entwicklung der

Ideologie und ihrer Anpassung an die chinesischen Besonderheiten. Als da sind die »Mao-Zedong-Ideen«, die »Deng-Xiaoping-Theorie«, die »drei Vertretungen« von Jiang Zemin, das »wissenschaftliche Entwicklungskonzept« von Hu Jintao. Als krönender Abschluss kommen dann die »Xi-Jinping-Ideen der neuen Ära« mit dem »chinesischen Traum« als Dreh- und Angelpunkt, also dem Ziel, China bis 2049 zu einem vollentwickelten Industrieland und einer Weltmacht zu machen.

Es fällt auf, dass der Teil zu Xi Jinping ungefähr ein Viertel des ganzen Buches einnimmt, obwohl er ja erst acht Jahre an der Macht ist, bei 100 Jahren Parteigeschichte. Es entsteht doch sehr stark der Eindruck, dass Xi Jinping als der wichtigste Führer der Kommunistischen Partei Chinas präsentiert wird.

***DW:** Was ist der Grund für diese Fixierung auf Xi Jinping?*

Wemheuer: Ein Grund ist sicher die Furcht vor Interessenkonflikten und Fraktionskämpfen. Letztere haben in der Parteigeschichte zweimal an den Rand des Abgrunds geführt, einmal in der Kulturrevolution und einmal 1989. Und es soll um jeden Preis verhindert werden, dass innerparteiliche Kämpfe, vielleicht noch in Verbindung mit Konflikten in der Bevölkerung, diese explosive Wirkung entfalten können. Und ein starker Führer kann das verhindern, dies scheint die herrschende Vorstellung in der Partei zu sein. Allerdings hatte selbst ein charismatischer Führer wie Mao es nicht geschafft, die damaligen Fraktionskämpfe zu befrieden und zu beenden.

Interview geführt von Hans Spross
Deutsche Welle, 1.7.2021

»Wir haben einfach rote Armbinden angelegt«

Ye Weili wurde kurz nach der Gründung der Volksrepublik China in Peking geboren. Ihre Eltern waren Revolutionsveteranen und Funktionäre der Kommunistischen Partei Chinas. Als Kader-Tochter besuchte sie eine der renommiertesten Mädchen-Mittelschulen des Landes. Während der Kulturrevolution wurde sie 1968 für fünf Jahre aufs Land geschickt. 1973 kehrte sie nach Peking zurück und konnte als »Arbeiter-Bauern-Soldaten-Studentin« an der Normal University ausländische Sprachen studieren. 1981 bekam sie ein Stipendium für die USA und promovierte in Yale. Heute ist sie Professorin für Geschichte an der University of Massachusetts in Boston. Ihr Buch »Growing up in the People's Republic« erschien 2005.

Wemheuer: Sie gehören zur Generation, die nach der Gründung der Volksrepublik erzogen wurde. Wie haben Sie 1966 den Ausbruch der Kulturrevolution an Ihrer Schule erlebt?

Ye: 1966 war ich 16 Jahre alt. Für mich waren die Jahre 1964 und 1965 sehr wichtig. Damals fand eine Radikalisierung an unserer Schule statt. Zuvor haben wir Mädchen bunte Röcke und lange Haare getragen. Im Laufe dieser Jahre wurde der Klassenkampf in der Erziehung stärker betont und viele politische Versammlungen fanden statt. Wir Mädchen begannen, uns die Haare kurz zu schneiden und nun schwarze oder graue Jacken als revolutionäres Outfit zu tragen. Wir wurden »männlicher«. Noch gab es an meiner Elite-Schule keinen Unterschied zwischen uns Kader-Kindern und den Kindern aus Familien der alten Elite. Die Hierarchie änderte sich aber und wir, die Kinder der Kader, galten als besonders revolutionär und wichtig. Ich fühlte mich dadurch eher unter Druck gesetzt. Einer meiner Onkel wurde während der Anti-Rechts-Kampagne 1957 verhaftet und ins Gefängnis gesperrt. Wenn ich die Formulare zur Überprüfung meines familiären Hintergrunds und meiner Gesinnung ausfüllen musste, brachte mich das ganz schön ins Schwitzen. Ich hatte den Eindruck, dass ich mit der revolutionären Rhetorik nicht mitkam, und nahm eher die Rolle einer Beobachterin ein.

Wemheuer: Sie haben sich im Sommer 1966 den Roten Garden angeschlossen.

Ye: Die Roten Garden an der Peking- und Qinghua-Universität wurden spontan im Untergrund gegründet und rebellierten anfangs gegen die Autoritäten ohne Billigung der Regierung. An unserer Schule wurden die Roten Garden erst gegründet, nachdem Mao Zedong öffentlich seine Unterstützung für die Bewegung ausgesprochen hatte. Die Gründung war sehr informell. Wir haben einfach rote Armbinden angelegt und waren die Roten Garden. Ich habe allerdings nicht mehr an der Bewegung teilgenommen, als die Roten Garden in Peking begannen, Häuser zu durchsuchen und im Rahmen der Kampagne gegen die »Alten Vier« – das sind Sitten, Kultur, Gewohnheiten und Gedanken – Gegenstände zu zerstören. Mich stieß die Gewalt ab. Ich übernachtete einmal in einem Wohnheim neben einer Polizeistation. Ich saß vor Angst erstarrt auf meinem Bett, da ich die ganze Nacht die Schreie der Menschen hörte, die von Rotgardisten gefoltert wurden.

Wemheuer: Bian Zhongyun, die Parteisekretärin und Vize-Rektorin Ihrer Schule, starb am 5. August 1966 an den Folgen der Schläge und der Folter ihrer eigenen Schülerinnen. Sie wurde beschuldigt, eine »Machthaberin auf dem kapitalistischen Weg innerhalb der Partei« zu sein. Niemand wurde dafür bestraft.

Ye: An dem Tag war ich nicht in der Schule. Als die Nachricht von ihrem Tod später durch die Lautsprecher durchgesagt wurde, war es in meiner Klasse totenstill. Ich habe aber auch gehört, dass in anderen Klassen applaudiert wurde. Auf mich wirkte das Ereignis traumatisierend.

Wemheuer: Ab dem Herbst 1966 fiel der Unterricht an Ihrer Schule für fast zwei Jahre aus, damit die Schülerinnen an der »Revolution« teilnehmen konnten. Was haben Sie damals gemacht?

Ye: Ich gehörte nach diesen Ereignissen zur sogenannten »Aussteiger-Fraktion«. Am Anfang war ich sehr glücklich, dass die Schule ausfiel und ich mich nicht auf die Aufnahmeprüfung für das Gymnasium vorbereiten musste. Mein Vater bekam als Kader Probleme und wurde in einem Rinderstall durch Arbeit »umerzogen«. Allerdings konnte er noch regelmäßig nach Hause kommen. Er stand unter starkem Druck und hat nicht viel gesprochen. Ich habe mich mehr für die Kulturrevolution an den Universitäten interessiert und bin oft zur Qinghua-Universität gegangen, um die Wandzeitungen und Untergrund-Magazine der verschiedenen Rebellenfraktionen zu lesen. Ich habe mich allerdings in diesen zwei Jahren oft gelangweilt und die Zeit genutzt, mich durch die Weltliteratur von Autoren wie Stefan Zweig oder Romain Rolland zu lesen. Das haben damals viele gemacht, obwohl diese Bücher als bürgerlich galten. Unsere Haushälterin ist außerdem aus Angst vor Hausdurchsuchungen auf ihr Dorf zurückgekehrt, da musste ich auch bei der Hausarbeit mithelfen.

Wemheuer: Wie Millionen andere »gebildete Jugendliche« wurden Sie 1968 aufs Land verschickt, um von den Bauern zu lernen, wie es offiziell hieß. Wie haben Sie die fünf Jahre in einem armen Dorf in der Provinz Shanxi erlebt?

Ye: Es war nicht meine freiwillige Entscheidung, aufs Land zu gehen, allerdings war ich trotzdem von der Erziehung beeinflusst, dass sich die städtischen Jugendlichen mit den »armen Bauern und unteren Mittelbauern« verbünden sollten. Ich wollte von ganzem Herzen den Bauern helfen und dazu beitragen, die Rückständigkeit des Landes zu überwinden. Allerdings waren meine Erfahrungen eher frustrierend, da es zwischen uns und den Bauern eine unsichtbare Mauer zu geben schien. Viele städtische Jugendliche nahmen die Sache nicht ernst. Außerdem war ich ein junges Mädchen in einer männlichen Umgebung. In dieser Region nahmen die Bauersfrauen nicht an der Feldarbeit teil und blieben zu Hause. Ich habe mehrfach die Buchhaltung für die Brigade der Volkskommune gemacht. Das war nur ein sehr kleiner Beitrag im Vergleich zu meinen ursprünglichen Idealen. Ich kam mir als Einzelne machtlos vor.

Wemheuer: Haben die Bauern die städtischen Jugendlichen als zusätzliche Esser und als Belastung empfunden?

Ye: Das war bei uns nicht der Fall, weil die Gegend nur sehr dünn besiedelt war und es viel schlechten Boden gab, der urbar gemacht werden musste. Die Bauern waren eher neugierig und haben sich gewundert, was die städtischen Jugendlichen wohl auf dem Land wollen.

Wemheuer: Wenn Sie eine Bilanz zum 60. Jahrestag der Volksrepublik ziehen würden – was wären Ihre Hoffnungen und Wünsche für die Zukunft Chinas?

Ye: Das ist schwer zu sagen. Ich glaube, die Ungewissheit unserer Zeit verwirrt viele Menschen, besonders die Chinesen. Ich bin eher pessimistisch. Die Wall Street reißt momentan die Welt in den Abgrund, aber es scheint keine Alternativen zu geben. Einen großen Rückschritt hat es in China seit den Reformen bezüglich der Stellung der Frau in der Gesellschaft gegeben, besonders im Arbeitsleben. Das gegenwärtige Konfuzius-Fieber lässt die alte Rollenverteilung wieder aufleben. Für die Reformbewegungen in China um die Wende zum 20. Jahrhundert war die Gleichberechtigung der Frau ein zentrales Kriterium für den Fortschritt des Landes. Das ist heute im China des 21. Jahrhunderts nicht mehr der Fall. Sehen Sie sich etwa die Eröffnungszeremonie der Olympischen Spiele an: Frauen haben eine dekorative und untergeordnete Rolle. Als ich aufwuchs, wurden wir »Kinder der Volksrepublik« genannt. Es hieß nicht ständig wie heute: »Du bist ein Mädchen«, »du bist ein Junge«. Zwar wurde besonders während der Kulturrevolution »weibliches« Streben nach Schönheit unterdrückt und auch die Sexualität der jungen Menschen stark eingeschränkt. Bezüglich Bildung und Arbeit hatte ich allerdings nie das Gefühl, dass ich etwas nicht tun konnte, weil ich eine Frau bin.

Wemheuer: Wenige Chinesen reden noch über die Kulturrevolution, die meisten schauen lieber auf die Zukunft. Warum haben Sie das Bedürfnis, sich immer wieder mit den Ereignissen auseinanderzusetzen?

Ye: Im Moment beschäftige ich mich gerade mit der Generation, die sich in China Anfang der dreißiger Jahre der Revolution anschloss. Damals war die Sowjetunion das große Vorbild und nicht der Westen. Nach den Reformen in den achtziger Jahren leuchtete dann der Westen und nicht mehr der Osten. Die USA, nicht Europa, wurden zum Vorbild für China. Heute, 30 Jahre später, sind viele Menschen in China verwirrt und leiden unter einer großen Identitätskrise. Der 60. Jahrestag der Volksrepublik ist für mich kein wichtiger Einschnitt. Die Regierung feiert sich selbst, kritische Selbstreflexion findet kaum statt.

Jungle World 38/2009 (17.9.2009)

»Eurozentrische Arroganz gegenüber China«

Deutsche Welle (DW): *Herr Wemheuer, wird Chinas Erfolg bei der Eindämmung der Epidemie vom Ausland zu wenig gewürdigt?*

Felix Wemheuer: Für eine abschließende Bewertung des Erfolgs oder Misserfolgs einzelner Länder ist es noch zu früh. Festzustellen ist, dass die chinesische Regierung seit der Abriegelung von Wuhan am 23. Januar durch strenge Ausgangssperren, eine großangelegte Mobilisierung von Ärzteteams, Logistiktruppen der Volksbefreiungsarmee, Parteimitgliedern sowie den Einsatz digitaler Überwachung versucht hat, die Ausbreitung der Epidemie zu stoppen. Bei der Berichterstattung über China wurde anfangs selten wahrgenommen, dass die Regierung in kurzer Zeit eine große Testkapazität aufgebaut hat. Strategien von Ländern wie Deutschland, die »Durchinfizierung« der Gesellschaft nur zu verlangsamen, konnten in einem Land mit über 1,3 Milliarden Menschen keine Option sein. Die globalen Folgen wären nicht auszudenken, wenn an der Spitze Chinas Politiker stehen würden, die sich wie anfangs in Großbritannien für eine Strategie der Herstellung einer sogenannten Herdenimmunität entschieden hätten.

»Begrenzte Nachahmung des chinesischen Wegs«

DW: *Haben gewisse Scheuklappen oder Vorurteile gegenüber China die Einstellungen hierzulande beeinflusst, wie man auf die Bedrohung durch das neuartige Virus reagieren sollte?*

Wemheuer: Die eurozentrische Arroganz war bei vielen deutschen Politikern und Journalisten im Februar noch so groß, dass sie noch nicht einmal die Frage gestellt haben, was man von den demokratischen asiatischen Ländern wie Südkorea lernen könne. Zunächst wunderte man sich über »mittelalterliche Maßnahmen« Chinas wie Massenquarantäne, Ausgangssperren und Maskenpflicht. Schließlich setzte am 9. März Italien als erstes europäisches Land eine landesweite Ausgangssperre durch. Nun ziehen auch deutsche Bundesländer mit der Maskenpflicht nach. Die chinesischen Maßnahmen wurden schließlich teilweise vom Westen übernommen.

DW: *Es gibt aber auch Maßnahmen, die im Westen schwerlich akzeptiert würden…*

Wemheuer: Richtig, in den meisten europäischen Ländern gelten nur Ausgangsbeschränkungen. Bei Zuwiderhandlung droht ein Bußgeld. Im städtischen China sind die meisten Wohnanlagen ummauert. An Eingangstoren wurden Vertreter der Nachbarschaftskomitees und Kommunistischen Partei postiert, die Ein- und Ausgangsgenehmigungen kontrollieren. Genehmigungen zum Einkaufen wurden oft nur auf ein Familienmitglied beschränkt. Das war für viele Menschen eine harte Ausgangssperre.

Seit der vorsichtigen Öffnung setzen die Behörden auch verstärkt digitale Überwachungstechnologien in Form von Apps zur Nachverfolgung der Infektionsketten und zur Durchsetzung von Quarantänemaßnahmen ein. Vor einer digitalen Überwachung durch Apps schreckt man in Deutschland bisher zurück.

»Systemvergleich erklärt nicht viel«

DW: *Die anfängliche Reaktion Chinas auf den Ausbruch des Virus wurde als typische Reaktion eines diktatorischen Einparteienstaates analysiert, auch von internen Kritikern.*

Wemheuer: Es ist offensichtlich, dass vor allem die Behörden in Wuhan in den ersten zwei Januarwochen eine unrühmliche Rolle bei der Unterdrückung von Warnungen gespielt haben. Aber bei dieser globalen Epidemie kann die schematische Gegenüberstellung von autoritären und demokratischen Systemen wenig zur Erklärung beitragen, warum Länder von der Epidemie unterschiedlich stark getroffen werden. In jüngster Zeit wird zum Beispiel Vietnam in westlichen Medien für die schnelle und konsequente Reaktion ab Mitte Januar sowie die breite Aufklärung der Öffentlichkeit gelobt. Das politische System ist bekanntlich wie in China eine Einparteienherrschaft. Informationsfreiheit alleine ist keine Garantie für eine schnelle Einleitung von Maßnahmen gegen eine Epidemie, wie die Beispiele der USA und der Skiindustrie in Tirol zeigen. Auch Profitstreben kann ein Grund für Vertuschung sein.

Eingeschränkte Freiheitsrechte

DW: *Auch im Westen werden zur Bekämpfung der Pandemie Freiheitsrechte eingeschränkt. Die Leute sind damit zum großen Teil einverstanden, zum Beispiel in Deutschland, wie eine jüngste Allensbach-Umfrage ergeben hat. Das ist aber doch etwas anderes als die im Westen mit Erstaunen zur Kenntnis genommene Gleichgültigkeit, mit der die Chinesen soziale Kontrollmechanismen und Zensurmaßnahmen akzeptieren. Oder sehen Sie eine Vergleichbarkeit der beiden Phänomene?*

Wemheuer: In diesem Zusammenhang sollten wir den Einfluss der chinesischen Tradition verstehen, dass Naturkatastrophen und Seuchen [als] Anzeichen für den Verlust des »Mandat des Himmels« eines Herrschers gesehen werden. Das bedeutet, dass nur Herrschaft als legitim gilt, die in der Lage ist, die Folgen von diesen Katastrophen für die Bevölkerung zu mildern. Auch die Kommunistische Partei hatte nach 1949 die Ausrottung von Seuchen zu einem zentralen Ziel erklärt. Die derzeitige Epidemie zeigt, dass die Erwartungen an den Staat in der chinesischen Bevölkerung hoch sind, aber auch die Bereitschaft im Kampf gegen die Seuche selbst persönliche Opfer zu bringen.

Das heißt aber nicht, dass alle Maßnahmen widerspruchlos hingenommen werden. Als einige übereifrige lokale Funktionäre Wohnungen von Rückkehrern aus Wuhan von außen abriegeln ließen oder Menschen demütigten, die keine Masken trugen, brach in den sozialen Medien Empörung los. Allerdings machten auch Sprüche die Runde wie »Mit Quarantäne gibt es keine Menschenrechte, ohne Quarantäne keine Menschen mehr«.

In Deutschland sind die Einschränkungen bisher viel kürzer und milder als in China. Die Ausgangsperre in Wuhan dauerte immerhin 76 Tage. Die chinesische Regierung war bereit, für ihre Maßnahmen dem Land große wirtschaftliche Verluste aufzubürden. In Deutschland haben sich schon seit Wochen wirtschaftliche Interessensgruppen und ihre Verbündeten in Politik, Wissenschaft und Medien in Stellung gebracht, um eine schnelle Öffnung durchzusetzen. Sie wollen der deutschen Bevölkerung vermitteln, dass alles bald vorbei sei, obwohl wir wahrscheinlich erst am Anfang der ersten Infektionswelle stehen.

Konfrontation China – USA

***DW:** Inwieweit glauben Sie wird es oder kann es Xi Jinping gelingen, die Corona-Pandemie für sein Ziel zu nutzen, China zur Weltmacht zu führen und den »chinesischen Traum« zu verwirklichen?*

Wemheuer: Leider erleben wir im Moment, dass die Fragen des Ursprungsorts von Covid-19 sowie die verschiedenen Strategien zur Bekämpfung der Pandemie Gegenstand eines Propagandakrieges zwischen der amerikanischen und chinesischen Regierung geworden sind. Trump lobte im Februar Xis Maßnahmen gegen die Seuche mehrfach per Twitter. Als sein eigenes Versagen immer deutlicher wurde, starteten seine Partei und verbündete Medien einen propagandistischen Generalangriff auf China. Trumps Angriffe schaden der chinesischen Regierung einerseits. Anderseits nutzt es ihr aber, dass die Pandemie den desolaten Zustand des amerikanischen Gesundheitssystems und des politischen Establishments deutlich offengelegt hat. Chinas Form der Bekämpfung der Pandemie wird als politisches und moralisches Vorbild für die Welt dargestellt.

In einer konfuzianisch geprägten Kultur wird bis heute die kindliche Pietät gegenüber Eltern und Alten hoch geschätzt. Da kommt es nicht gut an, wenn republikanische Gouverneure offen fordern, Alte und Schwache zu opfern. Das sind alles Vorlagen, die von chinesischer Propaganda, besonders in den sozialen Medien, dankbar angenommen werden nach dem Motto »Seht her, Menschenleben zählen in den USA nichts«.

Für die Verwirklichung des »chinesischen Traums« von einem hoch entwickelten Industrieland und einer Weltmacht lässt sich die chinesische Regierung noch bis 2049 Zeit. Es ist mittlerweile Ziel sowohl der republikanischen als auch demokratischen Parteiführungen in den USA, den Aufstieg Chinas zu stoppen. Der neue »Kalte Krieg« kommt zu einem denkbar ungünstigen Zeitpunkt. Wenn die Weltgemeinschaft keine gemeinsame Antwort auf die globale Herausforderung dieser und der nächsten Pandemie findet, ist die Zukunft düster.

Interview geführt von Hans Spross
Deutsche Welle, 30.4.2020

Ausgewählte Veröffentlichungen des Autors

Monografien

A Social History of Maoist China: Conflict and Change, 1949–1976. Cambridge: Cambridge University Press, 2019.

Chinas große Umwälzung: Soziale Konflikte und Aufstieg im Weltsystem. Köln: PapyRossa, 2019. 2., erweiterte Auflage, 2022.

Famine Politics in Maoist China and the Soviet Union. New Haven, CT: Yale University Press, 2014. Überarbeitete Habilitationsschrift. Auch in chinesischer Übersetzung erschienen: 饑荒政治: 毛時代中國與蘇聯的比較研究. Hongkong: Chinese University of Hong Kong Press, 2017.

Der Große Hunger: Hungersnöte unter Stalin und Mao. Berlin: Rotbuch, 2012.

Mao Zedong. Reinbek: Rowohlt, 2010. Überarbeitet, als E-Book, 2021.

Sammelbände

Mit Daniel Fuchs, Sascha Klotzbücher, Andrea Riemenschnitter und Lena Springer, Hrsg. *Die Zukunft mit China denken.* Wien: Mandelbaum, 2023.

Marktsozialismus: Eine kontroverse Debatte. Textauswahl mit Einleitung. Wien: Promedia, 2021.

Jahrbuch für Historische Kommunismusforschung 2020: Machterhalt durch Wirtschaftsreformen: Chinas Einfluss auf die sozialistische Welt. Berlin: Metropol, 2020, www.kommunismusgeschichte.de/jhk/jhk-2020.

Marx und der Globale Süden. Köln: PapyRossa, 2016.

Mit Sebastian Gehrig und Barbara Mittler, Hrsg. *Kulturrevolution als Vorbild? Maoismen im deutschsprachigen Raum.* Frankfurt am Main: Peter Lang, 2008.

Maoismus: Ideengeschichte und revolutionärer Geist. Textauswahl mit Einleitung. Wien: Promedia, 2008.

Artikel

»Die westeuropäische Neue Linke und die chinesische Kulturrevolution.« *Aus Politik und Zeitgeschichte* 66, Nr. 23 (6. Juni 2016): 32-38, www.bpb.de/shop/zeitschriften/apuz/228477/die-westeuropaeische-neue-linke-und-die-chinesische-kulturrevolution/.

YouTube-Channel »Studying Maoist China«

Felix Wemheuer Studying Maoist China – YouTube, www.youtube.com/channel/UClnhPpUk1cZhwlMAnT0uYuA/videos

Hinweis zu den Beiträgen dieses Buchs

Ich bedanke mich bei allen Zeitungen, Zeitschriften und der Deutschen Welle, dass sie einem kostenfreien Nachdruck meiner Publikationen zugestimmt haben. Schreibweisen in den Artikeln und Interviews wurden vereinheitlicht, es sei denn, dies war aus urheberrechtlichen Gründen nicht möglich. Kürzungen sind nicht markiert und an einigen Stellen wurden kleinere stilistische Änderungen vorgenommen, an anderen Stellen erläuternde Zusätze ergänzt. Außer in der Einleitung gibt es im Buch keine Fuß- bzw. Endnoten. Viele Themen wurden auch in den wissenschaftlichen Publikationen von mir behandelt.

Zu guter Letzt möchte ich meiner Mitarbeiterin Nina Peter sowie dem PapyRossa Verlag für das umsichtige Lektorat danken.